厚德博學
經濟匡時

华侨大学马克思主义学院马克思主义学科建设成果

2015年华侨大学高层次人才科研启动费项目（项目编号:15SKBS307）阶段性成果

青年学者文库

俄罗斯中等职业教育质量保障体系研究

刘金花 ◎ 著

Research on the Quality Assurance System of

Russian Secondary Vocational Education

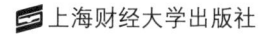

上海财经大学出版社

图书在版编目(CIP)数据

俄罗斯中等职业教育质量保障体系研究/刘金花著．—上海：上海财经大学出版社，2021.5
(匡时·青年学者文库)
ISBN 978-7-5642-3739-4/F·3739

Ⅰ.①俄… Ⅱ.①刘… Ⅲ.①中等专业教育-教育质量-保障体系-研究-俄罗斯 Ⅳ.①G719.512.1

中国版本图书馆 CIP 数据核字(2021)第 046295 号

□ 责任编辑　杨　闯
□ 封面设计　张克瑶

俄罗斯中等职业教育质量保障体系研究
刘金花　著

上海财经大学出版社出版发行
(上海市中山北一路 369 号　邮编 200083)
网　　址：http://www.sufep.com
电子邮箱：webmaster@sufep.com
全国新华书店经销
江苏凤凰数码印务有限公司印刷装订
2021 年 5 月第 1 版　2021 年 5 月第 1 次印刷

710mm×1000mm　1/16　15.25 印张(插页：2)　219 千字
定价：78.00 元

前　言

随着经济和社会的发展,俄罗斯对高素质技能型人才的需求在不断增长。俄罗斯中等职业教育的基本任务是满足个人技能及社会人才需求。为保障和提高中等职业教育质量,俄罗斯已经初步建立了较为完善的质量保障体系。

本书从研究俄罗斯中等职业教育质量保障的影响因素入手,分析俄罗斯中等职业教育质量观,探析俄罗斯中等职业教育质量标准体系、外部评估体系以及内部监控体系,采用文献法、案例研究法对俄罗斯中等职业教育质量保障体系进行系统研究。

首先,俄罗斯中等职业教育质量保障体系的形成与俄罗斯的政治、经济、文化与教育因素相关。联邦制的建立、公民社会的构建、经济结构的调整、创新发展战略的提出、国家民族主义的兴起不仅丰富了俄罗斯中等职业教育质量保障的主体,而且引发经费减少、管理不善等问题,从而引起教育质量下降。为了保障和提高教育质量,俄罗斯联邦政府发布了《2010年前俄罗斯教育现代化构想》,提出要构建质量保障体系,并将其作为俄罗斯中等职业教育现代化的重要任务。

其次,俄罗斯中等职业教育质量观是一种需求导向、多样化及动态的质量观。需求导向的质量观主张中等职业教育机构提供的服务应该以满足用户需求为导向。多样化的质量观主张中等职业教育应该有多样化的质量标准。动态的质量观主张中等职业教育质量并非一成不变,而是因时因地而异。俄罗斯中等职业教育质量观直接影响中等职业教育质量保障主体的形成及质量标准的构建。

再次，俄罗斯中等职业教育质量保障体系包括质量标准体系、外部评估体系和内部监控体系。国家教育标准是在国家主导、社会各界力量广泛参与下制定的，对中等职业教育机构的教育条件、教育内容及教育结果的最低质量要求是质量评估与监控的主要依据。根据评估主体不同，外部评估体系包括政府评估与社会评估。政府评估即准政府机构通过认可、鉴定与国家认定等环节，对中等职业教育质量实施的全面检查。它是一种合格评估，即认为中等职业教育机构提供的服务只要符合预定的最低质量要求就是质量合格的。社会评估即专业社会评估机构对教育大纲或教育机构工作质量实施的专项评估，其目的是为学校提供专业帮助，并通过评级为学生及家长择校或专业提供具有可比性的质量信息。教育机构自身是教育质量内部监控的主体，内部监控是中等职业教育机构实施自我管理的重要手段，其不仅是为外部评估做准备的必要环节，而且是教育机构改进质量的自觉行动。它通过内部审计、教学督导、学生考核、教职员工考核、自我检查等方式，将质量监控与日常教学管理融合在一起。在中等职业教育质量保障体系中，政府、社会与教育机构各有分工，各司其职，它们各自遵循不同的质量标准和方法，在不同的质量价值追求下，致力于保障和提升教育质量。

最后，近30多年时间里，俄罗斯已经初步形成了具有特色的中等职业教育质量保障体系。该体系呈现出多元化的质量保障主体、多元复合型的质量保障模式、规范化的质量保障程序和方法等特点。俄罗斯构建中等职业教育质量保障体系是一个"未完成"的行动，其发展趋势是：依据国家资格框架与职业标准设计教育标准，从而推动学习结果与工作结果的对接。

目 录

前言/001

1. 绪论/001
　1.1　研究缘起及意义/001
　　1.1.1　研究缘起/001
　　1.1.2　研究意义/005
　1.2　文献综述/006
　　1.2.1　相关概念的研究/007
　　1.2.2　俄罗斯中等职业教育质量保障体系的研究/013
　　1.2.3　现有研究评述/024
　1.3　核心概念界定/025
　　1.3.1　俄罗斯中等职业教育/025
　　1.3.2　俄罗斯中等职业教育质量/026
　　1.3.3　俄罗斯中等职业教育质量保障体系/028
　1.4　研究方法与内容架构/031
　　1.4.1　研究方法/031
　　1.4.2　内容架构/031
　1.5　研究创新与不足/033
　　1.5.1　研究创新/033
　　1.5.2　研究不足/034

2. 俄罗斯中等职业教育质量保障体系的影响因素/035
　2.1　政治因素/035

2.1.1 联邦制度的确立/035
2.1.2 公民社会的构建/036
2.1.3 政治因素对质量保障体系的影响/038
2.2 经济因素/040
2.2.1 市场经济制度的形成/040
2.2.2 创新发展战略的提出/041
2.2.3 经济因素对质量保障体系的影响/043
2.3 文化因素/045
2.3.1 自由主义的兴起与衰落/045
2.3.2 国家民族主义的兴起/046
2.3.3 文化因素对质量保障体系的影响/047
2.4 教育因素/048
2.4.1 中等职业教育质量提升目标的明确/050
2.4.2 中等职业教育优先发展战略的确定/051
本章结语/054

3. 俄罗斯中等职业教育质量观/056
3.1 俄罗斯中等职业教育质量观的内涵/057
3.1.1 需求导向的中等职业教育质量观/057
3.1.2 多样化的中等职业教育质量观/063
3.1.3 动态的中等职业教育质量观/069
3.2 俄罗斯中等职业教育质量观对质量保障体系的影响/072
3.2.1 教育质量观对质量保障主体的影响/072
3.2.2 教育质量观对质量标准的影响/073
本章结语/074

4. 俄罗斯中等职业教育质量标准体系/076
4.1 国家教育标准的形成与发展/076
4.1.1 国家教育标准的形成动因/076
4.1.2 国家教育标准研制与批准的程序/080
4.1.3 国家教育标准的历史发展阶段/081

4.2 国家教育标准的结构/088
　　4.2.1 对教育结果的要求/088
　　4.2.2 对教育内容的要求/095
　　4.2.3 对教育条件的要求/104
4.3 国家教育标准的作用与存在的问题/106
　　4.3.1 国家教育标准的作用/106
　　4.3.2 国家教育标准存在的问题/110
本章结语/112

5. 俄罗斯中等职业教育质量外部评估体系/114
　5.1 构建中等职业教育质量外部评估体系的原因/114
　　5.1.1 教育机构合理定位的需要/114
　　5.1.2 教育机构回应政府与社会问责的需要/116
　　5.1.3 依法构建评估体系的需要/117
　5.2 中等职业教育质量外部评估体系的构成/118
　　5.2.1 政府评估/118
　　5.2.2 社会评估/131
　　5.2.3 政府评估与社会评估的关系/140
　5.3 中等职业教育质量外部评估的案例分析/143
　　5.3.1 政府评估——以萨哈林州为例/143
　　5.3.2 社会评估——以科米共和国为例/153
　5.4 中等职业教育质量外部评估体系的作用与存在的问题/158
　　5.4.1 外部评估体系的作用/158
　　5.4.2 外部评估体系存在的问题/161
　本章结语/162

6. 俄罗斯中等职业教育质量内部监控体系/164
　6.1 构建中等职业教育质量内部监控体系的原因/164
　　6.1.1 接受外部评估的需要/164
　　6.1.2 学校自我改进的需要/165
　　6.1.3 适应教育国际化的需要/166

6.1.4　自觉承担质量责任的需要/166
6.2　构建中等职业教育质量内部监控体系的理论与方法/167
　　6.2.1　构建内部监控体系的理论和工具/168
　　6.2.2　构建内部监控体系的过程方法/173
6.3　构建内部监控体系的实践——以伏尔加格勒医学高等专科学校为例/176
　　6.3.1　实施质量内部监控的主要机构/176
　　6.3.2　实施质量内部监控的具体举措/178
6.4　中等职业教育质量内部监控体系的作用与存在的问题/194
　　6.4.1　内部监控体系的作用/194
　　6.4.2　内部监控体系存在的问题/196
　　本章结语/199

7. 结语/201

7.1　俄罗斯中等职业教育质量保障体系的特点/201
　　7.1.1　多元化的质量保障主体/201
　　7.1.2　多元复合型质量保障模式/203
　　7.1.3　规范化的质量保障程序与方法/206
7.2　俄罗斯中等职业教育质量保障体系的发展趋势/207
　　7.2.1　依据国家资格框架设计教育标准/208
　　7.2.2　依据职业标准设计教育标准/209

参考文献/213

附录一/229

附录二/232

附录三/234

附录四/236

1. 绪　论

质量是教育的生命线,构建教育质量保障体系以保障和提高教育质量是世界教育改革的重要主题。为了提高我国的职业教育质量,满足个体全面发展的需要以及社会对高级技能型人才的需要,《国家中长期教育改革和发展规划纲要(2010—2020)》明确提出要建立健全职业教育质量保障体系。苏联解体后,俄罗斯基于本国的教育传统,借鉴西方国家的先进经验,构建了有特色的适合本国需要的中等职业教育质量保障体系,其做法对我国具有重要的借鉴意义。本书采用文献研究法、案例分析法对俄罗斯中等职业教育质量保障体系的影响因素、中等职业教育质量观、质量标准、教育质量外部评估及内部监控体系进行系统深入的研究。

1.1　研究缘起及意义

1.1.1　研究缘起

1.1.1.1　产业升级扩大了对高级技能型人才的需求

随着生产力的发展和高新科学技术的不断更新,我国的初级劳动密集型产业不断向资金密集型或技术密集型产业转变,产业在不断升级。目前在我国社会经济转型升级阶段,生产和服务过程中的科技含量不断提高,经济发展对知识和能力的依赖程度也越来越高,许多行业和地区急需大量的高级技能型人才。除此之外,在产业升级背景下,我国涌现出一些新兴产业,如信息技术、高端装备制造、新能源等,这些新兴产业顺利发展的关键是人才,并且是高级技能型人才。产业升级使社会职业结构变化越来越快,并对劳动者提出更高要求,要求劳动者具备一些关键能力,特别是适应力,以便于顺利地从一个工作岗位转换到另一个工作岗位。产业结构升级扩大了高级技能型人才的社会需求。

1.1.1.2 高级技能型人才需求的满足亟待提升我国职业教育质量

联合国教科文组织在2012年5月召开的第三届国际职业技术教育和培训大会上指出,从经济视角看,维持并促进知识和技能的供求一致是职业技术教育与培训的一项主要任务。教育的发展与经济的发展息息相关,教育是培养经济发展所需人才的中坚力量。产业升级扩大了高级技能型人才的社会需求,回应这种需求,职业教育急需为产业升级提供人才支撑。但是,我国职业教育培养的人才与社会需求尚有不少距离。

在我国大力发展职业教育的过程中,数量扩张和质量提升的矛盾日益凸显。"职业教育还不能完全适应国家经济社会发展和人民群众接受良好教育的要求,主要表现在:教育体制机制不完善,学校办学活力不足,特别是教育与产业、学校与企业、专业设置与职业岗位对接不够紧密,甚至有的还没有对接,人才培养的针对性不强,教育观念还相对落后,内容方法比较陈旧,职业学校毕业生继续学习的通道不畅,学生进入社会和就业的能力不强,创新型、服务型人才短缺,难以实现中国制造向中国创造的历史性转变。"[1]

为解决我国高级技能型人才供求不平衡的问题,使职业教育能更好地满足社会经济发展对人才的需求,提供"人民满意的教育",必须促进高等职业教育由注重规模扩大向强化内涵、提高质量转变。质量是职业教育的生命线。高质量是现代职业教育的价值追求。职业教育的质量既直

---

[1] 鲁昕部长在2011职业教育与成人教育工作视频会议上的讲话[EB/OL]. http://www.doc88.com/p-499271336570.html 2013-12-08.

接关系到劳动者的整体素质,也关系到整个国家的社会经济效益,还关系到职业教育的国际竞争力。

1.1.1.3　构建职业教育质量保障体系是提升职业教育质量的关键

构建职业教育质量保障体系是提高质量的关键。《国家中长期教育改革和发展规划纲要(2010—2020)》明确提出,要"统筹中等职业教育和高等职业教育发展。把提高质量作为重点。制定职业学校基本办学标准。建立健全职业教育质量保障体系,吸收企业参加教育质量评估"(《纲要》第14条),要"制定教育质量国家标准,建立健全质量保障体系"(《纲要》第2条)。① 职业教育质量保障是一种质量承诺,是职业院校许诺所培养的毕业生可以满足其利益相关者的需要,其所提供的服务可以满足受教育者个体全面发展的需要。构建职业教育质量保障体系的根本目的是提升教育质量,其有利于提高职业院校的责任感,促进职业院校、职业院校管理部门、学生及其家长、雇主之间的协作关系,促进职业教育的利益相关者在设置专业、教育标准、教学大纲等方面的相互协作和理解。

在我国,一方面,产业结构升级、职业教育现代化急需国家标准和完善的质量保障体系;另一方面,在职业教育领域尚未建立起比较完善的国家标准体系和质量保障体系。"制定教育质量的国家标准,尤其是职业教育质量的国家标准,没有职业教育质量的国家标准就没有升级的产业,我们就不能为产业升级提供服务。"② 为了解决这一矛盾,我们可以将目光投向俄罗斯,从俄罗斯汲取经验来推动我国职业教育国家标准以及质量保障体系的建立和完善,为产业升级提供优质的人力资源。

1.1.1.4　俄罗斯构建中等职业教育质量保障体系的经验具有借鉴意义

首先,俄罗斯和我国拥有相似的历史传统和现实背景。

---

① 国家中长期教育改革和发展规划纲要(2010—2020)[EB/OL]. http://www.gov.cn/jrzg/2010-07/29/content_1667143.htm 2013-12-08.
② 鲁昕部长在2011职业教育与成人教育工作视频会议上的讲话[EB/OL]. http://www.doc88.com/p-499271336570.html 2013-12-08.

新中国成立以来，作为世界教育一极的"苏联模式"曾在我国盛极一时，对我国各级各类教育以及教育的各个方面都产生了很大的影响。至今，我国各级各类教育依然呈现出过去学习苏联教育模式时的某些特点。两国的教育传统具有很大的相似性。机械地复制与我国政治制度迥异、教育传统相去甚远的西方发达国家的先进教育经验，并非是我国职业教育改革的明智之举。研究与我国教育渊源较深、也同样处于向市场经济转型阶段的俄罗斯构建中等职业教育质量保障体系的经验，有着较好的借鉴意义。

其次，俄罗斯在构建中等职业教育质量保障体系时积累了丰富的经验。

苏联解体之后，特别是在普京担任俄罗斯总统以来，俄罗斯教育领域（包括中等职业教育）推动了一系列改革，实现了"全球化"与"本土化"的融合。2001年，俄罗斯发布了《2010年前俄罗斯教育现代化构想》[①]。基于该文件，俄罗斯将新的社会经济发展需求、公民个体发展需求、新的中等职业教育质量观等融入教育标准，并于2002年颁布了第二代中等职业教育国家标准，2009—2010年又陆续颁布了第三代中等职业教育国家标准。目前，俄罗斯已经形成了比较完善的中等职业教育标准体系。在国家教育标准制定方法上，强调基于市场预测，积极吸纳雇主参与；在标准内容上，强调以能力为本位的培养目标。国家教育标准是评估与监控中等职业教育质量的重要工具。俄罗斯构建了比较完善的由准政府机构主导实施的政府评估，并努力构建社会力量主导实施的社会评估。在外部评估的压力的推动下，在中等职业教育机构质量意识觉醒的背景下，俄罗斯也在努力构建中等职业教育质量内部监控体系。

目前，俄罗斯已经形成了有特色的以质量标准、外部评估与内部监控为核心的中等职业教育质量保障体系。在构建中等职业教育质量保障体

---

① Верховный Совет Российской Федерации. Концепция модернизации российского образования на период до 2010года[EB/OL]. http://www.al-news.ru/zakony/dejstvujuwie/34-politika-v-oblasti-obrazovanija/139-z 2013-12-09.

系的过程中,俄罗斯在如何依据市场需求来设置专业和国家教育标准、如何分配政府与学校之间的权力、如何吸纳市场力量参与质量保障、如何促进质量保障体系的现代化等方面积累了丰富的经验。

最后,俄罗斯这一"活的实验室"可以为我国提供借鉴。

现在在很多人看来,苏联教育模式已经不再适应社会经济的发展,如果以此来否定借鉴俄罗斯教育改革经验的做法是不对的。富兰(Michael Fullan)认为,"俄罗斯的教育变革是在较短的时间范围内展开的,其实践为探讨教育变革提供了一个特别的机遇——简直就是一个'活的实验室'"①。在这个实验室里发生的事情不管是成功还是失败,对我们来说,都是一笔不可多得的财富。所以,必须扭转一个局面,即当前我国教育界对俄罗斯教育的关注度呈衰微趋势。"20 世纪 80 年代中期以来,由于西方话语的盛行,俄罗斯教育以及教育学术在中国的传播日渐稀疏和薄弱,这种状况无论是对中国改革开放的国际视野及参照而言,还是就国家发展的战略及政治安全而言,都是不利的。因此,我相信,着手做这件事不仅具有现实意义,而且也深具历史价值。"②

1.1.2 研究意义

世界经济和社会发展现状以及未来发展的特点决定了对技能型人才和中级专家的需求会不断增加,且此需求不仅体现为量的增加,还体现为质的提高。质量是职业教育的生命线。构建教育质量保障体系作为提高职业教育质量的重要举措之一,越来越受到世界各国的重视。为了提高中等职业教育质量,促进本国社会经济的发展,俄罗斯构建了并不断完善着中等职业教育质量保障体系。研究俄罗斯中等职业教育质量保障体系,具有很重要的理论意义和实践意义。

---

① 刘淑华. 俄罗斯高等教育分权改革研究[M]. 北京:光明日报出版社,2010:5.
② 朱小蔓. 前言[A]. 朱小蔓,Н. Е. 鲍列夫斯卡娅,В. П. 鲍利辛柯夫. 20—21 世纪之交中俄教育改革比较[C]. 北京:教育科学出版社,2006.

1.1.2.1 理论意义

依据当前和未来一段时间内社会经济发展的特点以及文化传统,俄罗斯中等职业教育利益相关者协作构建了适合俄罗斯需要的质量保障体系。在向西方学习的进程中,俄罗斯中等职业教育质量保障体系的各要素以及各要素之间的关系既体现了欧盟国家的一些特点,也保存了一些具有民族特色的东西。本书通过系统地探究俄罗斯中等职业教育质量保障体系的影响因素、保障体系的构成及特点,有利于丰富职业教育质量保障体系的理论。除此之外,在阐述俄罗斯构建职业教育质量保障体系的过程中,本书将会详细介绍俄罗斯如何根据劳动力市场的工作任务设计职业能力与跨学科课程,如何平衡国家、社会与教育机构的质量管理权力,这些研究内容将会进一步丰富和完善职业教育理论的内涵。

1.1.2.2 实践意义

近年来,我国职业教育蓬勃发展,职业教育的规模和数量都有了很大扩张。在数量扩增的同时,如何保证质量是一个急需解决的新问题。制定职业教育质量的国家标准,建立、健全职业教育质量监控体系和评估体系成为解决质量问题、提高我国经济竞争力的重要举措。在这些方面,俄罗斯构建了有特色的中等职业教育质量保障体系,对中等职业教育人才培养的"输入—过程—输出"这一流程进行全过程、全方位的质量保障,积累了丰富的经验。本书以俄罗斯中等职业教育质量保障体系为研究对象,可以为解决中国职业教育存在的质量问题提供参考方案,为推动中国职业教育质量保障体系的建设提供借鉴经验。

1.2 文献综述

笔者在中国知识资源总库——CNKI 系列数据库以"职业教育质量"为题名进行初级检索,共查找到文献 847 篇,其中,期刊论文 807 篇、硕士论文 36 篇、博士论文 4 篇,研究国外职业教育质量的文献共有 60 篇,其研究对象国及其相应的研究文献数量如表1.1所示。

表1.1　　　　国外"职业教育质量"的研究文献检索情况

国家或地区 题名	论文总数	澳大利亚	欧盟	英国	德国	美国	国际	丹麦	俄罗斯	日本	加拿大	新西兰	新加坡	芬兰	埃塞俄比亚
职业教育质量	60	13	9	9	7	5	5	3	2	2	1	1	1	1	1

以"职业教育质量保障体系"为主题进行专业检索，搜索到58篇论文，其中50篇期刊论文、8篇硕士论文。研究国外职业教育质量保障的文献共有16篇，其研究对象国及其相应的研究文献数量如表1.2所示。除此之外，以"俄罗斯教育"为主题进行专业搜索，共搜索到799篇论文；以"俄罗斯高等教育"为主题进行专业搜索，共搜索到276篇论文；以"俄罗斯中等职业教育"为主题进行专业搜索，共搜索到19篇论文。

表1.2　　　　国外"职业教育质量保障体系"的研究文献检索情况

国家或地区 主题	研究国外论文总数	澳大利亚	德国	英国	欧盟	美国	新西兰
职业教育质量保障	16	7	3	2	2	1	1

通过检索文献可以发现，国内研究者在研究国外职业教育质量和质量保障的相关问题时，更多地将目光投放在美国和德国等发达的西方国家，而对俄罗斯职业教育的研究热潮一度冷却。另外，国内研究者在研究俄罗斯教育时，多关注"俄罗斯高等教育"，对"中等职业教育"关注较少。国内外对"中等职业教育质量保障体系"的相关研究文献包括以下几个部分。

1.2.1　相关概念的研究

1.2.1.1　有关职业教育质量的研究

(1)国内研究

国内研究者主要从"满足用户需求"的视角来界定职业教育质量的概念。冷余生在《从质量争议看高等教育质量评价的现状和任务》一文中指出:"质量一词有多重含义,一种是物理学范畴的质量,指的是'物体所含物质的量',完全属于物体所固有的客观属性,是不以人的意志为转移的。另一种是价值范畴的质量,指的是价值主体对价值客体即价值对象的优劣程度做出的判断,简言之,质量即价值对象的优劣程度,而优劣程度的尺度则是评价主体的需要。"[1]由于价值主体及其需要不同,对价值对象优劣程度的评价结果不同。在职业教育领域,研究者往往引用价值范畴的"质量"概念。

从国内研究文献来看,社会及个人是职业教育质量的主要价值主体。郭扬认为高职教育的质量主要体现在以下两个层面:满足学生个人需求的程度,即高职高专院校的专业设置、师资水平等要满足受教育者的求学和就业需求以及可持续发展的需求;满足经济社会需求的程度,即高职高专教育的教学内容、教学大纲、课程安排、教学过程等要满足用人单位的需求以及高职高专院校自身可持续发展的需求。因此,满足了经济社会和学生个人的双重需求,即是体现了高职高专教育教学质量内涵。[2] 姜进依据"人"的属性——个性属性和社会属性——认为,高等职业教育质量观应该是多元化的、动态的,"构建现代职业教育体系"这一理念提出之后,高职院校要关注学生和家长对生涯长远发展的关注,不以就业为终点;通过资源整合提升学生自主学习能力和职员的业务素质等;培养"国际人",培养的学生具有国际视野。[3]

(2)国外研究

国外研究者也一般从"满足用户需求"的视角理解和界定职业教育质量。个体及社会也是教育质量的价值主体。雷诺夫斯卡娅(Л. В. Лыновская)认为,职业教育质量是一个反映教育结果(体现为毕业生的

---

[1] 冷余生. 从质量争议看高等教育质量评价的现状和任务[J]. 高等教育研究,2007(3): 23—27.

[2] 郭扬. "外圆内方":职业教育质量监控与评价体系的结构特征[J]. 职教论坛,2004(4): 13—16.

[3] 姜进. 论高等职业教育质量观的转变[J]. 中国高教研究,2011(6):79—80.

职业能力及个体素质)与社会、国家、经济及生产要求是否相一致的范畴。① 哇卡诺瓦(В. И. Ваганова)认为,优质的职业教育质量首先与满足目前和未来经济发展需要与个体需要相联系。②

由于职业教育的就业导向属性,教育机构重视满足雇主需求是其提供优质教育的重要条件。百利科夫(В. А. Беликов)认为,学校教育质量指标分为内部指标和外部指标,其中教育机构与企业之间的联系是外部指标的重要组成部分。③ 根纳季耶夫娜(К. Н. Геннадьевна)认为,在现代社会经济条件下,中等职业教育机构只有与雇主建立紧密的联系方可执行自身的主要任务——优质培养有竞争力的、劳动力市场需要的人才。④

通过分析以上文献可以看出,国外和国内对"质量"的理解近乎达成一致,"质量"优劣的话语权属于需求者。根据对"质量"的这一理解,很多研究者主要从两个维度上理解"职业教育质量":一是职业教育要满足学生的需求;二是职业教育要满足社会的需求,特别是雇主的需求。

1.2.1.2 有关质量保障的研究

(1)国内研究

国内学者倾向于将"质量保障"理解为一种质量承诺。探究国内研究者对"质量保障"的界定,有必要区分其和"质量保证"的概念。分析已有研究成果,主要有两类,一类是将两者等同,例如,蒋冀骋和徐超富等人在《大众化条件下高等教育质量保障体系研究》一书中认为,"质量保障"即"质量保证",两者都来源于"Quality Assurance",是指产品生产者对用户

---

① Л. В. Лыновская. Медодика самооценки[J]. Научные исследования в образовании,2008(10):72—75.

② В. И. Ваганова. Реализация модели фирменногое образобания как условие повышения качества профессионального образования[J]. Вестник бурятского государственного университета,2012(SA):12—16.

③ В. А. Беликов. Социальное партнерство в системе начального и среднего профессионального образования[J]. Вестник Южно-Уральского государственного университета. Серия:Образование,2010(36):114—117.

④ К. Н. Геннадьевна. Значение социального партнерства в системе среднего профессионального образования[J]. Теория и практика общественного развития,2013(05):156—158.

的一种质量承诺,是指为使人们确信某一产品、过程或服务的质量所必需的全部有计划、有组织的活动。① 另一类观点认为两者既相互区别又相互联系,例如史秋衡等人在《从市场介入的视角辨析高等教育质量保障概念》中②认为,"质量保障"和"质量保证"两者实际上是一对同源概念,质量保障源自工业领域的质量保证思想。工业领域对质量保证的理解虽然有宽、窄两种不同的理解,但都反映出了质量管理思想的最新进展,正是这些质量管理的新思想被借鉴到教育领域,并结合教育管理特点,产生了"质量保障"这一新概念。质量保证与质量保障,既属同源,其共同之处反映在质量管理思想上,但它们又结合了各自领域的管理规律和特点,在操作上各有侧重。

(2) 国外研究

质量保障就其学科门类来讲,应该属于管理学的范畴。国外研究者倾向于将"质量保障"理解为由确立标准、认证、监督、监控等组成的一系列活动或者将其作为达成质量目标的过程。例如国外学者艾莉斯(R. Ellis)认为任何领域的质量保障都具有以下基本特征:明确产品或服务的标准;识别达到目标所必须履行的关键职责与程序;不停地借助于用户来指导与监督目标的完成;对达成标准以及达成标准的程序有明确的文献表述;对完成标准的实施程序进行严密的控制;全员参与和奉献的精神。③ 英国高等教育质量委员会(HEQC)将质量保障定义为:通过所有有计划和系统性活动,这些活动使大家确信,产品或服务的质量能满足既定需求。新西兰大学学术审核组(AAU)将质量保障定义为:通过政策、态度、行动和必要程序以确保教育质量和学术标准正在维持和加强。它包括检查质量控制的程序是否到位,是否正在使用以及是否有效。对此,既需要教育机构的内部行动,也涉及外部机构或团体的行动。其包括课程

---

① 蒋冀骋,徐超富. 大众化条件下高等教育质量保障体系研究[M]. 长沙:湖南师范大学出版社,2008:45.
② 史秋衡,罗丹. 从市场介入的视角辨析高等教育质量保障概念[J]. 大学·研究与评价,2007(9):29—32.
③ 张恩俭. 高等职业教育的发展与改革[M]. 济南:黄河出版社,2008:161—162.

设计、职员发展,以及收集学生及雇主的意见。大卫·林(David Lim)认为,质量保障指的是确保质量保持与提高的所有政策的过程。①

通过分析以上文献可以看出,不管是国外的"过程说",还是国内的"承诺说",都认为"质量保障"由一系列颁布与质量相关的政策或实施政策的活动所组成,这些活动旨在保障并提高质量。

1.2.1.3 有关职业教育质量保障体系的研究

(1)国内研究

国内研究者一般将质量保障体系分为内部和外部两部分。韩奇生认为,职业教育质量保障体系应包括外部质量保障体系和内部质量保障体系两个子系统。"外部质量保障体系"是指进行职业教育质量监督、评价和调控的系统,由教育部和省级教育主管部门以及社会有关方面共同组成。"内部质量保障体系"是指职业院校内部质量保障活动的系统,由质量生成、质量监督与评估、信息管理、反馈调控等系统共同组成。②

郭扬认为,职业教育质量保障体系应是一个内部具有高度规范性、外部具有广泛适应性的框架结构,其内部组织必须从专业建设、课程开发、教学过程和资源管理四个方面加强诊断和预警;而对于其外部环境,则要从经济需求、个人需要、质量标准和职业资格四个方面去努力适应。③

周文清认为,高等职业教育是高等教育的重要组成部分,故其质量保障体系也分为外部质量保障与内部质量保障两部分。它的外部质量保障是指教育行政部门或中介机构对高职院校的教学资源设备、专业设置、师资队伍、教学活动等及其质量进行的评估与评价活动;内部质量保障是指高职院校为了确保教育目的的实现以及所培养的人才达到目标要求和满足社会需求,通过建立相关制度或机构对教学质量监控、对教师教学质量

---

① David Lim. Quality assurance in higher education: a study of developing counries[M]. Ashgate Publishing Ltd,2001:13.
② 韩奇生.高等职业教育质量保障体系建设述评[J].高教探索,2012(4):140—143.
③ 郭扬."外圆内方":职业教育质量监控与评价体系的结构特征[J].职教论坛,2004(4):13—16.

和学生的学业成绩等进行的专项评估活动。①

（2）国外研究

在国际研究方面，欧盟把提高职业教育与培训质量作为增强职业教育竞争力和吸引力的重要举措，于 2009 年公布了欧洲职业教育与培训质量保证参考框架。该框架包括质量保证和改进过程、监控过程及测量工具三部分。其中，质量保障和改进过程是一个持续、系统的过程，由计划、实施、评估和检查四个彼此相互联系的阶段组成；监控过程主要由内部监控机制、外部监控机制两部分组成；质量指标由 10 个一级指标和 14 个二级指标组成，与质量保障与改进的过程相一致，分别反映在计划、实施、评估与检查四个阶段中。②

圣彼得堡国立电工大学的管理和质量体系教研室主管斯捷潘诺夫（С. А. Степанов）认为，教育质量保障是为了领导和管理教育机构以提高教育质量而开展的一系列活动的总和。③ 莫斯科市职业教育主管部门的教学方法中心主任、教授弗拉基米尔（Владимир Филиппович Кривошеев）认为，中等职业教育质量保障体系是资源和技术的总和，这些资源和技术被用于创建条件以保障专家培训的水平与社会规范、指标和标准相符合。④

通过以上文献分析可以看出，国内研究者对职业教育质量保障体系的内外两分法与国际上通行的"（内部）监控"和"（外部）评估"的划分方式基本一致。职业教育质量保障体系根据保障主体不同，可以划分为内部和外部质量保障体系，这突出了政府、社会和院校的多元治理主体。现有

---

① 周文清. 高等职业教育质量保障体系比较研究[D]. 长沙:湖南师范大学,2009.

② European Quality Assurance in Vocational Education and Training. EQARF indicators [EB/OL]. http://www.eqavet.eu/gns/library/publications/2009.aspx. 2014-03-10.

③ С. А. Степанов. Терминологический словарь области управления качеством высшегои среднего профессионального образования（проект）［EB/OL］. http://www.pandia.ru/12439/ 2014-01-11.

④ Владимир Филиппович Кривошее. Проблемы роста качества среднего профессионального образования в условиях модернизации образовательного процесса[EB/OL]. http://yandex.ru/ clck/jsredir? from＝yandex.ru 2014-03-01.

文献对社会主体,特别是雇主如何参与构建职业教育质量保障体系,以及内部保障体系的保障内容、手段、运行机制及动力机制等方面的研究较少。

1.2.2 俄罗斯中等职业教育质量保障体系的研究

1.2.2.1 构建中等职业教育质量保障体系的必要性

(1)国内研究

目前,国内专门研究这方面的文献很少,已有文献主要是从上位概念"教育"或"高等教育"开展研究。姜晓燕认为,自苏联解体至今,俄罗斯教育改革有得有失。相对于苏联时期的教育成就而言,转型后的俄罗斯教育发展迟缓,甚至退步有加,质量下降明显,教育体系的国际地位式微。[①] 单春艳认为,俄罗斯构建高等教育质量保障体系是参与欧洲教育一体化进程的客观要求、是俄罗斯教育政策导向变化的影响。[②]

(2)国外研究

第一,解决中等职业教育供求不一致的问题。

彼得·安尼西莫夫(Петр федорович анисимов)认为,由于现代经济的发展对高技能型、实践性工人需求的增加,俄罗斯对中等职业教育提出了更高的要求,不仅要求扩大专家培养的范围,而且首先要求保障中等职业教育质量,使其与个体、社会与国家的现在和未来的需求相一致。[③] 俄罗斯中等职业教育机构校长联合会主席捷明(В. М. Демин)指出,中等职业教育机构的毕业生仅能满足基础经济部门需求的30%—40%,其毕业生仅有40%可以对口就业。这意味着,年轻工人和中级专家的劳动生产力完全不能满足生产的需求。要想提高中等职业教育质量,必须制定新

---

① 姜晓燕. 俄罗斯教育20年:变革与得失[J]. 比较教育研究,2010(10):16—21.
② 单春艳. 俄罗斯高等教育质量保障体系建设的新向度[J]. 黑龙江高教研究,2011(10):5—8.
③ Петр федорович анисимов. Начальное и среднее профессиональное образование[M]. Образование в России. 2005:261—268.

一代教育标准,引入新的质量监控方法。[1]

第二,实现教育现代化并提高教育的国际竞争力。

俄罗斯教科院职业教育学与心理学研究所所长穆罕穆德·佳诺娃认为,当前俄罗斯职业教育面临若干问题:职业教育的内容落后于劳动力市场以及世界经济发展的需要;人才培养的结构与劳动力市场需求不相吻合;职业教育资源利用的有效性有限等。为了解决这些问题,提高职业教育质量成为俄罗斯职业教育现代化的发展方向。[2] 叶拉盖娜(Л. В. Елагина)认为,在市场经济条件下,为了促进职业院校的发展目标与国家教育政策(国家教育标准、认可、鉴定、国家认定)相一致,促进职业教育的许可证与证书在俄罗斯及国际劳动力市场上具有可比性,客观地评价教育机构毕业生的质量,吸引社会伙伴参与确定职业教育的内容和水平,俄罗斯需要创建教育服务质量保障机制。[3]

通过分析以上文献可以看出,俄罗斯中等职业教育质量保障体系的构建背景既包括外部环境,例如,国际上——激烈的全球化竞争,国内——教育管理权下放,教育经费来源多元化,中等职业教育机构回应"问责";也包括内部环境,例如教育机构自身的质量问题,所培养人才并不能满足市场的需要。

1.2.2.2　俄罗斯中等职业教育质量保障体系的构成

(1)国内研究

目前,国内研究者尚没有对俄罗斯中等职业教育质量保障体系构成做过专门研究。刘淑华在《俄罗斯教育战略研究》一书中阐述了构成俄罗斯教育质量保障体系的几个重要举措:创建新的国际教育标准、设立科学

---

[1] В. М. Демин. Приоритеты среднего и начального прфессионального образования в деле повышения качества подготовки кадров[EB/OL]. http://federalbook.ru/files/FSO/soderganie/Tom％206/V/demin％202.pdf 2014-04-23.

[2] 姜晓燕. 俄罗斯职业教育正在走出困境——访俄罗斯教科院职业教育学与心理学研究所所长穆罕穆德·佳诺娃[N]. 中国教育报,2008-07-22(04).

[3] М. А. Емельянова, Л. В. Елагина. Качество профессиональной подготовки специалистов в колледже:теория и опыт реализации[M]. Гуманитар. изд. центр ВЛАДОС, 2012:8.

的教育质量评价体系和实施全国统一考试等。① 刘玉霞认为,为了提高高等教育质量,俄罗斯实施了若干举措:颁布俄罗斯高等教育政策和法规、领导人关注教育质量的提高、重视发展信息技术与促进教育现代化、提高教师待遇和科研水平、签署《博洛尼亚宣言》、实行全国统一考试、调整学科并改革教学内容、提高毕业生竞争力、大力投入教育资金、实施对大学的评估。②

(2)国外研究

国外研究者认为俄罗斯中等职业教育质量保障体系是指为了领导和管理教育机构以提高教育质量而开展的一系列活动的总和。斯捷潘诺夫(С. А. Степанов)认为,俄罗斯中等和高等职业教育质量保障体系包括四大部分:质量标准、质量外部评估、质量内部监控、质量改进。③ 弗拉基米尔(Владимир Филиппович Кривошеев)认为,整体上,中等职业教育质量保障的子系统包括:以提高教育质量为目标的教育政策;被社会和国家确定和认可的教育质量标准;有利于提高中等职业教育质量的客观条件;中等职业教育质量评估的方法;中等职业教育机构学校管理和自我管理的机制和手段。④ 巴夫洛夫娜(Соловьёва. Ирина. Павловна)认为,中等职业教育质量保障体系包括以下几个方面:旨在提高中等职业教育质量的政策;由社会和国家通过的指标和教育质量标准;中等职业院校管理和自我管理的机制和工具;实现教育质量目标的客观条件;不同阶段中的教学质量评估方法等。⑤

通过分析以上文献可以看出,国内外研究者都将俄罗斯中等职业教

---

① 刘淑华. 俄罗斯教育战略研究[M]. 杭州:浙江教育出版社,2013:180.
② 刘玉霞. 俄罗斯近十年来高等教育质量观解读[J]. 黑龙江高教研究,2006(12):56—59.
③ С. А. Степанов. Терминологический словарь области управления качеством высшегои среднего профессионального образования(проект)[EB/OL]. http://www.pandia.ru/12439/ 2014-01-11.
④ Владимир Филиппович Кривошее. Проблемы роста качества среднего профессионального образования в условиях модернизации образовательного процесса[EB/OL]. http://yandex.ru/clck/jsredir? from=yandex.ru 2013-12-09.
⑤ Соловьёва. Ирина. Павловна. Формирование системы обеспечения качества подготовки специалистов среднего профессионального образования[EB/OL]. http://festival.1september.ru/articles/313439/2013-12-18.

育质量保障体系看作是与提高教育质量相关的系列活动的总和,其中,教育标准、外部评估、教育机构内部的自我管理是其核心构成。

1.2.2.3 质量标准与俄罗斯中等职业教育质量

(1) 国内研究

目前,国内对俄罗斯职业教育质量标准的研究主要集中在高等职业教育领域,例如,李艳辉的《俄罗斯第三代高等教育国家标准:背景、框架、特点》[1]、齐立斌的《俄罗斯第三代体育专业国家教育标准的解读及启示》[2]等十余篇文献。目前,国内研究者对中等职业教育质量标准的研究文献较少。吴雪萍和陈炯奇在《面向就业的俄罗斯中等职业教育改革》中指出,为了推动就业,使毕业生的质量不仅在俄罗斯国内有统一的标准,而且与国际接轨,俄罗斯联邦教育部于1995年8月颁布了第一代国家教育标准,该标准由联邦、联邦主体和地方三个层次构成。[3]

《俄罗斯联邦教育法》规定,至少每十年修订一次国家教育标准。自俄罗斯颁布第一代国家教育标准至今,俄罗斯现行国家教育标准发生了哪些变化？吴雪萍与刘金花在《俄罗斯现行中等职业教育标准探析》中细述了俄罗斯颁布第三代国家教育标准的原因、内容以及作用。该标准包括设立专业目录、提出学生应具备的综合素质、确定基本职业教育大纲的结构、提出实施基本职业教育大纲的条件四方面内容。它是中等职业教育机构开展教育活动的重要参照,是实施政府评估的主要依据。[4]

(2) 国外研究

第一,新一代国家教育标准的特点及实施条件。

邦达列娃(Бондарева С. Р.)认为,在中等职业教育领域,与前两代国

---

[1] 李艳辉,O. A. 玛什金娜. 俄罗斯第三代高等教育国际标准:背景、框架、特点[J]. 高等教育研究,2014(2):102—109.

[2] 齐立斌,崔颖波,曹庆荣. 俄罗斯第三代体育专业国家教育标准的解读及启示[J]. 北京体育大学学报,2013(8):95—112.

[3] 吴雪萍,陈炯奇. 面向就业的俄罗斯中等职业教育改革[J]. 比较教育研究,2005(7):68—72.

[4] 吴雪萍,刘金花. 俄罗斯现行中等职业教育标准探析[J]. 外国教育研究,2014(2):61—67.

家教育标准相比,第三代国家教育标准的主要概念是"职业模块"和"能力"。[1] 克雷尔(Н. А. Крель)认为,职业教育向新一代联邦国家教育标准过渡,这对教育过程的组织形式提出了新的要求。在中等职业教育领域,国家教育标准强化了对基本职业教育大纲的结构及其实施条件、学习结果的要求。与新一代国家教育标准相一致,教学计划的重要组成部分是职业模块和与模块相一致的跨学科课程。[2] 还有学者认为,与前两代国家教育以教育内容为导向不同,新一代国家教育标准以教育结果为导向。

为了顺利实施新一代国家教育标准,中等职业教育机构必须引进新的教学技术和测评学生能力的评估方法,必须对教师进行使用该技术和方法方面的专门培训。[3] 格奥尔吉耶夫娜(Г. Т. Георгиевна)认为,教师是贯彻教育思想的关键力量,未来专家的培养质量依赖于教师素质。新一代国家教育标准对教育过程的组织形式提出了新要求。在这种背景下,教师需要面对以往教学中不曾遇到的问题,例如:在制定基本职业教育大纲时,需要清晰地描述职业模块课程的学习结果;教师需要为培养学生的一般与职业能力负责等。为了按照新一代国家教育标准的要求开展教学,为了推动教师创新活动的发展,中等职业教育机构应该做到:制定相关的规范性文件以促进教育过程所有参与者的合作;提高教师职业素养,组织教师交流国家教育标准的实施经验等;为国家教育标准的实施提供物质—技术条件;为教师开展创新活动提供方法支持;监控国家教育标准的实施情况。[4]

第二,新一代国家教育标准的利弊。

学术界对新一代国家教育标准褒贬不一。奥尼卡瓦(Е. А. Оникова)分

---

[1] Бондарева С. Р. Теоретические и практические аспекты реализации ФГОС СПО[ЕВ/OL]. http://www.zdcoll-ege.ru/documents/doc_197.pdf 2013-12-22.

[2] Н. А. Крел. Подготовка колледжа к практической реализации ФГОС СПО нового поколения[J]. Научные исследования в образовани,2009(10):18—19.

[3] Бондарева С. Р. Теоретические и практические аспекты реализации ФГОС СПО. г. Орел. УНПК, ФСПО. 2012:53—55.

[4] Г. Т. Георгиевна. Организация инновационной деятельность преподавателей в условиях введения федеральных государственных образовательных стандартов среднего профессионального образования (ФГОС СПО)[J]. Теория и практика общественного развития,2013(6):105—108.

析了其所在学校在"经济及会计"专业实施新一代国家教育标准取得的成果,指出从学校的监控结果来看,实施新一代国家教育标准有利于培养学生的能力。① 虽然新一代国家教育标准重视培养学生的能力,但有学者对它实现应然目标的有效性提出质疑。叶里谢夫(Ю. Г. Елисеев)认为,国家教育标准的实施是复杂的:一方面,国家教育标准为教育机构设计职业教育大纲、提供物质资源、培养师资、组织学生考核提供重要参照,这是它的优点;另一方面,国家教育标准的完美设计及顺利实施需要雇主的积极参与、优质的物质和人力资源、测量学生能力的先进方法。在实践中,这几方面是缺失的。②

第三,其他质量标准与指标。

参照国际标准实施教育质量评估与监控是俄罗斯中等职业教育质量保障的重要特点。所罗门蒂娜(Н. Ю. Соломатина)认为,ISO9000 标准在俄罗斯得到了广泛应用。ISO9000 在俄罗斯中等职业教育质量保障中的应用体现在两个方面:一方面,ISO9000 标准的应用推动俄罗斯由重视评价学生的知识与技能向评估能力转变;另一方面,学校基于该标准创建全面质量管理体系。③

由于职业教育的就业导向属性,岑列诺夫(Д. Д. Цыренов)认为在评价职业教育质量时,要参照其就业标准。职业教育质量指标主要有三个:毕业生的职业能力、职业教育质量的可靠性指标、职业教育质量的可操作指标。④

通过分析以上文献可以看出,职业教育的(人才培养)质量标准是职

---

① Е. А. Оникова. Сравнителъный мониторинг усвоения ЗУН при реализации ФГОС СПО второго поколения и освоения компетенций при реализации ФГОС СПО третьего поколения на примере специальности 080114 Экономика и бухгалтерский учёт(по отраслям)[J]. Научные исследования в образовани,2012(05):32—36.

② Ю. Г. Елисеев. Мнение практиков о доработке ФГОС СПО[EB/OL]. http://www.akvobr. ru/mnenie_praktikov_o_dorabotke_fgos_spo. html 2014—01—12.

③ Н. Ю. Соломатина. Менеджмент качества среднего профессионалъного образования на основе международных стандартов[EB/OL]. http://science-bsea. bgita. ru/2008/ekonom_2008/solomatin_men. htm. 2014-01-16.

④ Д. Д. Цыренов. Оценка качества профессионального образования с учётом критерия занятости:теория и практика[J]. Проблемы современной экономики,2011(3):315—318.

业教育质量保障体系建设的一项基础性工作。职业教育质量标准是职业教育优质发展应当达到的最低质量要求。国内外已有研究有利于我们了解俄罗斯国家教育标准的框架,但已有研究缺乏对如何设计"能力"、模块课程等方面的深入研究。

1.2.2.4 教育质量评估与俄罗斯中等职业教育质量

(1)国内研究

评估是保障和提高教育质量的重要手段。国内研究主要集中于中等职业教育质量的政府评估。陈先齐在《俄罗斯教育改革的现状和前景》中认为,俄罗斯联邦政府为了提高教育质量采取严格审议创办学校的程序、建立和实行学校评估和认可制度、各级各类学校的毕业生均须通过由国家鉴定部门根据国家教育标准所进行的毕业生培养质量总结性鉴定。[1] 王旭阳和肖甦的《俄罗斯现行教育质量评估体系》是对 2008 年俄罗斯颁布的《全俄教育质量评估体系方案》(第二版)的阐述和分析,简述了全俄教育质量评估体系的形成原因、内容及功能。全俄教育质量评估体系既包括国家、社会、企业和个人为主体实施的外部评估,也包括教育体系内部的由教师、学生、教育大纲、教育管理机关、教育机构五要素构成的内部评估。[2] 吴雪萍和刘金花在《俄罗斯中等职业教育质量外部评估探究》一文中指出,外部评估的主体是国家,外部评估的环节包括对学校基本办学条件的认可、对教学质量的鉴定、综合检查教育质量的国家认定,外部评估周期为五年一轮。[3]

(2)国外研究

从目前国外研究文献来看,依据评估主体不同,俄罗斯中等职业教育质量的评估形式有政府评估、社会评估与自我评估。国外研究文献既有对该问题的综合研究,也有针对政府评估、社会评估与自我评估的专题研究。

---

[1] 陈先齐. 俄罗斯教育改革的现状和前景[J]. 东欧中亚研究,1993(4):73—78.
[2] 王旭阳,肖甦. 俄罗斯现行教育质量评估体系述评[J]. 比较教育研究,2011(2):76—80.
[3] 吴雪萍,刘金花. 俄罗斯中等职业教育质量外部评估探究[J]. 比较教育研究,2013(12):56—60.

第一，综合研究。

关于评估形式。罗戈诺娃（С. Б. Логинова）认为，学校应该基于国家教育标准和国际标准（ISO9000）创建全面质量管理体系，实施自我评估。在实施自我评估时，学校应该使用全面质量管理模型，同时将自我评估的结果作为参与外部评估（如政府评估与社会评估）的基础。政府评估是由准政府机构组织实施的、对申请参加评估的所有中等职业教育机构进行质量判断的活动，包括认可、鉴定和国家认定三个连续的程序。[1] 诺维科夫（А. М. Новиков）依据评估主体的不同，将中等职业教育质量评估体系分为：政府评估（联邦、地区和地方）、社会评估、企业及公民参与的评估、教育体系内部的自我评估。[2]

关于评估特点。契塔耶娃（Ю. А. Читаева）认为在实施新一代国家教育标准的背景下，中等职业教育质量评估的对象由学生的"技能"向"能力"转变。为了评价学生的能力，应该为强化师生间的合作创建客观条件。除此之外，该作者指出俄罗斯应该创建由雇主构成的社会评估中心，评价教职员工的素质及学生的培养质量，并确定未来技能型工人和专家需要哪些能力。[3]

第二，专题研究。

俄罗斯《中等职业教育机构及其分校实施鉴定的方法建议》中规定，中等职业教育机构的自我评估是其实施外部评估的必要条件。萨尔塔高娃（Е. В. Сартакова）认为，在新经济条件下，充分自主权和财政来源多元化使得中等职业教育机构需要在地区劳动力市场上准确定位，创建内部质量管理体系，并发展社会合作伙伴关系。萨尔塔高娃介绍了新西伯利亚化学科技高等专科学校创建内部质量管理体系的实例。开展自我评

---

[1] С. Б. Логинова. Методика оценки качества высшего и среднего профессионального образования [EB/OL]. http://www.webkursovik.ru/kartgotrab.asp? id=-38853 2014-01-25.

[2] А. М. Новиков. Как оценивать качество базового профессионального образования [EB/OL]. http://www.anovikov.ru/artikle/kach_bpo.pdf 2014-01-25.

[3] Ю. А. Читаева. Оценка качества выпускников учреждений профессионального образования на основе компетенций [J]. Научные исследования в образовани, 2011(7): 48—53.

估、撰写自我评估报告是教育机构质量内部管理体系的重要组成部分。[①] 索卡洛夫斯卡娅(М. В. Соколовская)认为,自我评估是教育机构组织的对自身教育结果和效率、全面质量管理体系的成熟水平进行全面评价和判断以揭示日常教学问题及其解决办法的工具。[②] 雷诺夫斯卡娅(Л. В. Лыновская)认为,自我评估是以持续、有目标、综合监控整个教育过程及其要素为导向的举措系统,其目的是最大限度地促进教育结果与国家教育标准的要求和所有利益相关者的要求相一致。自我评估是达成优质教育结果的实践工具。[③]

政府评估是目前俄罗斯发展较为完善的重要评估形式。伊琳娜(Маркелова, Ирина Ивановна)认为,俄罗斯教育体系需要国家管理,管理的对象不是学生和教师自身,而是管理"教育质量"。为了对职业教育机构实施国家质量管理,国家应该先确立教育标准,这是管理职业教育质量的有效工具,然后依据国家标准对"输入"(第一学年的九月份)、"当前"(半年)、"临界"(每学期结束)、"总结性"(每年级结束时)质量以及毕业生在就业岗位上的适应性进行评估。职业教育质量综合评估体系由五部分组成:设计指标体系、选择诊断质量的教育技术、处理评估结果、分析评估结果、根据反馈结果来调整教育过程。[④] 玛丽格纳(С. Ю. Мальгина)分析了基于新一代国家教育标准创建中等职业教育质量评估体系的目的,并对基于新一代国家教育标准强调的"能力"概念和传统教学的教学评估体系进行了比较分析。玛丽格纳指出,创建评估体系的目的是:保证评估过

---

① Е. В. Сартакова. Управление качеством в учреждении среднего профессионального образования[EB/OL]. http://www.pandia.ru/text/77/169/2337.php 2014-02-07.

② М. В. Соколовская, Е. В. Замиралова. Самооценка как инструмент улучшения системы менеджмента качества образовательной организации[J]. Сибирское медицинское обозрение, 2014 (3):80—86.

③ Л. В. Лыновская. Медодика самооценки[J]. Научные исследования в образовании, 2008 (10):72—75.

④ Маркелова, Ирина Ивановна. Комплексная система контроля качества образования в профессиональном лицее[EB/OL]. http://nauka-pedagogika.com/pedagogika-13-00-08/dissertaciya-kompleksnaya-sistema-kontrolya-kachestva-obrazovaniya-v-professionalnom-litsee 2014-02-10.

程的透明性;促进教学创新;激发学生自主学习的动力;对学生的能力水平分级;帮助利益相关者获得相关教育质量信息等。①

社会评估是近十年俄罗斯逐渐发展起来的重要评估形式。教育质量社会检查及事业发展署总干事阿列克谢(Алексей Владимирович Белокопытов)认为,教育机构不仅需要通过参与政府评估实现自身类型和类别合法化,而且需要通过参与专业社会评估机构实施的社会评估提高自身在教育服务市场上的竞争力。因为专业社会评估机构由学术界的专家构成,这些专家熟知教育本质并了解某一专业的现实需求,可以给予学校一定的专业支持,为其制定非常具体的发展举措。安娜(Анна Данилина)认为,中等职业教育质量社会评估的重要依据应该是雇主制定的职业标准,而不应该是国家教育标准。②

通过分析以上文献可以看出,国内对俄罗斯中等职业教育质量评估的专门研究较少,且主要研究政府评估,而对最近几年逐渐发展起来的社会评估和自我评估研究较少。国外研究可以指引我们了解俄罗斯中等职业教育质量评估体系的构成,但对各类评估的深入研究以及这些评估形式之间的关系研究较少。

1.2.2.5 社会伙伴关系与俄罗斯中等职业教育质量

苏联时期,职业学校与企业建立了良好的协作关系,20 世纪 90 年代,由于经济的私有化改革及其低迷发展,中等职业教育与企业的紧密联系遭到破坏,并成为制约教育质量提高的重要因素。为了提高质量,学者就社会伙伴关系对于提高中等职业教育质量的必要性、意义和具体实施举措进行了研究。

(1)国内研究

毕业生就业情况是俄罗斯中等职业教育质量的重要指标。吴雪萍和

---

① С. Ю. Мальгина. Создание системы оценивания и контроль в условиях реализации ФГОС СПО и НПО[J]. Научные исследования в образовании,2012(2):81-88.

② Анна Данилина. Удастся ли создать независимую систему оценки качества в СПО и ДПО? [N]. Учительская газета,2014-06-27.

陈炯奇在《面向就业的俄罗斯中等职业教育改革》中指出,为了解决中等职业教育毕业生就业难这一问题,中等专业学校日益重视同雇主、职业联合会、劳动和就业部门建立沟通机制,不断拓展自身的社会伙伴关系。社会伙伴参与中等职业教育的项目涉及多个方面:提供设备及实习场地、参与制定教育大纲、参与毕业生考试筹备工作、参与教学质量监督等。[1]

由于俄罗斯从计划经济向市场经济转变,社会对中等职业教育提出了更高的要求。为了满足社会对技能型人才与中级专家的需求,俄罗斯在《2010年前俄罗斯教育现代化构想》中确定了近十年中等职业教育的优先发展战略。姜晓燕在《俄罗斯中等职业教育优先发展战略》中指出,"重建与企业的合作关系"是中等职业教育优先发展的必要条件。[2]

(2)国外研究

彼得·安尼西莫夫(Петр федорович анисимов)在《初等和中等职业教育》一文中阐述了构建良好的社会伙伴关系是保障中等职业教育质量的重要条件。优质教育,即人才的培养质量,要与个体、社会、劳动力市场的需要相一致。为了提供优质教育,中等职业教育机构要在与生产、社会部门稳定和长期合作的基础上合理调整人才培养结构。[3] 叶夫谢耶夫(Р. Ю. Евсеев)认为,"职业教育"和"职业教育质量"的概念都与"社会伙伴关系"这一范畴联系。为了达成优质的专家培养质量,在引进国家教育标准、制定现行职业教育大纲时,应该考虑到俄罗斯现代社会经济发展的条件,考虑到社会合作伙伴的要求,应该聘任来自生产领域的专家实施教学,应该聘任社会合作伙伴参与学生的国家总结性鉴定。[4] 柳博切尼卡(Г. Н. Любченко)认为社会伙伴关系是提高专家培养质量的条件。社会

---

[1] 吴雪萍,陈炯奇. 面向就业的俄罗斯中等职业教育改革[J]. 比较教育研究,2005(7):68—72.

[2] 姜晓燕. 俄罗斯中等职业教育优先发展战略[J]. 外国教育研究,2006(6):76—80.

[3] Петр федорович анисимов. Начальное и среднее профессионалъное образование [J]. Образование в России,2005:261—268.

[4] Р. Ю. Евсеев. Механизмы обеспечения соответствия программ НПО И СПО требованиям рынка труда и рынка образователъных услуг[J]. Среднее профессионалъное образование,2012(10):9—11.

合作伙伴关系的形成过程分为三个阶段：①准备，即教育机构意识到建立与劳动力市场新型协作关系的必要性；②组织实施，即确定与社会伙伴的协作范围及其对教育质量的影响，并对协作质量进行评价；③划分职能，将社会合作的举措纳入教育机构的工作计划、制定协作的示范性文件、合作实施教学质量监控等。①

通过分析以上文献可以看出，在国内，该领域的研究尚处于研究的边缘，它只是研究者研究其他主题所附带的内容。国外研究者将社会合作关系看作是中等职业教育质量的重要指标以及教育机构提供优质教育质量的基本条件，但是对实然性的社会合作关系研究较少。

1.2.3　现有研究评述

苏联解体后，俄罗斯在中等职业教育领域推动了一系列改革。在俄罗斯教育现代化改革的影响下，俄罗斯联邦政府高度重视中等职业教育质量，相继颁布并修订了很多有关提高和保障中等职业教育质量的法规文件。在实践中，俄罗斯开展了丰富的中等职业教育质量保障体系建设的探索。与此相应，学术界也日益重视对中等职业教育质量保障体系的研究，并取得了有价值的研究成果。这些研究成果为本书奠定了一定的基础，同时这些研究还存在不少问题，表现在以下方面：

（1）缺乏有深度的研究

尽管一些研究对建立和完善职业教育质量保障体系的重要性有深刻认识，但是对现代职业教育质量保障体系的理论建构不足，主要为事实陈述，缺少深入反思。正如诺维科夫（А. М. Новиков）所言，"俄罗斯面临着评估职业教育质量和构建教育质量体系这一现实问题。最近出现了很多有关提高教育质量和客观地评估质量的必要性的出版物。但是，教育质量评估常常被研究得非常简单，主要只是谈及学生个人成绩的评估和教育机构的认可、鉴定和认定程序，而教育质量评估问题很少被深入和认

---

① Г. Н. Любченко, Г. Н. Любченко. Социальное партнерство как условие повышения качества подготовки специалистов[J]. Научно-практический журнал,2012(1):125—130.

真地研究"①。

(2)缺乏系统性的研究

由于俄罗斯中等职业教育质量政府评估和国家教育标准发展较早,因此目前的研究主要集中在这两个领域,而对最近几年发展起来的社会评估及内部监控的研究较少,甚至是空白的。除此之外,现有研究大部分是对职业教育质量保障体系中某一方面进行探讨,例如专门研究国家教育标准的特点、政府评估的程序,而缺乏对国家教育标准、政府评估的系统研究,更缺乏对国家教育标准与政府评估之间、政府评估与社会评估之间、外部评估与内部监控之间关系的研究,从而缺乏对俄罗斯中等职业教育质量保障体系的整体思考和系统研究。

1.3 核心概念界定

1.3.1 俄罗斯中等职业教育

根据旧版《俄罗斯联邦教育法》的规定,苏联解体后,俄罗斯将整个教育体系分为两大块:普通教育和职业教育。其中,职业教育包括初等职业教育、中等职业教育、高等职业教育和大学后职业教育。中等职业教育是俄罗斯连续教育体系的重要组成部分,是一个独立的教育层次,招收基础普通教育(初中)、完全中等教育(高中)和初等职业教育毕业生,以满足个人深化和扩展知识的需要,使个人获得所选职业活动所需要的技能、智力、身体和道德等方面的发展,以培养具备中等职业教育程度的、具有熟练技能的专门人才。② 根据2013年生效的《俄罗斯联邦教育法》规定,俄

---

① Зорина Ю. П. Актуальные вопросы качества профессионального образования[EB/OL]. http://www.moluch.ru/conf/ped/archive/60/2575/ 2014-03-02.

② Верховный Совет Российской Федерации. Российская Федерация закон об образовании [EB/OL]. http://uozp.akcentplus.ru/zakon% 2010% 2007% 201992% 20n% 2032661.htm. 2014-03-02.

罗斯职业教育包括中等职业教育和培育学士、专家、硕士以及高技能人才的高等职业教育。"中等职业教育完成人的智力、文化和职业教育发展任务,其目的是根据社会和国家需要培养技术工人、服务人员以及中等层次的技术人员,并满足个人深化的扩展教育的需求",其"教育水平不低于基础普通教育和中等普通教育者可接受中等职业教育"。依据新《俄罗斯联邦教育法》,原有的培养技术工人的初等职业教育作为独立的教育层次将不复存在,技术工人以及服务人员的培养由中等职业教育承担。

按照联合国教科文组织统计局制定的《国际教育标准分类法》,俄罗斯的中等职业教育相当于高等教育的第 5 级中的 5B,注重实用性和技术性。① 实施中等职业教育的学校主要有两类:中等技术学校(техникум)、高等专科学校(колледж)。

1.3.2 俄罗斯中等职业教育质量

1.3.2.1 质量

"质量"是一个具有多重含义的概念。一种是物理学范畴,指的是"物体中所含物质的量,即物体惯性的大小",是物体的一种基本属性,具有客观性。另一种是价值范畴,往往是指价值主体对客体满足需求程度的评价,具有主观性,因评价主体、评价标准的不同而不同。在质量管理中,人们采用的是质量的第二个范畴。

"质量管理"最早出现在工商界。随着社会经济与科学技术的发展,人们对"质量"的认识也经历了一个不断发展与深化的过程。美国质量管理专家朱兰认为质量就是产品的适用性,即产品在使用时能成功满足用户需求的程度。ISO8402"质量术语"中将质量表述为"反映实体满足明确或隐含需要能力的特性总和"。这一概念在朱兰定义的基础上又发展了产品的"符合性",因为"需要"应该被表征为可以衡量产品特征和特性的若干指标,全面

---

① Агранович М. Л. Российское образование в контексте международных индикаторов 2009 [M]. Москва:Сентябрь, 2009:24.

符合指标的产品就是满足用户需求的产品。ISO8402质量概念中,"实体"是指可单独描述和研究的事物,例如活动、组织、产品、过程、人及它们的组合。国际标准化组织(ISO)在2005年颁布的ISO9000:2005《质量管理体系基础和术语》将质量定义为"一组固有特性满足要求的程度",该定义被大部分学者认同。ISO9000:2005认为质量的特性有:第一,与ISO8402质量概念相比,ISO9000:2005没有对质量载体作出界定,质量可以存在于不同的事物与领域中,例如教育。第二,质量的载体不仅针对最终的产品,即关注结果,而且关注将原材料的挑选、设计、生产等各环节容纳在内的整个生产过程。第三,质量是动态的概念。由于时间、地点和环境的不同,顾客对质量的要求也不同,除此之外,不同的价值主体因为需求不同,对事物特性满足自身需求程度的评价也不同。本书采用ISO9000:2005的质量概念,认为质量是"一组固有特性满足要求的程度"。

1.3.2.2 俄罗斯中等职业教育质量

本书采用ISO9000:2005的质量概念,认为教育质量不仅是学生获得知识、技能、经验、能力的质量,而且包括投入与过程的质量;质量具有时效性,学校应该根据顾客及其他利益相关者的需求和期望的变化,不断调整对质量的要求;质量具有相对性,不同主体因为需求不同,对质量的要求也就不同。

从内容上,俄罗斯中等职业教育质量不仅包括教育产品或服务(即学生成绩、毕业生素质)的质量,而且包括涉及人才培养的基本条件(例如教师素质、专业基础设施等)、培养过程的质量(例如基本职业教育大纲的设计、课程设置等)。

从教育的价值属性上看,根据ISO9000:2005的质量定义,质量是"一组固有特性满足要求的程度","不同消费者看待教育的角度是不同的,对教育的要求也是不同的"[①]。苏联时期,国家从资金来源到学生的

---

① 程凤春. 教育质量特性的表现形式和内容——教育质量内涵新解[J]. 教育研究,2005(2):45—50.

就业分配等方面对中等职业教育实施统包统揽,中等职业教育的主要价值在于满足国家社会经济发展对人才的需求,受教育者的个人需求服从于国家需求。在这种价值观下,国家排挤了个人而成为中等职业教育质量的主要顾客,个人完全服从国家安排,描述教育服务特性的指标也主要体现了国家意志。

苏联解体后,俄罗斯中等职业教育机构与政府的关系正在由"政府—中等职业教育机构"的单向线性关系向市场经济体制下的中等职业教育机构、政府与市场的"多向三角关系"转变。人们对于中等职业教育价值的认识也一改过去片面的为国家社会经济发展培养专门人才的社会本位价值观,强调在为社会培养人才的同时,关注学生的个人需求,促进学生在身体、道德、智力等方面的发展。正如俄罗斯国内研究者弗拉基米尔(Владимир Филиппович Кривошее)认为,中等职业教育质量由其与社会—经济发展的一致性来决定,即其充分满足社会经济发展对中级专家的具体需求以及个体对教育需求的能力。[①] 国家不再是唯一的教育服务需求方,学生及其家长、雇主等在教育服务市场中购买服务,并成为教育质量的价值主体。

基于以上分析,本书认为,俄罗斯中等职业教育质量是指中等职业教育机构在既定的环境下,培养出来的学生及提供的服务满足目前和未来的个体及社会各方面发展需求的充分程度。

1.3.3 俄罗斯中等职业教育质量保障体系

1.3.3.1 质量保障

"质量保障"源于工商界的质量保证思想。Edward Sallis 认为"质量保证"是一种事前及事中的历程。重视的是一开始就预防缺陷发生。质量事先已经设计到程序里,以保障产品依预定的规格生产。产品或服务

---

① Владимир Филиппович Кривошее. Проблемы роста качества среднего профессионального образования в условиях модернизации образовательного процесса[EB/OL]. http://yandex.ru/clck/jsredir? from=yandex.ru 2014-03-04.

的质量由适得其所的系统保证,通称为质量保证系统,规定生产应该怎么进行,依照什么标准。① 陈玉琨认为,"质量保障"是借鉴工业领域的质量保证与质量管理思想而来,在教育领域,质量保障具有系统性、重视过程、全员参与和不断改进等特点。②

"质量保障"在不同的语境中,被赋予不同的含义。例如,英国高等教育质量委员会(HEQC)将质量保障定义为:通过所有有计划和系统性活动,这些活动使大家确信,产品或服务的质量能满足既定需求。③ 新西兰大学学术审核组(AAU)将质量保障定义为:通过政策、态度、行动和必要程序以确保教育质量和学术标准正在维持和加强。它包括检查质量控制的程序是否到位,是否正在使用以及是否有效。对此,既需要教育机构的内部行动,也涉及外部机构或团体的行动。其包括课程设计、职员发展,以及收集学生及雇主的意见。④

本书采用新西兰大学学术审核组(AAU)的表述,认为质量保障是为了保障和提高质量而采用的政策、态度、行动和必要程序的总和。质量保障由机构内部和外部机构协同实施。

1.3.3.2 职业教育质量保障体系

国内学者一般根据质量保障主体的不同,将职业教育质量保障体系分为外部与内部质量保障体系两个子系统。赵志群认为,我国一般把质量保障体系分为外部和内部质量保障两个子系统,这与国际通行的"内部监控"和"外部评估"的"质量监控与评估体系"的表述基本一致。⑤"外部质量保障体系"是指进行职业教育质量监督、评价和调控的系统,由教育

---

① Edward Sallis. 全面质量教育[M]. 何瑞薇,译. 上海:华东师范大学出版社,2005:23.
② 史秋衡,罗丹. 从市场介入的视角辨析高等教育质量保障概念[J]. 大学·研究与评价,2007(9):28—32.
③ HEQC. Guidelines on quality assurance[M]. London:HEQC. 1994:61.
④ Woodhouse D. Audit manual: Handbook for institutions and members of auditpanels[M]. Wellington:NZUAAU,1998:3.
⑤ 赵志群. 现代职业教育质量保障体系建设[J]. 中国职业技术教育,2014(21):235—239.

部和省级教育主管部门以及社会有关方面共同组成。"内部质量保障体系"是指职业院校内部质量保障活动的系统,由质量生成、质量监督与评估、信息管理、反馈调控等系统共同组成。①

俄罗斯是本书的研究对象国。俄罗斯《中等和高等职业教育质量管理术语词典》认为,教育质量保障可以被看作是为了领导和管理教育机构以提高教育质量而开展的一系列活动的总和。② 这些活动包括四大部分:质量标准、质量内部监控、质量外部评估、质量改进。这种划分与国际通行的"内部监控"与"外部评估"基本一致。因为内部监控与外部评估都将质量改进作为目的,"质量改进"可以融合在"内部监控"和"外部评估"中。所以,本书参考《中等和高等职业教育质量管理术语词典》,将俄罗斯中等职业教育质量保障体系界定为特定组织依据一定的质量标准对教育质量施以评估与监控的所有政策、活动与过程的总和。俄罗斯中等职业教育质量保障体系包括三部分:质量标准、外部评估与内部监控体系。

关于质量标准体系。国家教育标准是俄罗斯实施中等职业教育质量保障的主要依据,它是一个专业标准,是俄罗斯联邦境内的、通过国家认定的、开设某专业的所有中等职业教育机构必须达成的要求总和,这些要求包括对教育结果、教育内容、教育条件的最低要求。

关于教育质量外部评估体系。依据评估主体不同,俄罗斯中等职业教育质量外部评估体系包括政府评估与社会评估。政府评估是由准政府机构组织、实施的对申请参加评估的所有中等职业教育机构进行质量判断的活动。社会评估是政府与学校之外的专业评估机构根据一定的目的有选择地对学校教育质量水平进行判断并提出改进意见的活动。

关于教育质量内部监控体系。教育质量内部监控是指中等职业教育机构为了确定该机构的教育质量水平与国家、社会及个体需求相符合的

---

① 韩奇生.高等职业教育质量保障体系建设述评[J].高教探索,2012(4):140—143.
② С. А. Степанов. Терминологический словарь области управления качеством высшего и среднего профессионального образования(проект)[EB/OL]. http://pandia.org/12448/2014-03-12.

程度,有计划、有目的、客观地获取并分析有关学校教育过程及结果的质量信息的过程,以及基于质量信息制定该机构的管理决策的过程。

1.4 研究方法与内容架构

1.4.1 研究方法

1.4.1.1 文献法

文献法,即搜集和分析研究各种现存的有关文献资料,从中选取信息,以达到某种调查研究目的的方法。本书主要搜集、整理和分析了与俄罗斯中等职业教育质量保障相关的文献资料,主要包括两大部分:俄罗斯联邦政府颁布的一些相关政策法规和报告;研究者对中等职业教育质量保障体系的研究文献。资料主要来源于中国知网、超星数字图书馆、俄罗斯教育和科学部网站、俄罗斯联邦统计局网站、俄罗斯中等职业教育机构网站等。

1.4.1.2 案例研究法

案例研究法是一种定性研究方法,这种方法适合对现实中某一复杂和具体的问题进行深入和全面的考察。通过案例研究,人们可以对某些现象、事物进行描述和探索。本书在分析俄罗斯中等职业教育质量政府评估、社会评估及内部监控体系时,选取典型地区及学校为个案,直观展现并深入分析某地区实施政府评估、社会评估、某学校创建全面质量管理体系和自我评估的细节。

1.4.2 内容架构

苏联解体后,俄罗斯中等职业教育既继承了苏联时期的一些优良传统,也在发展理念和管理理念等方面进行了系列改革,表现为贴近市场的发展,趋向民主化的管理。集中式的管理传统与贴近市场的发展、趋向分权的管理方式相互碰撞,形成了俄罗斯特有的中等职业教育质量管理理念和质量保障体系。本书从俄罗斯中等职业教育质量保障体系概念界定的基础上,主要回答几个问题:影响俄罗斯构建中等职业教育质量保障体系的因素有哪些？俄罗斯中等职业教育质量观是什么？中等职业教育质量保障体系的内容、特点、作用和存在的问题有哪些？遵循这样的追问,本书以俄罗斯中等职业教育质量保障体系的构成为主体篇章,围绕这一主体,本书根据质量保障体系的影响因素——质量观——保障体系的内容——保障体系的评价的逻辑思路进行研究。本书的基本框架如图1.1所示。

第一章为绪论。本部分主要介绍本书的研究缘起、意义、核心概念,并梳理已有国内外相关研究成果,指出本书的创新与不足之处。

第二章分析了俄罗斯中等职业教育质量保障体系的影响因素。本部分主要分析政治、经济、文化与教育因素对俄罗斯中等职业教育质量保障体系的影响。

第三章分析了俄罗斯中等职业教育质量观。本书认为多元需求主体、多样化的实施机构、动态的基本任务和国家教育标准共同塑造了需求导向的、多样化的、动态的中等职业教育质量观。

第四章分析了俄罗斯中等职业教育质量标准体系。国家教育标准是实施质量评估与监控的主要依据。本部分首先分析国家教育标准的形成与发展,其次主要分析现行国家教育标准的结构,最后分析现行国家教育标准的作用及实施中存在的问题。

第五章分析了俄罗斯中等职业教育质量外部评估体系。依据评估主体不同,俄罗斯中等职业教育质量评估分为政府(联邦—地区)评估与社会评估。本部分首先分析俄罗斯构建中等职业教育质量外部评估体系的原因,其次分析政府评估社会评估的程序、指标及特点,再次以案例分析的形式展示了某地区实施政府评估与社会评估的具体举措,最后从整体上分析中等职业教育质量外部评估体系的作用及存在的问题。

第六章分析了俄罗斯中等职业教育质量内部监控体系。本部分首先分析了构建内部监控体系的原因,其次梳理了构建内部监控体系的理论与方法,再次分析了伏尔加格勒医学高等专科学校实施质量内部监控体系的举措,最后从整体上分析了内部监控体系的作用及存在的问题。

第七章是结语,分析了俄罗斯中等职业教育质量保障体系的特点及发展趋势。

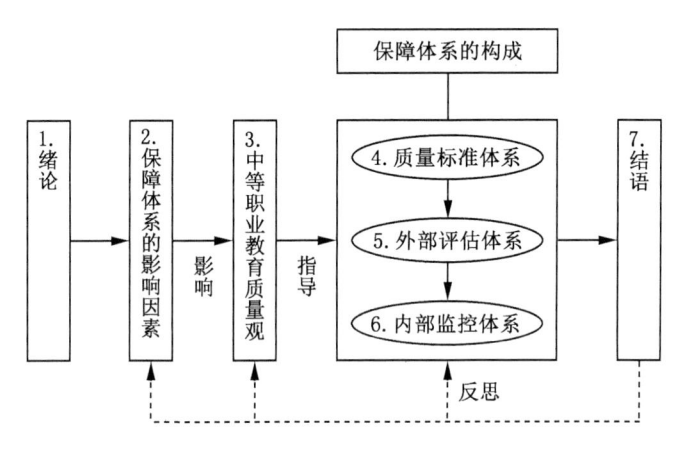

图 1.1 本书的研究框架

1.5 研究创新与不足

1.5.1 研究创新

本书选择与中国在文化、社会环境等方面具有某些相似性的俄罗斯作为研究对象国,具有较强的现实意义。本书的创新点主要表现在两个方面:

第一,对俄罗斯中等职业教育质量保障体系进行较为系统和全面的研究。本书突破目前国内单一研究教育质量政府评估的局限,从质量标准、质量外部评估、质量内部监控及其产生原因、发展脉络、内容、作用及存在的问题进行系统研究,比较全面地展现俄罗斯保障和提高中等职业教育的"输入"——"过程"——"输出"质量的系列举措。

第二,对俄罗斯中等职业教育质量保障体系进行较为深入的研究。本书深入分析了俄罗斯设计职业能力及职业模块课程的方法、政府评估与社会评估的关系、外部评估与内部监控的关系以及保障雇主参与质量保障的权力的方法。除此之外,本书对中等职业教育质量外部评估与内部监控进行了案例分析,直观展示和分析了某地区或学校实施质量保障活动的举措。

1.5.2 研究不足

本书的不足之处主要有两个方面:

第一,对俄罗斯中等职业教育质量保障体系有待继续研究。在俄罗斯中等职业教育领域,社会评估与内部监控是最近几年才逐渐兴起的质量保障活动,其实施情况尚不明确,有待继续考察和研究。除此之外,国家教育标准是俄罗斯实施质量评估与监控的重要依据。《俄罗斯联邦教育法》规定,至少每十年修订一次国家教育标准。所以,与旧一代相比,新一代国家教育标准会发生一些变化,这有待继续考察和研究。俄罗斯中等职业教育质量保障运动处于"未完成"状态,对该活动的研究应处于"现在进行时"。

第二,缺乏对中等职业教育质量保障实践环节的具体了解。由于研究者无法亲临俄罗斯中等职业教育质量保障活动的现场进行实地调查,无法考查质量保障实施的全过程,因此,不能全面展现俄罗斯实施质量保障的真实效果及面临的困境。

2. 俄罗斯中等职业教育质量保障体系的影响因素

1991年12月21日,苏联的11个加盟共和国领导人在哈萨克斯坦首都阿拉木图举行的首脑会议上签署了《阿拉木图宣言》,这标志着苏联的解体。国际上,苏联解体直接带来"冷战"格局的终结。在国内,这首先导致俄罗斯在政治、经济与文化等领域发起了一场改革传统体制、改变传统行为规则的运动。在这样的改革背景下,俄罗斯也在思考如何改革苏联时期的中等职业教育体制,使其适应政治民主化改革与市场化经济发展的需求。俄罗斯构建中等职业教育质量保障体系是政治、经济、文化及教育因素共同作用的结果。

2.1 政治因素

2.1.1 联邦制度的确立

一个国家对国家结构形式的选择、确立与改变直接影响到该国的政治统治及社会治理方式。苏联解体后,从国家结构的转换来看,俄罗斯将在分权制衡基础上创建联邦制作为政治改革的基本目标之一。联邦制体现的是一种整体与局部、中央与地区的制度化分权关系,是对国家权力垂直分工的一种形式。其实质体现的是联邦中央和联邦主体之间职能权限的划分界定。

1993年12月12日,俄罗斯联邦举行全民公决,并通过了新宪法草案。联邦宪法规定了俄罗斯联邦是一个由21个共和国、6个边疆区、49个州、2个联邦直辖市、1个自治州和10个自治区,共89个形式多样的联邦主体构成的联邦制国家。联邦中央权力机关在国家权力体系中处于最高层。联邦主体国家权力机关既可以依据联邦宪法的规定在地区自治的基础上独立行使管理职权,又可以通过支持、反对中央政策来增强与中央政府的联系,增加对中央政府权力影响的机会。一般来讲,联邦中央政府的权力主要集中在外交、国防、货币等领域,而联邦主体的权力主要集中在教育、社会治安等领域。

20世纪90年代,俄罗斯中央和地区权力互动的主要形式是谈判。在谈判中,联邦主体的权力不断扩大,中央政府在政策与原则上不断妥协与让步,这使得中央权力不断式微和地区政府的势力做大。俄罗斯地区一级掀起了一场解构中央权力并追求独立和主权地位的行动,地区政府的权力不断膨胀,并不断侵入联邦中央的职责范围。地区权力机关制定了具有地方保护主义色彩并与联邦法律相抵触的地方法规,这易滋生违反公平和公正的行为。21世纪初,为了加强中央对各地区的垂直领导、强化中央权威,普京将全国89个联邦主体按地域原则划分为七个联邦区,健全了全权代表制度,取消了地方行政长官的普选制度,建立了垂直的法律干预机制。这些举措既有利于保持地区的独立性,也有利于改善地区之间发展的不平衡状况;既有利于保证国家统一,也有利于将国家统一与一定程度的地区自治相结合,有利于通过各地区共同参与的政治机制而达到国家稳定和经济发展的目的。

2.1.2 公民社会的构建

"公民社会"这一概念最早出现在古希腊,被用于描述城邦的生活状况,其被赋予现代意义,是和国家的产生分不开的。公民社会是一种超越了地域界限的、以法律规范为普遍行为准则的现代性社会,它保护个人产权,以国家存在为前提,并主张对国家的权力加以限制,维护有限国家。

国家对公民社会进行规范和调试,公民社会积极参与政治事务,两者合作互补。

在西方,公民社会是在长达几个世纪的历史打磨中自下而上独立发展起来的。在俄罗斯,由于缺乏民主传统,在过去的历史中,并没有出现过公民社会。马丁·沙库姆认为,"像俄罗斯那样年轻的民主制国家,没有时间等待这种情况自己发生,因为这一进程需要数百年的实践。需要超前的社会发展计划,其中包括建立公民社会的计划"。[①] 俄罗斯需要动用国家力量,通过政府制定的相应政策来支持和扶植公民社会的构建。

在叶利钦执政时期,由于政局动乱、私有化进程缺乏合法性,以相互对立的各种利益集团为载体的价值理念相互冲突,价值观看似具有多元性,实质上却是杂乱无章的"碎片",难以起到整合俄罗斯文化的作用。与此同时,在最短的时间内,在没有民主传统的俄罗斯迅速构建一个公民社会的国家构想很快由于政治改革的失败而告终。为了构建公民社会,普京执政后对俄罗斯政治、经济、文化进行了大刀阔斧的改革,采取了严加打击寡头势力、规制非政府组织、培育俄罗斯全民价值观等举措。这些举措在一定程度上解决了社会混乱、经济衰退等问题,并逐渐恢复了民众对政府的信任。普京重视构建公民社会,究其原因有二:健全的公民社会是民主政治和市场经济得以发展的现实基础;建立"强国家"的需要——目前,俄罗斯公民社会的组成要素尚处于形成阶段,俄罗斯需要通过强化国家的管制和调试职能来构建公民社会,以防止公民社会无序发展带来的危害。总体而言,目前俄罗斯公民社会仍处在发展的初级阶段,还存在很多问题,诸如,非政府组织作用有限、作为公民社会基础的中产阶级发育不成熟、民众的参与度较低等。

俄罗斯在构建公民社会的过程中,表现出两个特点:第一,时间维度上。虽然苏联解体之初,俄罗斯就为推进政治民主化改革做了很多努力,但是由于各种因素的限制与困扰,政治事务中的社会力量几乎是微不可

---

① [俄]安德兰尼克·米格拉尼扬. 俄罗斯现代化与公民社会[M]. 徐葵,译. 北京:新华出版社,2003:159.

见的。直到普京执政，参与政治、经济与文化管理的社会力量才崭露头角。第二，空间维度上。由于俄罗斯缺乏悠久深远的民主文化传统，其公民社会需要借助于国家权力的支持才得以形成，并服务于构建"强国家"的目的。社会力量参与管理的权力是受到管制的。

2.1.3 政治因素对质量保障体系的影响

2.1.3.1 地区（地方）政府参与教育管理

重构中央与地区（地方）的关系也是教育改革的重要方面。随着教育民主化改革的推进，俄罗斯教育管理模式由集权式管理模式向联邦、地区、地方三级管理模式转变，中等职业教育机构的管理权从联邦中央下放给地区（地方）。其中，地区即联邦主体，包括共和国、州、边疆区、犹太自治州、联邦直辖市和自治专区等行政单位；地方是指联邦主体下属的区、市、镇和乡。

权力与责任是相生相随的一对概念，各地区（地方）在获得较多教育管理权的同时也担负着筹集和划拨教育经费的责任，但由于各地区（地方）经济发展不均衡，地处贫困地区的中等职业教育机构的经费来源捉襟见肘，这直接挫伤了教育质量。

另外，质量管理是教育管理的重要组成部分。由于教育管理权的垂直分工，地区（地方）教育管理机构成为质量评估的重要主体。在地区一级建立质量评估体系是俄罗斯的重要政策导向。地区一级的政府评估是由地区性的质量管理机构定期组织、实施的对隶属该地区及其下属地方所管理的申请参加评估的教育机构进行质量判断的活动。例如，在萨哈林州，萨哈林州教育部及市一级的教育管理机关成为实施地区一级质量评估的主体。创建地区一级的政府评估有利于获得全面的有关地区教育质量的信息，提高对学生学习成就进行评价与监控的客观性，有利于在多级教育管理机构之间建立双向联系，保障质量评估结果的可比性，并消除作出管理决议的主观性与权威主义。

2.1.3.2 社会力量参与教育管理

俄罗斯为构建公民社会所做的努力为社会力量参与教育管理创造了有利条件。1992年《俄罗斯联邦教育法》规定,国家教育政策制定的基本原则之一是"国家—社会"共管原则。

(1)社会力量参与办学

苏联解体后,中等职业教育的国有一元化体系向多种所有制结构的教育体系转化。国家允许非国立中等职业教育机构的存在。1992年《俄罗斯联邦教育法》规定,非国立教育机构的创办者可以是:国家政权管理机关、地方自治机关;本国、外国和境外的企业,各种所有制形式的机构及其所属的团体和协会;本国、外国和境外的各种社会基金会和个人基金会;在俄罗斯联邦境内注册的各种社会组织和宗教团体;俄罗斯联邦及其他国家的公民。如此一来,创办中等职业教育机构不再只是国家机关的专利。该法还规定,不论教育机构的组织—法律形式如何,从事法定的非商业性活动免予征税(包括土地税)。虽然1996年、2004年《俄罗斯联邦教育法》规定取消非国立教育机构的税收优惠,但非国立教育机构还是获得了一定发展。1995年统计数据显示,中等职业教育机构共2 634所,其中非国立的22所,到2000年,非国立中等职业教育机构已经增长到114所,2011年增长到260所。

俄罗斯实施中等职业教育的非国有化和非垄断化,这在一定程度上为俄罗斯的教育体系注入了新的活力,提升了社会力量办学的主动性和积极性,有利于营造良好的竞争环境。但是,这也带来了一系列质量问题。因为部分非国立中等职业教育机构尚无自己的教学场地与实验场所,而是"寄宿"在国立中等职业教育机构校园里,这严重影响了教学秩序与质量。除此之外,有些非国立中等职业教育机构为了盈利,在没有取得办学资格的条件下或者缺乏实施教育的标准条件下大批量招生、开展教育活动,这些都严重影响了教育质量。

(2)社会力量参与保障教育质量

苏联解体后,由于中等职业教育机构的经费来源多元化,中等职业教育机构通过有偿教育服务获得的社会资金以及学生学费成为重要的经费来源。企业、学生及其家长等都需要一种机制来检查教育质量,以便及时了解经费使用情况或决定是否为获得该校的教育服务续费。俄罗斯构建公民社会的两个特点直接影响了社会力量参与中等职业教育质量保障的时间及形式。一方面,时间维度。20 世纪 90 年代中后期,俄罗斯在颁布了规范中等职业教育质量保障活动的系列法规条例后,政府随之组织实施了对中等职业教育质量的政府评估。在较长一段时间里,政府评估是保障中等职业教育质量的唯一形式。直到 21 世纪首个 10 年末,社会力量才正式登上了保障中等职业教育质量的舞台。另一方面,空间维度。与俄罗斯动用国家权力构建公民社会的模式一样,俄罗斯动用国家权力,例如颁布法规条例等,将社会评估主体的地位合法化,将其评估行为规范化。

2.2 经济因素

2.2.1 市场经济制度的形成

苏联解体伊始,俄罗斯以新自由主义为理论指导,在全国范围内推行由高度集中的指令性计划经济向以私有制为基础的市场经济过渡的改革。叶利钦和盖达尔试图在尚没有建立相对完善的竞争机制的环境下、在近乎完全放弃政府对经济的调控的背景下,用较短的时间和激进的方式实现经济的自由化、私有化。其结果是,"休克疗法"重创了俄罗斯经济,使其陷入全面衰退的境地。

"休克疗法"失败后,国家领导人实施了挽救性政策,开始加大国家对经济的调控力度,但是经济低迷状况并没有大的转变,且面临着新的问题——金融危机。为了扭转 1998 年金融危机后民众生活水平严重下降的局面,创造良好的竞争环境,提高俄罗斯经济的国际竞争力,普京执政后,决定在经济领域走"第三条道路"。在普京领导下,俄罗斯政府整治叶利钦时期的寡头集团,采取"重新国有化"和国有股权的管理方式,对叶利钦时期寡头控制的重要国有资产进行股份化改革，重建国有大型石油天然气企业，强化了国家对战略资源的控制。2008年，在政府有效调控下，俄罗斯实现了持续的经济增长。2007年俄罗斯的国内生产总值相当于苏联1990年的水平，叶利钦时期经济全面衰退的局势得到了扭转，俄罗斯经济获得了稳定发展。

苏联解体后，俄罗斯继承了苏联畸形的产业机构：农、轻、重比例严重失调。在经济转轨的过程中，俄罗斯在进行经济体制改革的同时，完成了调整产业结构的任务。"最为突出的一点是，三产比例关系有了大的变化。2004年服务业在GDP中的比重已达到60%，第一产业已由1990年的16.5%下降到2004年的5.5%，而第二产业为40%左右。俄罗斯三产的比例关系已接近发达国家的水平。"[1]2009—2015年俄罗斯三次产业的产值结构和就业结构构成如表2.1所示：

表2.1　2009—2015年俄罗斯三次产业的产值结构和就业结构构成（单位：%）

年 份	第一产业		第二产业		第三产业	
	占GDP比	占就业人数	占GDP比	占就业人数	占GDP比	占就业人数
2009	4.7	10.2	33.8	27.8	61.5	62.0
2010	4.0	10.0	35.4	27.7	60.6	62.3
2011	4.3	9.9	37.2	27.8	58.5	62.2
2012	4.0	9.7	36.3	27.8	59.7	62.5
2013	4.0	9.6	35.7	27.7	60.3	62.7
2014	4.2	9.5	35.8	27.4	60.0	63.1
2015	4.7	—	32.6	—	62.7	—

资料来源：崔凯．俄罗斯贸易结构与产业结构错位发展问题研究[D]．辽宁大学，2016．

2.2.2　创新发展战略的提出

普京执政后，俄罗斯经济在政府的有效调控下实现了经济的持续增

---

[1] 陆南泉．俄罗斯经济结构调整趋势与制约因素[J]．俄罗斯中亚东欧研究，2009(1)：42—48．

长,但是这种增长的背后隐藏着一些矛盾和问题。经济增长主要依赖于俄罗斯石油等原材料的出口拉动,并且受国际市场价格波动的影响很大,是外需拉动的结果。在2010年俄罗斯出口商品构成中,80%的出口由自然资源构成,但在工业制成品方面,机械、运输工具、化学制品和食品严重依赖于进口,也抑制了国内高新技术的发展。相应的,对产业发展的投入中,"在俄罗斯的国民财富中,自然资本所占的比重为83%—88%,生产资本占7%—10%,而人力资本仅为5%—7%"。[①] 这与国家工业增加值的80%来自创新经济、技术和人才兴国战略的美国相比,俄罗斯属于粗放型、初级的经济发展模式。2008年金融危机后,俄罗斯经济增长出现的短暂下滑使俄罗斯的粗放型经济发展模式的弊端显露无遗。粗放型经济发展模式难以为继,俄罗斯亟待发展将高新技术和人力资源转化为现实生产力的能力。

认识到本国经济发展模式存在的问题以及全球化背景下科技创新对于提升国际竞争力的重要意义,普京在2008年2月8日的国务委员会扩大会议上作了《俄罗斯2020年发展战略》的报告,确定了国家的创新发展战略,其实质是在国家有效调控下,引导俄罗斯由依赖能源的粗放型经济发展模式转变为依靠高新技术的创新型经济发展模式。梅德韦杰夫执政后沿承并发展了普京的创新经济发展战略,提出了经济现代化战略,创立了经济现代化和技术发展委员会,建立了"斯科尔科沃"创新中心以促进产学研的合作,制定了对创新企业、项目、人才的优惠政策。2012年,俄罗斯开启了"新普京时代"。普京在竞选纲领中提出俄罗斯政府经济工作的重点是发展"新经济"。所谓"新经济",是指俄罗斯经济应该是"多元化"的,要摆脱对原材料出口的过度依赖,是有效的和低耗能的经济,是不断实现技术更新的经济,是使小企业占到整个经济中工作岗位50%以上的经济。

[①] 戚文海. 从资源型经济走向创新型经济:俄罗斯未来经济发展模式的必然选择[J]. 俄罗斯研究,2008(3):49—58.

2.2.3 经济因素对质量保障体系的影响

2.2.3.1 经费较少引发人才培养质量下降

苏联解体后,在较长一段时间内,由于经济持续衰退与低迷发展,中等职业教育也备受波及,教育成了国家转嫁经济危机的领域。原则上国家拨款是中等职业教育的主要财政来源,且国家教育经费应不少于国民收入的10%,但是在实际中远远不能实现该目标,政府对中等职业教育的经费拨款逐年减少。另外,由于经济转型,一些基地企业自身处境艰难,更不能为中等职业教育机构提供财力支持。

由于办学经费得不到保障,中等职业教育机构没有足够的财力更新教学设备、支付教师工资。教师平均工资只相当于工作部门平均工资的60%—70%。据一份区域性调查表明,在13个社会经济领域中,教育行业的工资水平排在倒数第二位。[①] 教学设备陈旧使得学生难以在教学中获得社会经济发展所需要的新技能或能力;教师工资水平不高使得优秀教师大量流失。其结果是中等职业教育质量下降。

2.2.3.2 产业结构调整要求更新专业结构

俄罗斯中等职业教育是建立在普通教育上的专业教育,职业性是其基本特点,这种特点决定了俄罗斯中等职业教育与社会分工之间的密切联系,决定了中等职业教育的专业设置、课程和教学设计应该与职业或职业群所需要的知识和技能结构相符合,其招收计划应该与当地目前和未来一段时间的人才需求相一致。中等职业教育的现实境况是教育服务市场的"就业难"遭遇劳动力市场的"人才荒",人才供求失衡。究其原因主要有以下两个。

(1) 专业设置不合理

在1994年4月俄罗斯政府批准的职业目录中,俄罗斯推出的还有

[①] 雷丽平,刘新春. 俄罗斯职业教育改革的探析与借鉴[J]. 东北亚论坛,2007(5):92—97.

527个专业以及反映职业分工的600种专业方向。由于专业划分过细过窄,职业教育被降低为狭隘的职业培训。1994年,中等职业教育毕业生的就业率仅为64%。① 另外,在设置的专业中,有三分之二的专业集中在军事工业、中型和重型机械制造等领域,而轻工业、服务等领域的专业数量不足20%。新的社会急需的专业又没有,如小企业经营管理、金融、市场学等。这说明,俄罗斯政府对人才培养数量及结构需求的预测及规划水平较低,人才培养结构与社会人才需求结构不一致。在很大程度上,这是造成"初等和中等职业教育体系培养的专业人员能够对口就业的人数不超过30%—50%"②的重要原因。在社会经济深化变革时期,社会人才需求呈现出动态增长的趋势,而职业教育则由于自身的保守主义,不能灵活和动态地应对社会经济领域的急剧变革,严重落后于社会的需要。

(2)人才培养结构不合理

进入21世纪,随着俄罗斯产业结构的调整,劳动力市场对服务、教育、经济与管理领域的人才需求增加,对农业、重工业的人才需求量减少,中等职业教育调整了专业结构,合并了若干划分过细过窄的专业,增设了一些社会需求的专业。但是,一些教育机构仍将大量的时间与金钱花费在培养社会所不需要的专业人才上。例如在师范教育方面,"到现在为止,师范大学基本上仍继续为明天的学校复制昨天的教师"③。

2.2.3.3 创新发展战略对人才素质提出更高要求

创新型经济的发展不仅需要研发高新科技的尖端人才,而且需要在真实工作情景中应用高新技术的技能型人才和中级专家。"俄罗斯的未来、我们的成就都取决于人的教育和身体素质,取决于人对自我完善的追求,取决于人发挥自己的素养和才能",为此,必须"首先就要大规模地对

---

① Справка о развитии среднего профессионального образования в 2001－2003 годах[EB/OL]. http://depart.ed.gov.ru/ministry/struk/depart/spo/docum/spr-02.zip. 2014-05-02.

② 奇塔林·Н.А. 俄罗斯职业教育现代化进程中的矛盾[J]. 大学·研究与评价,2008(9):50—51.

③ Государственный Совет:Инновационное развитие образования основа повышения конкурентоспособности России[R]. 2006－03－24.

人的资本进行投资"①。中等职业教育通过培养技能型人才与中级专家为创新经济发展和社会进步提供源源不断的人力资源。

创新型经济发展模式与粗放式经济发展模式的人才需求标准不同。前者不仅要求人才具备一定的专业知识与技能,而且要求人才具备在多变工作情景中应用知识、技能、经验与态度的各种能力,要求能分析并解决多变工作情境中的问题。后者所需人才面对的工作情景是标准化的,对人才具备的知识、技能要求较低。为了发展创新型经济,俄罗斯对中等职业教育毕业生的素质提出更高的要求。2001年俄罗斯发布了《2010年前俄罗斯教育现代化构想》,规定要优先发展中等职业教育,为创新型经济的发展培养优质的技能型人才和中级专家。

因此,苏联解体后,一方面,中等职业教育经费减少以及人才供求结构失衡,这使得人才培养质量严重不符合社会发展的人才需求;另一方面,普京执政后,俄罗斯经济创新发展战略的实施对中等职业教育质量提出更高要求。理想与现实的碰撞,保障中等职业教育质量势在必行。

2.3 文化因素

2.3.1 自由主义的兴起与衰落

早在戈尔巴乔夫当政时期,俄罗斯土地上就蔓延着自由主义思想。苏联解体后,叶利钦政府以"铁腕"政治在俄罗斯宣扬自由主义的理想和价值,推行以自由主义为导向的改革。

与西方源于国家契约思想的自由主义不同,俄罗斯的自由主义源于全盘西化的大西洋主义。俄罗斯自由主义思想主张用西方的资本主义全盘替代俄罗斯文明,否定本民族的文化传统,倡导私有化,主张完全自由的市场,否定国家的作用。1993年12月,俄罗斯第一届杜马成立,并通

---

① 普京文集(2002—2008)[M].北京:中国社会科学出版社,2008:667-678.

过了以自由主义思想为主旨的宪法,至此,与西方隔绝了70年后,俄罗斯不论是从思想层面还是从制度层面,都表现出典型的自由主义特质。

然而,1993年俄罗斯宪政危机之后,自由主义的势头开始减弱。其原因有三:第一,经济改革的失败成为俄罗斯推行自由主义的障碍。叶利钦和盖达尔推行的"休克疗法"并没有给俄罗斯带来承诺的经济增长,全国陷入通货膨胀恶性发展的境况。经济形势的恶化使尚未稳定的政治形势日趋紧张,地方分离主义和种族主义运动诉诸武力,有时甚至演变为恐怖主义运动,这严重威胁民族国家的安全。第二,俄罗斯自由主义体现了俄罗斯对待西方文明的态度——全盘西化,希望借助于西方文明来实现民族复兴,但是,作为新生民族国家的俄罗斯在向西方国家寻求帮助中处处碰壁,并引发一系列经济和政治危机。自由主义这一意识形态越来越受到俄罗斯民众的质疑。第三,西方自由主义的意识形态的基础是成熟的公民社会。与西方国家不同,在20世纪八九十年代之交的俄罗斯,自由主义的意识形态是突然出现的,且作为其社会基础的公民社会的雏形尚未形成。在俄罗斯,没有发达生长根系的自由主义很容易因为遇到改革挫折而走向低潮。

2.3.2 国家民族主义的兴起

自1992年改革以来,休克疗法的失败、经济的滑坡、国际地位的下降等现象都迫使俄罗斯重新思考出路。20世纪90年代中后期,叶利钦政府开始重新捡起民族主义和国家主义的旗帜,通过并颁布了一些经济法规,强调国家在经济发展中的作用。

俄罗斯国家民族主义是相对于国内民族主义——地方民族主义、种族主义和民族分离主义而言的,它是对俄罗斯传统思想和价值观的内在认同,它以国家利益为核心,以恢复俄罗斯在国际上的大国地位为目标。俄罗斯国家民族主义引导民众对自己的定位由"乌克兰族人""莫尔多瓦族人"向"俄罗斯公民"转变,强调民族国家的身份认同。"文化意义上的民族认同构成一个民族的精神世界和行为规范,但建立一致的民族认同最终是通过国家完成的。"①普京执政后,主张采取左右逢源的策略,兼容东西方文化,串联俄罗斯历史文化传统与现实处境,以民族主义为旗帜,以国家利益为核心诉求,提出了"俄罗斯新思想"。

"俄罗斯新思想"的核心内容有四个:爱国主义、强国意识、国家观念和社会团结②,其核心内涵是国家民族主义。"俄罗斯新思想"强调国家的权威作用,认为在社会、经济与文化等各领域拥有强大权力的国家是一切秩序的保障和源头,是一切变革的倡导者和主要推动力。"俄罗斯新思想"强调国家的权威作用,但并不代表俄罗斯全面彻底地放弃自由主义。正如普京所言:"市场经济和民主……是全人类都在走的主干道……只有这条道路可以使经济迅速发展,可以提高人民的生活水平。除此之外没有别的选择"③。所以,"俄罗斯新思想"体现了国家民族主义对自由主义的融合,认为只有在国家强大、有能力的条件下,才可以建造有效的市场机制,才可能建造出多少现实一些的政治民主。

2.3.3 文化因素对质量保障体系的影响

2.3.3.1 质量保障渗透着国家强权

加强国家对教育的管理权威和职责是俄罗斯教育变革的重要导向。尽管在俄罗斯,国家体现的不是帝国时期的沙皇专制,也不是苏联时期高度的中央集权,而是建立在分权基础上的联邦制度,但是国家仍对教育起着统一的作用。构建教育质量保障体系正是国家发挥对中等职业教育质量统一作用的重要举措。

俄罗斯强调国家在质量保障中的权力,这主要在三个方面。第一,国家通过立法或制定条例、建议等行政举措确定了政府实施质量评估的程序、制定与批准质量标准的程序等。第二,国家通过立法或制定条例、建

---

① 林精华. 民族国家价值观的重建——关于当代俄国民族主义思潮的研究[J]. 民族研究,2003(1):19—28.
② Владимир Путин. Россия на рубеже тысячелетий[N]. Независимая газета,1999-12-30.
③ Владимир Путин. Россия на рубеже тысячелетий[N]. Независимая газета,1999-12-30.

议等行政举措确定了社会评估主体的合法地位以及实施评估的程序。社会有权力主导实施中等职业教育质量评估,但是社会评估的结果并不能改变政府评估结果的有效性,即不能"中止或取缔学校开展教育活动的许可证,中止或剥夺学校的国家认定书"[①]。第三,为了保障所有中等职业教育机构达到一定的质量基准,俄罗斯政府组织制定了国家教育标准,对所有开设某专业的中等职业教育机构在教育内容、教育结果及教育条件方面应该达到的要求作出了统一规定。

俄罗斯强调国家权威在教育质量保障中的作用,但并不否定民主、自由的价值理念,也不否定教育机构自愿参加社会评估的自由以及专业社会评估机构实施质量检查的权力,而是通过国家权力将这种自由和权力放置在法律法规框架内,对这种自由和权力的行使施以监督。

2.3.3.2 质量保障兼容东西文化

在构建中等职业教育质量保障体系时,俄罗斯既承认自己的民族文化传统,也积极学习和借鉴西方先进制度及技术。苏联时期,中等职业教育是其经济发展的重要支柱,每年,中等职业教育为经济各行业输送专门的技术人才。继承苏联时期重实践教学、重校企合作的民族文化传统,考虑到俄罗斯现实的经济需求,俄罗斯改革了中等职业教育的专业结构及培养内容。除此之外,俄罗斯有理性、有选择地学习与借鉴了西方比较成熟的质量保障工具及标准,例如全面质量管理、ISO9000族标准、重能力的质量评价标准,重内部监控的保障举措。兼容东西方优秀文化是目前俄罗斯在保障中等职业教育质量领域表现出的姿态。

2.4 教育因素

苏联解体后,俄罗斯将整个教育体系分为两大块:普通教育和职业教

---

① Федеральный закон от 29 декабря 2012 г. № 273-ФЗ "Об образовании в Российской Федерации"[EB/OL]. http://xn--80abucjiibhv9a.xn--p1ai/документы/2974 2014-05-12.

育。其中,职业教育包括:初等职业教育、中等职业教育、高等职业教育和大学后职业教育。中等职业教育是一个独立的教育层次,它招收基础普通教育(初中)、完全中等教育(高中)和初等职业教育毕业生,以满足个人深化和扩展知识的需要,使个人获得所选职业活动所需要的技能、智力、身体和道德等方面的发展,以培养具备中等职业教育程度的、具有熟练技能的专门人才。招生层次不同,培养年限不同。一般来讲,初中毕业生的培养年限要比高中或初等职业教育毕业生的培养年限多2—3年。

按照联合国教科文组织统计局制定的《国际教育标准分类法》,俄罗斯的中等职业教育相当于高等教育的第5级中的5B,注重实用性和技术性。[1] 中等职业教育是职业教育体系中的重要一环,包括两个层次:基础中等职业教育和高层次中等职业教育。后者与前者相比,人才培养的深度和广度都有所提高,且学期期限要多一年。"俄罗斯每年大概有11%的基础学校(普通学校九年级)和23%的完全中学(普通学校十一年级)的毕业生进入中等职业学校。中等职业学校在竞争基础上录取学生。"[2]

目前,实施中等职业教育的机构主要有两类:第一类是中等技术学校(техникум),此类学校是在苏联时期水平较高的中等职业技术学校(在苏联时期,该类学校主要招收初中毕业生)的基础上建立的,实施基础中等职业教育;第二类是高等专科学校(колледж),此类学校是20世纪90年代初在原苏联中等专业学校(在苏联时期,该类学校主要招收高中毕业生)的基础上建立起来的多功能的新型学校。在高等专科学校,学制共4年10个月,整个教育过程被分为连续的三个水平段,每一水平段有特定的招生对象和培养目标,分别培养熟练工人—技能型人才—中级专家—初级工程师,且每一水平段毕业生既可以获得相应的技能等级直接就业,也可以升入下一水平段继续接受教育。高等专科学校毕业生可以不经考

---

[1] Агранович М. Л. Российское образование в контексте международных индикаторов 2009 [M]. Москва:Сентябрь,2009:24.
[2] 徐长发. 中俄典型地区职业教育调查与比较分析[M]. 北京:教育科学出版社,2010:69.

试直接进入专业大学(академия)或专业学院(институт)的三年级。高等专科学校的建立弥补了苏联时期缺乏初等高等教育及大专层次的缺陷,增强了高等教育系统的灵活性,实现了与世界其他国家的接轨。

最近几年,随着俄罗斯经济的恢复发展以及经济创新发展战略的提出,中等职业教育在满足个体、国家社会需求中发挥着越来越重要的作用。根据俄罗斯统计署公布的数据,2012—2013 学年俄罗斯共有 2 087 100 名学生在 2 981 所中等职业教育机构学习,每 10 000 位民众中有 146 人接受中等职业教育。[①]"现在,中等职业教育体系涵盖了俄罗斯 22%的居民。在经济与社会领域,有近 2 000 万名专家受过中等职业教育,这占据了俄罗斯就业总人数的 33%或就业专家总数的 62%。"[②]

2.4.1 中等职业教育质量提升目标的明确

20 世纪 80 年代末至 90 年代初,伴随着俄罗斯政治民主化、经济市场化改革,俄罗斯教育也经历了化蝶般的蜕变,中等职业教育机构拥有了部分自主权,非国立教育机构获得了一定的发展空间。但是 90 年代发生的社会—经济危机减慢了教育蜕变的步伐,国家在很大程度上忽视了教育,教育在自谋生路过程中处处碰壁,教育内容陈旧、"人才饥荒"和就业难并存、教育经费短缺等多重问题困扰并阻碍着教育的发展,也阻碍着俄罗斯民主社会、法治国家的构建。为了促进教育的发展,实现社会现代化,并保持俄罗斯在世界主导国家行列中的地位,俄罗斯提出实施教育现代化的重要战略举措。

为了实现现代化目标,2001 年底俄罗斯联邦政府通过了《2010 年前俄罗斯教育现代化构想》,并于次年 2 月正式公布实施。"教育现代化是在社会积极促进下而实施的国家重要纲要。它应该促进俄罗斯实现教育

---

① Федеральная служба государственной статистики. Российский статистический ежегодник:2012 [M].Статистический сборник /Росстат,2012:207.

② Система среднего профессионального образования. [EB/OL]. http://knowledge.allbest.ru/pedagogics/2c0a65625a2ad78b5d53b89421306d26_1.html 2014-05-20.

质量的新突破,这首先取决于教育可以符合国家现代生活的当前和未来的需求。"①《2010年前俄罗斯教育现代化构想》规定,俄罗斯教育政策的主要任务在于保持教育的基础性,并在教育服务满足个人、社会和国家当前和未来的需求的基础上保障现代教育质量。

《2010年前俄罗斯教育现代化构想》规定,创建教育系统稳定发展的机制是俄罗斯教育现代化的重要目标。为了实现这一目标,俄罗斯必须优先完成促进教育公平、提高教育质量、吸引并有效利用预算外资金、提高教师社会地位和工资待遇、鼓励社会各界积极参与教育管理等任务。提高教育质量是教育现代化的核心任务。2011年8月24日,时任俄罗斯总统的普京在会见俄罗斯大学校长协会代表时说:"高质量的、现代化的教育是我们国家稳定发展的基础,是每个人自我实现的根本,也是国家所有公民扩大社会机会和经济机会的基础。它是俄罗斯的战略资源,我们应该强化并充分利用这一资源。"②

目前,俄罗斯公民社会发展尚处于低级阶段,教育"自适应"机制也不成熟,为了保障教育体系的持续稳定发展、提高教育质量,国家必须"回归"教育,以管理并协调各级教育机构之间以及教育体系与其他领域的活动,增加教育投入,促进教育机构物质技术基础和基础设施的现代化。除此之外,为了保障教育质量能满足个人、国家和社会当前和未来的需求,《2010年前俄罗斯教育现代化构想》指出,俄罗斯应该建立监控体系以监控劳动力市场对各级人才的当前和未来需求;应该完善质量监督和保障机制,建立国家教育标准,创建并实施独立于教育管理机关的教育质量评估体系等。

2.4.2 中等职业教育优先发展战略的确定

俄罗斯经济和社会发展现状及未来发展的特点决定了俄罗斯对中级

---

① Распоряжение Правительства РФ от 29.12.2001 N 1756-р．О Концепции модернизации российского образования на период до 2010 года[EB/OL]. http://www.bestpravo.ru/rossijskoje/ej-pravila/c5g.htm 2014-05-20.

② Министерство образования и науки РФ. Главные события в современном образовании 2004—2011[R]. Москва：медиалайн,2012：107.

环节上的技能型人才与中级专家的需求增加了。"在不同经济部门的就业结构中,高技能型工人和中级专家所占比例为60%—85%,服务领域的这一数据高达90%。"①梅德维耶夫在第五届俄罗斯中等职业教育机构校长联合会会议上指出,中等技术学校与高等专科学校在高素质人才的储备中发挥着重要作用。俄罗斯工业发展、社会进步以及未来几年国家的突破性发展都直接依赖于此。除此之外,中等职业教育以较短的学期与较低的学费为特点,这有利于保障来自贫困家庭的子女获得教育机会,在形成作为社会基础的大量中产阶级中发挥着显著的作用。

作为培养具备中等职业教育程度的、有熟练技能的专门人才的中等职业教育在提高国家人力资本潜能中发挥着日益重要的作用。但现实往往不是那么令人满意。苏联解体以来,俄罗斯中等职业教育机构的数量有了显著增长,从1992年的2 609所增长到2013年的2 981所,且数量之多足以均匀地分布在俄罗斯联邦境内。数量增长的背后隐藏着质量问题——俄罗斯中等职业教育质量危机。今天,在俄罗斯,社会经济发展对人才的培养需求是:每百名工程师需要70名技术人员与500名工人。但是今天俄罗斯人才培养遵循这一结构:高等、中等和初等职业教育按照1∶1∶1的比例培养人才。培养结构与人才需求机构的这种扭曲变形使得目前俄罗斯劳动力市场对工人的需求有90%的缺位,有近20%的空缺岗位需要中级专家。②除此之外,除了受出生率较低的影响外,随着俄罗斯高等教育大众化,每年进入中等职业教育机构学习的年轻人持续减少,大部分中学毕业生优先选择升入大学,且每年受过中等职业教育的、进入大学继续接受教育的学生数量增长了。因此,最终进入劳动力市场的中职毕业生减少,而市场对该类型人才需求增加,供求之间扩大的差额加剧

---

① Виктор Михайлович Демин. Приоритеты среднего и начального профессионального образования в виде повышения качества подготовки кадров. [EB/OL]. http://federalbook.ru/files/FSO/soderganie/Tom%206/V/demin%202.pdf 2014-05-25.

② Ткаченко Е. В. Начальное, среднее и высшее профессиональное образование России: Возможности сохранения и развития [EB/OL]. http://www.urorao.ru/konf2005.php_mode=_exmod=tkachenko.html 2014-05-27.

了中职教育质量危机。正如俄罗斯中等职业教育机构校长联合会主席捷明(В. М. Демин)所言:"中等技术学校和高等专科学校的毕业生仅仅能满足基础经济部门需求的30%—40%。我们的毕业生仅有40%可以对口就业。这意味着,年轻工人和中级专家的就业完全不能满足生产需求。"[1]

为了满足社会经济发展对技能型工人和中级专家的需求,保障和提高中等职业教育质量,《2010年前俄罗斯教育现代化构想》确定了中等职业教育优先发展战略。"朝前跑是任何革命式改革的客观规律,这个时代的任何改革只能走在它要改革的那个现实的前头,否则就不是真正的改革。"[2]俄罗斯中等职业教育优先发展就是要在教育中模拟和培植前瞻性的社会结构,使其培养的人才能推动社会的前进,而不是一味地顺应社会的发展。捷明对中等职业教育优先发展的内涵作了明确的表述:中等职业教育优先发展意味着更优质的人才培养质量,培养的学生乐意并学会学习,在职业生涯中不断完善自己的知识;优先发展不是简单地使教育机构适应市场,应该将教育机构的职能与市场机制合理结合在一起;创建与现代经济与社会的新境况相符合的中等职业教育模式;优先发展不是只涉及个别行业的职业教育机构的发展及发展路径问题,而是涉及整个中等职业教育体系的优先发展机制,提倡保障中等职业教育质量,保障优质教育的准入性和有效性。优先发展不仅是指扩大专家的培养规模,而且是提高教育质量。

因此,实现俄罗斯教育现代化目标的关键是提高教育质量,而在提高人才培养质量方面,中等职业教育具有优先性。为了提高中等职业教育质量,按照《2010年前俄罗斯教育现代化构想》的设计,俄罗斯需要构建国家教育标准、教育质量政府评估体系以及独立于政府之外的社会评估

---

[1] Виктор Михайлович Демин. Приоритеты среднего и начального профессионального образования в деле повышения качества подготовки кадров[J]. Образование в России,2006:206—211.

[2] 肖甦. 俄罗斯教育10年变迁[M]. 北京:北京师范大学出版社,2003:158.

体系、教育机构内部监控体系。

本章结语

俄罗斯构建中等职业教育质量保障体系既是俄罗斯政治、经济与文化巨变在教育管理领域的反映，也是对教育质量的挽救和对实现教育现代化目标的现实诉求。

20世纪80年代中期以来，俄罗斯在历史与现代、本土与国际的对垒中不断反思与探索适合本国国情的民主化和市场化改革路径，在强调国家权威、宣扬"国家民族主义"的同时，并不放弃对一般民主价值标准的认同。在这种背景下，国家垄断教育的传统被打破，国家让渡一部分空间，允许并鼓励社会参与教育管理。这直接影响了中职教育质量保障体系的宏观设计，即中职教育质量保障体系的构建不是国家独断专横强权下推行的结果，而是在协调国家、社会多方利益诉求的基础上，是国家主导下多方参与的行为。

20世纪90年代，由于"休克疗法"的实施，俄罗斯经济陷入持续衰退和低迷发展的境地，教育成为国家转嫁经济危机的领域，教育经费减少直接引发教育质量下降。普京执政后，选择了"以国家为主导"的市场经济道路，优化经济结构，发展创新经济。新兴经济的发展对中等职业教育的人才培养结构及培养水平提出更高的要求。但是，由于中等职业教育的保守性，其专业设置及培养结构不合理，这造成就业市场的"人才荒"与教育服务市场的"就业难"的两难境地。构建质量保障体系成为帮助中等职业教育走出这一两难境地、提升教育质量的重要举措。

苏联解体后，俄罗斯主张意识形态多元化，但整个叶利钦时代，没有哪一种思想最终上升为国家理念，甚至是曾一度占据社会主导地位的自由主义思潮也由于经济改革的失败而逐渐走向衰落。反思改革失败的原因，俄罗斯领导层逐渐意识到国家在改革中的作用，强调国家权威。在教育领域，加强国家对教育质量的管理是中等职业教育质量保障的重要特点。俄罗斯联邦政府垄断了设计质量保障规则的权力,并在承认了社会的质量评估权力、教育机构在政府评估之外自由选择专业社会评估机构的权力的同时,将社会与教育机构的权力限定在一定的法律框架内,以便施以监督。

在政治、经济与文化等外在环境发生变化并影响俄罗斯构建中等职业教育质量保障体系时,中等职业教育自身对构建质量保障体系也有着现实的诉求。随着中等职业教育机构的改革与发展,老化的设备、陈旧的教育内容、难以满足劳动力市场的人才培养结构等影响教育质量的消极因子日益显露,这日渐增加了教育服务需求者的不满度并引发其对中职教育质量的"问责",增加了改革中职教育、提高教育质量的动力。《2010年前俄罗斯教育现代化构想》规定了提高教育质量是实现教育现代化的核心任务,确定了初等和中等职业教育的优先发展战略。

3. 俄罗斯中等职业教育质量观

简单来说,教育质量观是对教育质量的基本看法和评价。俄罗斯国内对"教育质量"的理解包括两个层面:第一,哲学范畴的"教育质量"。"从哲学层面理解质量不带有评价的特点。"[1]"教育质量"是指区别于其他社会现象与社会活动的教育服务的特征的总和。教育就其行为来讲是一种特殊的社会生产活动。教育产品不仅包括为国家及用人单位培养的人才及所具备的知识、技能、态度与能力的水平,而且包括为学生提供服务的教育过程,即教师对知识本身的加工与传授,以及为学生学习提供的其他服务。教育质量不仅包括教育结果的质量,而且包括教育投入与教育过程的质量。第二,社会—经济学范畴的"教育质量"。该范畴重视对产品或服务质量作出价值判断,注重教育结果与目标、需求之间的相互关系,侧重评价教育结果对规定目标或潜在需求的实现程度。教育质量,即反映了真实的教育服务与规定要求、社会与个体需求相一致的程度。

俄罗斯《中等与高等职业教育质量管理术语词典》将"中等职业教育质量"界定为:教育(不论是教育结果、教育过程,还是整个教育体系)与规定的需求、目标、要求、规范(标准)之间平衡的一致性。教育质量包括:教学质量(教育过程的、教育活动的质量)、教师素质、教育大纲的质量、物质技术资源的质量、学生质量、教育管理的质量、科学研究的质量。中等职

---

[1] Давыдов С. В. Подхоы к формированию системы управления качеством образования[J]. Управление большими системами: сборник трудов,2006(16):74—80.

业教育本身的特征及特定主体的需求会直接影响质量的有无及高低。由于主体的需求是多样化的、动态变化的,所以,俄罗斯中等职业教育质量观是一种需要导向、多样化与动态的质量观。

3.1 俄罗斯中等职业教育质量观的内涵

3.1.1 需求导向的中等职业教育质量观

需求导向的中等职业教育质量观认为学校提供的服务以满足用户需求为导向。随着俄罗斯民主化改革的推进,国家、社会、个人都成为中等职业教育服务的主要需求者,且它们的需求是不同的,中等职业教育越是能满足这些需求,其质量就越高。俄罗斯通过颁布系列法规条例将满足个体、国家与社会的需求作为中等职业教育的基本任务。俄罗斯中等职业教育的基本任务的界定是对"需求导向的中等职业教育质量观"的最直观诠释。

3.1.2.1 多元需求主体的形成及确立

(1)多元需求主体的形成

苏联时期,中央政府在中等职业教育领域"一统江山",其教育权力渗透到各级教育的所有方面,而地区(地方)政府、市场与院校自身的教育力量微不可见。苏联解体后,随着市场机制的引入,中等职业教育领域兴起了破旧迎新的改革,中央政府的教育权力被地区和地方政府、学校和市场解构,教育权力由集中走向分化。伴随着教育权力从集中走向分化,中等职业教育的需求主体也表现出多样化特点。

一方面,纵向上,俄罗斯改革中央政府高度集中的中等职业教育管理体制,构建了联邦、地区、地方三级管理结构。俄罗斯联邦政府通过系列法律法规界定了各级管理机构的教育权限,并赋予地区和地方教育管理机构更多的实际权力。以往,地区和地方级的教育管理机构的权能主要是从中央教育管理机构的权限中派生出来的,它们的职责是监督中央政策的执行,并对中央政策进行补充或细化。中央教育管理机构的权力被解构后,地区和地方级的教育管理机构由原来的"权力传送带"转变为相对独立的行为主体和权力主体,中央政府对教育的绝对控制转向有限监督。在职业教育领域,"从2005年1月1日开始,40%的中等教育机构……交由联邦主体所有……现在有10%的初等和中等职业学校的管理权在市政一级"。① 中等职业教育管理权下放有利于充分发挥地区和地方办学积极性,有利于将预测和满足地区和地方社会经济发展的人才需求纳入当地中等职业教育发展战略。

另一方面,横向上,学校、社会与政府一起分享教育权力。第一,受市场机制及教育财政危机的影响,苏联解体后,俄罗斯政府放松了对中等职业教育机构的管制,赋予其更多的自主权,例如教学、行政和财政等方面的权力。中等职业教育机构具备一定的自主权,这有利于它完善"自适应"机制,开拓适应市场需求的教育空间,完善教育机构的服务机制。第二,发挥社会中介的作用。"伊尔·卡瓦斯认为,一般来说,中介组织可以描述为是一个正式建立起来的团体,它的建立主要是加强政府部门与独立(半独立)组织的联系以完成一种特殊的公共目的。"②教育服务是一种公共产品,政府独立地制定教育政策未免会出现"政府失灵"的危险,因此,在市场经济体制下强化社会对教育的监督和管理显得尤为重要。《2010年前俄罗斯教育现代化构想》提出要保障雇主和其他社会伙伴参与解决职业教育问题的权力,例如制定符合现代人才需求的教育标准。

由此一来,在中等职业教育领域,国家(中央、地区与地方)、社会、学校既获得了管理教育的权力,也获得了表达和实现自身利益诉求的机会。

(2)多元需求主体的确立

苏联时期,国家承担着办学、设置教学大纲、负担教育经费以及分配

---

① 徐长发,赖立编. 中俄典型地区职业教育调查与比较分析[M]. 北京:教育科学出版社,2010:72.
② 范国睿. 政府·社会·学校——基于校本管理理念的现代学校制度设计[J]. 教育发展研究,2005(1):12—17.

毕业生的全权责任的同时,全额分担学校的风险,国家的利益诉求排挤和遮蔽了个人利益。这反映在管理模式上,体现为一种国家主义至上的单边管理模式。苏联解体后,随着教育管理民主化改革的推进,俄罗斯努力构建中等职业教育的"国家—社会"共管模式,并通过颁布若干法规条例不仅将中等职业教育多元需求主体的地位合法化,而且将满足个体、国家与社会的需要作为中等职业教育的基本任务。

1992年《俄罗斯联邦教育法》将俄罗斯联邦、联邦各共和国、边疆区、州、自治州和自治区的国家权力管理机关和地方自治机关的教育管理权限规范化与合法化,并以法律的形式确定了学生及其家长、教育工作者的教育权利及义务。除此之外,该法还规定,中等职业教育的目的是在基础普通教育、中等(完全)普通教育或初等职业教育的基础上,培养中级专门人才,满足个人在上述教育基础上加深和提高教育程度的需要。[1]

2001年3月3日俄罗斯联邦政府第160号决议批准的《中等职业教育机构标准条例》规定,在中等职业教育机构建立经选举产生的中等职业教育机构委员会,该委员会享有对该校进行管理的权力。该委员会的成员不仅包括校长及学生代表,而且包括企业、其他社会组织的代表。

2001年《2010年前俄罗斯教育现代化构想》规定,所有俄罗斯公民、家庭和家长,联邦和地区的国家政权机关,地方自治机关,国民经济、文化、保健等所有利益相关部门和社会组织的代表都应是教育政策的积极主体。[2]

2003年11月21日俄罗斯教育部第19-52-1130/19-28号文《保障中等职业教育体系的社会合作伙伴关系》指出,中等职业教育机构与社会伙伴的协作形式是多样的,协作的内容有:完善教育内容并改进教育过程,

---

[1] Верховный Совет Российской Федерации. Российская Федерация закон об образовании [EB/OL]. http://uozp. akcentplus. ru/zakon％2010％2007％201992％20n％2032661. htm. 2014-06-06.

[2] Распоряжение Правительства РФ от 29.12.2001 N 1756-р. О Концепции модернизации российского образования на период до 2010 года[EB/OL]. http://www. bestpravo. ru/rossijskoje/ej-pravila/c5g. htm 2014-06-07.

监控教育质量;研究劳动力市场,保障专家的培养结构和规模与经济需求相一致;提供人才保障,吸引具备相应部门工作经验的专家在中等职业教育机构施教;为中等职业教育机构提供物质技术和预算外资金;设立专门负责社会协作工作的中等职业教育机构监督委员会,这是教育机构的自我管理的主要形式之一。①

2013年新《俄罗斯联邦教育法》规定,中等职业教育的基本任务是:促进个体智力、文化和职业发展,为社会和国家培养所需要的技能型人才和中级专家,并满足个体深化和扩展知识的需要。②

从以上政策法规可以看出,中等职业教育机构不再是国家的独有"领地",而是变为包括国家(中央政府、地方政府)、雇主、学生等多元主体涉足的公共领域,且中等职业教育的基本任务由满足个体需求转向满足个体、国家、社会的多元需求。中等职业教育机构必须对多元主体负责,其中满足主体需求、提升教育质量以实现多元需求主体利益的最大化是对其负责的最直接的途径。

3.1.2.2 多元主体需求的满足

俄罗斯中等职业教育是一种专业教育,它面向地方办学,且具有学期短、学费低廉等特点,所以,它可以满足社会对技能型人才与中级专家的需要,可以满足国家对促进教育公平的需要。除此之外,由于俄罗斯中等职业教育为没有受过高中教育的学生普及文化知识,为选择继续深造的学生扩展和深化知识,所以,它可以满足个体的需要。

(1)中等职业教育是一种专业教育

第一,在类型上,俄罗斯中等职业教育属于职业教育。"教育从类型上看,其判定的主要标志为:一是培养目标的区别;二是由此导致的教育

---

① Письмо Минобразования РФ от 21.11.2003 N 19-52-1130/19-28 Об обеспечении социального партнерства системы среднего профессионального образования [EB/OL]. http://www.bestpravo.ru/rossijskoje/jd-normy/m7r.htm 2014-06-08.

② Федеральный закон от 29 декабря 2012 г. № 273-ФЗ "Об образовании в Российской Федерации"[EB/OL]. http://xn--80abucjiibhv9a.xn--p1ai/документы/2974 2014-06-10.

内容的差异。正是由于这两点才产生了不同的教育形态。"[1]1992年《俄罗斯联邦教育法》规定中等职业教育的目的在于满足受教育者提高技能、发展智力和身体、培养道德等方面的需要,以为受教育者未来所从事的职业活动做准备,在于培养高技能型人才。俄罗斯中等职业教育既不同于普通高中教育,也不同于旨在培养探究高深学问、从事科学研究的普通高等教育,它以实践和就业为导向,属于职业教育。另外,普通教育的内容强调知识的系统性和逻辑性,其课程结构是静态的,而职业教育的内容强调依据某一职业或职业群的动态需要来选编职业知识,教授职业技能,培养职业态度及能力,其课程结构是动态的。俄罗斯中等职业教育的课程设计遵循"工作任务—职业能力—职业模块—跨学科课程"这一逻辑,课程开发具有贴近工作现实、以实践为导向的特点。

第二,在层次上,俄罗斯中等职业教育属于高等教育。联合国教科文组织1997年修订的《国际教育标准分类法》将整个教育分为学前教育、初等教育、初级中等教育、高级中等教育、高中后教育、高等教育和博士研究教育等阶段。其中高等教育这一阶段又被分为A、B两类。所谓A类,是指有较强的理论基础、提供合格资格证书、为科研做准备或学习高级技术专业的高等教育;所谓B类,是指以实际的、具体职业为导向的高等教育,其目的是使学生获得某职业或职业群所需实际技能和知识。由于俄罗斯惯有将"高等"教育理解为培养"高级"专门人才的教育的传统,所以俄罗斯将"中级"专门人才的中等职业教育归入"中等"教育的范畴。实质上,根据俄罗斯中等职业教育的人才培养定位——基于初等职业教育、初中和高中教育,以培养中级专门人才为目标,它属于高等教育第5级中的5B,是建立在普通教育基础上的专业教育。

俄罗斯中等职业教育在类型上属于职业教育,在层次上属于高等教育。俄罗斯中等职业教育区别于初等职业教育,它属于实用性高等教育,在于"高",侧重于高技术含量的现代技术教育。俄罗斯中等职业教育区

---

[1] 姜大源. 现代职业教育体系构建的理性追问[J]. 教育研究,2011(11):70—75.

别于普通高等教育,在于"职",它是一种专业教育,侧重于根据一线工作岗位的需要,设计职业教育的课程结构,突出实用技术的适用性和职业技能的针对性。这要求俄罗斯中等职业教育机构应该将其定位在培养应用型、中级环节上的技能型人才与专家的培养目标上。

(2)中等职业教育面向地方办学

权力与责任是一对共生共存、如影随形的概念范畴。地区在与地方政府、社会在与中央政府一起分享教育权力的同时,也必须承担相应的责任,包括分担中等职业教育机构的经费。"充分的自主权和保障自身发展的资金来源多元化促进中等专业学校为其发展战略负责,必须积极地面向地区劳动力市场。"①《2010年前俄罗斯教育现代化构想》确定了俄罗斯中等职业教育的超前发展战略,指出要促进中等职业教育机构面向当地劳动力市场需求办学。地方化成为俄罗斯中等职业教育体系改革的重要内容,地方化的实质在于促进中等职业教育机构以满足地区经济发展的人才需求及受教育者的个人需求为办学目标。

面向地方办学有利于促进教育公平。中等职业教育机构数量之多以至于可以均匀地分布在俄罗斯全国各地。俄罗斯联邦教育部中等职业教育管理首长安尼西莫夫(Анисимов)认为,据统计数据显示,"通过分析中等职业教育机构网显示,中等职业教育机构的分布很合理,不仅分布在地区中心,而且分布在小城市和城镇"②,这些地方拥有的大学很少,居民接受大学教育的机会是有限的。在这种情况下,中等职业教育机构就成为当地文化—教育中心,它不仅为俄罗斯地区经济和社会发展培养专门人才,而且以灵活的培养方式、较低的准入条件、短学期、低学费的特点履行促进教育公平的职责。与普通高等教育相比,俄罗斯中等职业教育聚集着较多的社会弱势群体,中等职业教育成为弱势群体获得谋生能力、以

---

① Е. В. Сартакова. Управление качеством в учреждении среднего профессионального образования[EB/OL]. http://www.pandia.ru/text/77/169/2337.php 2014-06-14.

② П. Ф. Анисимов. Среднее профессиональное образование в социально-экономическом развитии регионов [EB/OL]. http://www.budgetrf.ru/Publications/Magazines/VestnikSF/2003/vestniksf195-02/vestniksf195-02070.htm 2014-06-15.

"曲线救国"方式获得在大学受教育机会的重要途径。

除此之外,高等专科学校是实施中等职业教育的重要机构。在高等专科学校,整个学制被分为若干水平段,每一水平段的招生对象与培养目标不同,学生完全可以根据自己的需要设计个性化的学习计划,自主选择就业或继续深造。除此之外,很多高等专科学校依傍于大学,以大学分校的形式存在,学生可以在这里享用大学的教学资源,享受有利于升入大学的便利条件。

3.1.2 多样化的中等职业教育质量观

多样化的中等职业教育质量观是指教育质量的评估标准应该是多样化的。在俄罗斯中等职业教育领域,采用多样化质量观的原因有两个:第一,中等职业教育系统的多样化,即中等职业教育系统是由多种类别、满足社会多种需要的中等职业教育机构构成的;第二,国家、社会及个体对中等职业教育的需求是多样化的。

3.1.2.1 多样化的中等职业教育实施机构与多样化质量观

(1)中等职业教育实施机构的多样化

俄罗斯职业教育是一个结构多样化的体系,包括初等、中等、高等和大学后职业教育,中等职业教育是连续职业教育体系中的一个独立的教育层次。在中等职业教育体系内部,由于培养目标不同,该体系又包括两个层次:基础中等职业教育和高层次中等职业教育。

2008年6月18日俄罗斯联邦政府第543号《俄罗斯中等职业教育机构标准条例》规定,实施中等职业教育的机构主要有两种:中等技术学校与高等专科学校。其中,中等技术学校实施中等职业教育基础阶段的大纲,高等专科学校实施基础阶段和提高阶段(高层次)的大纲,是实施高层次中等职业教育的主要机构。简单来说,两者的区别在于:中等技术学校传授工作的专门技能,是"动手"的,而高等专科学校更侧重于"智力"教育,是"心灵"的教育;中等职业学校培养一线工人,而高等专科学校培养的是初级的领导者。"提高阶段的职业教育大纲为毕业生提供获得优质新技能的机会。目前,提高阶段的中等职业教育毕业生占到中等职业教育所有毕业生的 11.6%(1994 年该数据为 3.5%)。"[1]

"在实施教育的过程中,高等专科学校执行的主要任务是——满足个体获得更具文化性和更优质职业培养的需求,这一需求与所有生产部门对中级专家培养水平的现代要求相一致。"[2]与中等技术学校相比,高等专科学校可开设的专业覆盖面更广,更侧重于理论教学,其人才培养的深度和广度都有所提高,被认为是俄罗斯中等职业教育机构最有前景的发展形式。高等专科学校将整个教育过程分为三个水平段(如表 3.1 所示),每个阶段有相应的招生对象和培养目标,各阶段又相互连接而形成一个整体,体现了培养方式的灵活性。

表 3.1　　　　　　俄罗斯高等专科学校的三个培养水平阶段

水平阶段	特　点
第一级水平	培养 2—4 级熟练工人和技能型工人,学习期限一般为三个学期(高等专科学校的学制为 4 年 10 个月——相当于 9 个学期),招收初中或高中毕业生,学生毕业时具有中等教育程度的业务技能等级,可以直接就业或进入第二级继续学习
第二级水平	培养 5—6 级中级专家,学习期限为第 4—6 学期,一般招收上一级的结业生及中等技术学校的毕业生,学生结业时授予相当于中等专业教育的技能等级,优秀者可以继续接受下一级教育
第三级水平	培养初级工程师,学习期限为第 7—9 学期,招收上级优秀结业生,学习相当于大学一、二年级的课程,毕业生可以不经过考试直接进入大学或学院的第三年学习相应的专业,属于不完全高等教育层次

资料来源:肖甦. 俄罗斯教育 10 年变迁[M]. 北京:北京师范大学出版社,2003:72—73.

俄罗斯高等专科学校是一种多功能的新型院校,作为中等职业教育的实施机构,它下接初等职业教育(体现在第一级培养水平中),上衔高等职业教育(体现在第三级培养水平中),且为中等技术学校毕业生提供继

---

[1] Хватов Сергей Евгеньевич, Сущность и особенности образовательного процесса в колледже[EB/OL]. http://knowledge.allbest.ru/pedagogics/2c0b65635a3bd78b4c43a89521306c27_0.html 2014-06-20.

[2] Валиев И. Г. Колледж-пути развития, проблемы [J]. Специалист,1999(6):2—3.

续接受教育的机会。很多高等专科学校是基于某所大学而创建的,以大学分校的形式而存在。在高等专科学校,很多大学教师以研讨会或讲座的形式施教,且高等专科学校要求教师将教学与科研工作相结合以为学生提供更优质的教育。如果高等专科学校不是基于某大学而创建的,那么高等专科学校会与具体的大学建立契约关系以共享教育资源。这对高等专科学校毕业生升入大学是有帮助的。高等专科学校的毕业考试经常等同于大学的入学考试。中等技术学校与高等专科学校是中等职业教育体系内不同类别、不同层次的教育机构,两者在师资、学科设置等方面存在一定差距,两者在中等职业教育体系中担负不同的责任与任务。

除此之外,俄罗斯中等职业教育发展的一个重要趋势是:中等职业教育与初等职业教育一体化。随着社会经济的发展,俄罗斯对初等职业教育培养的熟练工人的需求越来越少,对技能型人才和中级专家的需求增加。2013年颁布的新《俄罗斯联邦教育法》规定,职业教育体系包括:中等职业教育、培养学士的高等教育、培养硕士和专家的高等教育、培养拥有高级资格专家的高等教育。初等职业教育被取消。被取消的初等职业教育被并入中等职业教育,实施中等职业教育基础阶段的培养大纲以培养技能型人才。

(2)多样化质量观的体现

一方面,从中等职业教育系统内部分析,俄罗斯中等职业教育下接初等职业教育,培养熟练工人,中间实施培养技能型人才和中级专家的中等职业教育大纲,上衔大学教育,开设大学第一、第二年级的课程,如此一来,自下而上形成了一个有序的、培养层次从熟练工人—技能型人才—中级专家—初级工程师的层级分明的教育体系。为了实现多级培养目标,并入中等职业教育的初等职业教育机构、中等技术学校与高等专科学校按照分工与协作的原则,在中等职业教育体系相辅相成、功能互补。初等职业教育机构与中等技术学校主要实施基础阶段的中等职业教育大纲,高等专科学校在兼施基础阶段的教育大纲基础上,是唯一可以实施提高阶段大纲的教育机构。

时至今日,俄罗斯实施中等职业教育的机构多样化。因为实施大纲不同,这些职业教育机构被赋予不同的培养目标和任务,它们分别满足不同的社会需要及受教育者个体发展的需要。中等技术学校与高等专科学校在开设专业、师资、培养大纲等方面遵循不同的质量要求。

另一方面,按照联合国教科文组织《国际教育标准分类法》,俄罗斯中等职业教育属于实用性高等教育,它与强调学术性的综合性大学秉持的质量标准也是不同的。1998年在巴黎召开的世界高等教育会议通过的《21世纪高等教育展望和行动宣言》指出:"高等教育的质量是一个多层次的概念,要考虑多样性和避免用一个统一的尺度来衡量高等教育质量。如果坚持统一的质量观和质量标准,不仅会遏制高等教育的多样性,而且会使高等教育与社会发展的需要脱节,从而为社会所抛弃。"[1]与普通高等教育的质量评估重视科学研究不同,俄罗斯中等职业教育重在"职业"性,在其质量评估中,更为重视校企合作与实践教学等项目的质量。

3.1.2.2 多元主体需求与多样化质量观

(1)多元主体需求

国家、社会、学生是俄罗斯中等职业教育的主要服务对象,也是对中等职业教育提出利益诉求的重要主体。不同的主体具有不同的价值需求。满足这些多元主体的需求,保证学校的健康稳定发展是学校的生存发展之道。

第一,国家的价值需求:追求公平。

处理好社会各集团之间的利益关系,促进社会利益的公平分配,促进教育公平乃至社会公平成为俄罗斯政府的重要职能。《2010年前俄罗斯教育现代化构想》规定:"俄罗斯全体公民不论其居住地点和家庭收入水平如何,均能平等地接受各个层次的教育……为了保证提高普通教育学校毕业生鉴定的客观性,保证其接受中等和高等职业教育机会的平等性,拟考虑通过实行国家统一考试这一试点工作的结果来改变普通教育机构

---

[1] 张应强. 高等教育质量观与高等教育大众化进程[J]. 江苏高教,2001(5):8—13.

中的毕业考试及升入高等和中等职业教育机构的入学考试的既成体系。"[1]除此之外,为了保证普通教育机构毕业生平等获得享受中等职业教育的机会,俄罗斯实施了国家教育贷款和国家补贴等教育政策。

第二,社会的价值需求:效率。

在经济学领域,效率是指生产要素的投入与产品的质量与数量之比。教育的产出主要表现在两个方面:直接的产出,即教育所培养的学生;间接产出,即教育所培养的学生进入物质生产领域所创造的国民收入或国民生产总值的增加。前者发生在教育内部,这种投入与产出之间的比值即为教育内部效率;后者是在教育领域之外发生的,这种投入与产出的比值即为教育外部效率。在国家减少了对中等职业教育的投入,社会资金较多地流入中等职业教育的背景下,社会对中等职业教育的需求主要体现在:需要中等职业教育机构用有限的资金为社会培养所需的技能型人才和中级专家。"美国专家高度评价中等职业教育的前景:'在未来十年,50%—60%的工作岗位将需要受过这一级别教育的人才'。""中等职业教育在为经济提供人才、提高经济效益和竞争力上发挥着重要作用。目前,受过中等职业教育的专家是劳动市场的重要组成部分——占所有劳动者的31%。"[2]目前,俄罗斯中等职业教育围绕280多个社会所需专业培养技能型人才和中级专家,并根据社会经济发展所需不断调整招生份额。"最近十年,经济和法律专业的招生份额从11%增长到32%,技术专业招生份额从53%下降到34%,农业专业从12%下降到6%。"[3]

第三,个体的价值需求:就业或继续深造。

学生作为中等职业教育的主要消费者,其价值需求是多方面的。一方面,希望通过对中等职业教育机构的投入(包括缴纳学费、因学习而放

---

[1] 肖甦.王义高.2010年前俄罗斯教育现代化构想[M].俄罗斯转型时期重要教育法规文献汇编.北京:人民教育出版社,2009:511.

[2] Петр федорович анисимов. Начальное и среднее профессиональное образование [J]. Российское образование,2005:261—268.

[3] Система среднего профессионального образования[EB/OL]. http://knowledge.allbest.ru/pedagogics/2c0a65625a2ad78b5d53b89421306d26_1.html 2014-07-12.

弃的工作机会、时间等)获得劳动力市场需要的实用知识、技能与能力等,增强在国内或国外劳动力市场上的竞争力以顺利就业。另一方面,正如俄罗斯相关法规条例规定的,俄罗斯中等职业教育的基本任务之一是满足个体深化知识或扩展知识的需要,帮助受教育者获得更多诸如道德、审美等热爱生活和享受人生的能力。"2013年,35%的中等职业教育毕业生升入大学"[1],选择继续深造。

(2)多样化质量观的体现

国家、社会及个体在对教育质量进行价值判断的过程中,他们总会选择符合他们需要和兴趣的东西作为评断的标准和依据。"一千个读者就有一千个哈姆雷特。"由于教育需求不同,不同的主体在面对同一客体时往往会作出不同的价值判断。同样,由于主体多元化及其需要多元化,不同主体之间往往存在价值冲突。"价值冲突反映了多元主体所代表的利益的差异,同时,也反映了各主体价值取向的局限性。利益的差异和主体价值取向的局限性说明协调多元主体之间价值冲突的必要性。"[2]在俄罗斯,国家权力、市场力量及中职院校的自治是协调价值冲突的主要力量。

第一,国家权力。"国家权力是国家凭借和利用对资源的控制,以使公民、法人或者其他组织服从其意志的一种社会力量和特殊影响力"[3],该权力通过政府来实现。俄罗斯政府通过立法、行政及财政等手段来行使这种权力。例如,《俄罗斯联邦教育法》规定,认可、鉴定和国家认定是创办教育机构的重要程序;国家教育标准是中等职业教育机构必须遵循的最低质量要求;国家有权利用政府评估结果决定中等职业教育机构是否具备获得财政拨款的资格,是否需要补偿其他教育机构再培养学生所需补充经费等。第二,市场力量。目前,俄罗斯已经在中等职业教育领域逐步形成了市场调节机制。例如鼓励院校通过竞争获取较多的来自社会

---

[1] Т. Л. Клячко. Образование в России: основные проблемы и возможные решения[M]. Москва,Дело. 2013:30.
[2] 胡玉鸿. 市场经济与国家权力[J]. 政治与法律,1997(4):45—48.
[3] 胡玉鸿. 市场经济与国家权力[J]. 政治与法律,1997(4):45—48.

的教育资源。在竞争过程中,对社会需求反应或适应敏捷的院校可以获得较多的资源,不符合社会需要的院校则被淘汰。由此,一方面,中等职业教育机构获得所需经费,另一方面,社会通过竞争机制将自身的价值需求无形地渗透在教育机构的办学目标和培养机制中。第三,院校自治。中等职业教育机构的基本职能是根据国家、社会与个体的需要,通过自身设计的教学活动为其培养人才或提供教育服务。为了保证其职能的顺利实施,院校首先应该成为一个独立于国家与社会的自主实体,拥有自我发展和支配的权力,形成自己的办学特色等。随着教育民主化改革的推进,俄罗斯政府赋予中等职业教育机构较多自主权,特别是在第三代国家教育标准的实施下,中等职业教育机构拥有了更多的课程设置权,这有利于院校根据自身办学需求、学科特色或学生个体需求来设计多元化的课程或允许学生自主设计和选择的多元化学习路径。

在国家主导、社会各界广泛参与下制定的国家教育标准是国家权力、市场与学校自治权力平衡制约的体现。国家教育标准融合了国家、社会与个体的价值需求,并为中等职业教育机构发挥自主性挪出较大的空间。首先,在中等职业教育领域,国家教育标准是全俄罗斯中等职业教育机构在教育结果、教育内容与条件等方面必须遵循的最低质量要求,而不论该教育机构所处地区发达还是不发达,这有利于保证俄罗斯公民获得享受优质教育的公平机会。其次,国家教育标准体现了雇主目前及未来一段时间的人才需求,它的实施有利于提高毕业生在劳动力市场上的竞争力和促进社会经济发展。再次,国家教育标准的内容下衔初等职业教育的国家标准,上接高等职业教育的国家标准,其内容设计有利于满足受教育者继续深造的需要。最后,国家教育标准规定中等职业教育机构拥有较多的课程设置权,规定中等职业教育机构可以依据地区经济发展需要以及自身办学特色自主设计校本课程。

3.1.3 动态的中等职业教育质量观

质量是一个多维度、多层次和动态的概念。动态的教育质量观是质量观在时间维度的反映,认为质量不是一成不变的,往往随着教育内外环境的变化以及主体需求的变化而变化。

3.1.3.1 中等职业教育基本任务的演变对动态质量观的诠释

苏联解体后,俄罗斯中等职业教育机构的基本任务几经改变,这反映了人们对优质中等职业教育内涵的理解以及对中等职业教育的期望在不断变化。

1994年《中等职业教育机构标准条例》规定,中等职业教育机构的基本任务是:满足个体对获取中等职业教育和所选职业活动领域的技能及智力、身体、道德发展的需要;满足社会对具备中等职业教育程度的、有熟练技能的专门人才的需要;在拥有相应的物质技术和师资保障的条件下,组织和开展教学方法的、科研方法的、试验—设计的以及创造性的工作和研究;再培训和再提高中级专门人才工人干部的业务技能;在居民中传播知识,提高他们的普通教育程度和文化水平,包括通过提供有偿教育服务来实现。[1]

2001年《中等职业教育机构标准条例》规定,中等职业教育机构的基本任务是:满足个人通过接受中等职业教育而对智力发展和道德发展的需求;满足社会对具备中等职业教育程度的专门人才的需求;养成学生的公民立场和热爱劳动的品质,发展其责任心、独立性、创造积极性;保全并增添社会的道德文化价值。[2]

2008年《中等职业教育机构标准条例》规定,中等职业教育机构的基本任务是:满足个人通过接受中等职业教育而对智力、文化和道德发展的需要;满足社会对受过中等职业教育的专家的需要;养成学生的公民素养和热爱劳动的品质,培养其责任感、独立性和创造积极性;保全并发展社会的道德文化价值。

---

[1] 肖甦.王义高.中等职业教育机构(中等专业学校)标准条例[M].俄罗斯转型时期重要教育法规文献汇编.北京:人民教育出版社,2009:201.

[2] 肖甦.王义高.中等职业教育机构(中等专业学校)标准条例[M].俄罗斯转型时期重要教育法规文献汇编.北京:人民教育出版社,2009:453.

2013年新《俄罗斯联邦教育法》规定,中等职业教育的基本任务是:促进个体智力、文化和职业发展,为社会和国家培养所需要的技能型人才和中级专家,并满足个体深化和扩展知识的需要。[1]

通过《中等职业教育机构标准条例》和《俄罗斯联邦教育法》对中等职业教育机构的基本任务的规定可以看出:俄罗斯对中等职业教育毕业生的需求提高了:由"专门人才"转向"技能型人才和中级专家"。[2]对毕业生培养水平的要求提高了:由获得"德智体"的发展转向发展"德智体"的同时要具备"责任感、独立性与创造性"。这种转变体现了人们对优质教育内涵的认识与理解是动态的。

3.1.3.2 国家教育标准的演变对动态质量观的诠释

职业教育能否得到发展,这在很大程度上取决于它和周围环境是否成功地取得了联系,是否与它要为之服务的劳动力市场取得了联系。教育不仅要满足"今天的需要",还要不断满足"明天的需要"。为了满足劳动力市场对人才的动态需求,俄罗斯中等职业教育遵循的质量标准与要求也是发展的、动态变化的。

在中等职业教育领域,国家教育标准是中等职业教育机构必须遵循的最低质量要求。国家教育标准并不是一成不变的被预设的特定模式与标准。1992年《俄罗斯联邦教育法》规定,至少每十年修订一次国家教育标准。俄罗斯以"准备的心态"应外部环境及教育系统内部环境的需要,定期修订国家教育标准以引导中等职业教育满足不断变化的社会需求。

在中等职业教育领域,自1995年俄罗斯颁布第一代国家教育标准后,在2002年和2009年又陆续颁布了第二代与第三代国家教育标准。第一代国家教育标准只是架构了标准的基本框架,并没有对质量要求作出详细的规定。第二代国家教育标准强调对培养内容的规定,认为中等职业教育机构只要依据该标准来设计课程及课程的学时量,并帮助学生

---

[1] Федеральный закон от 29 декабря 2012 г. No 273-ФЗ "Об образовании в Российской Федерации"[EB/OL]. http://xn--80abucjiibhv9a.xn--p1ai/документы/2974 2014-06-30.

获得一定的知识与技能即为一种质量合格的教育。随着社会经济发展对人才的培养资格提出更高要求，以知识与技能作为评价维度的第二代国家教育标准已不再适应中等职业教育改革与发展的需求。第三代国家教育标准从"一般能力"与"职业能力"两个维度界定对教育结果的要求，强调培养学生在一定工作情境中应用知识、技能、实践经验与态度的能力。学生是否获得一定的能力成为衡量教育是否优质的重要指标之一。从重视培养学生的知识和技能转向重视培养学生的能力，这种转变既体现了第三代国家教育标准的特点，也体现了中等职业教育质量是一个动态性概念。

3.2 俄罗斯中等职业教育质量观对质量保障体系的影响

国内学者一般将教育质量保障体系分为内部保障与外部保障两部分，这与国际上通行的"内部监控"和"外部评估"的表述是一致的。俄罗斯中等职业教育质量保障体系是特定组织依据一定的质量标准对教育质量施以评估与监控的所有政策、活动与过程的总和。

3.2.1 教育质量观对质量保障主体的影响

俄罗斯中等职业教育机构是一个多元的机构，它有多元的权力中心，有若干个基本任务用以满足多元主体的需求。在中等职业教育领域，国家、社会、学校及学生通过不同的形式对教育产生作用，多元需求主体共享管理教育的权力和教育成果。多样化教育质量观有利于促进质量保障主体的多元化。

质量保障主体的问题，实质上是回答质量由谁来保障的问题。随着俄罗斯民主化改革的推进、政府职能的转变以及教育管理权力的下放，一些由政府履行的职责开始转向社会与学校。教育质量保障作为政府对中等职业教育机构的一项重要管理活动，也出现了越来越多的社会组织的参与，中等职业教育机构也开始担负起质量保障与提高的职责，成为"责任主体"。除此之外,由于教育成本分担制度的改革,学生在中等职业教育机构中的主体地位得到了凸显,学生是否参与教育管理成为评价教育质量的重要指标。

国家、社会、个体各有各的质量需求及质量目标,为了促进中等职业教育朝着自己期望的方向发展,国家强调对中等职业教育质量的政府评估,社会呼吁发展专业性的社会评估机构并依据一定的质量标准检查中等职业教育质量。教育质量的外部评估在发挥保障教育质量作用的同时,推动了学校内部的质量监控体系的构建。

3.2.2 教育质量观对质量标准的影响

质量标准是质量保障主体实施质量评估与监控的重要依据。多样化教育质量观要求中等职业教育质量保障主体依据"多元化的质量评价标准"来评估和监控教育质量,且这些标准是动态的,随着内外环境的变化而改变。

一方面,由于中等职业教育是一种不同于研究型大学、教学型大学的实用性高等教育,所以俄罗斯为其设计了不同于普通高等教育的专业质量标准。国家教育标准是中等职业教育机构开展教学活动的重要依据,它规定了设置某专业的中等职业教育机构在教育结果、教育内容与教育条件等方面必须遵循的最低质量要求。即使中等职业教育与大学同样开设了某一专业,但是两类学校在人才培养目标、课程设置等方面遵循不同的要求。

另一方面,俄罗斯为实施中等职业教育的中等技术学校与高等专科学校设计了不同的标准。两者在实施的基本职业教育大纲、教育机构需要配备的计算机数量、教师素质等方面所需达到的要求是不同的。例如,在"教师素质"这一项中,在中等技术学校,受过高等教育的教师在所有教师中所占的比例应该达到90%,而高等专科则需要达到95%。[①] 除此之

---

① 吴雪萍,刘金花. 俄罗斯中等职业教育质量外部评估探究[J]. 比较教育研究,2013(12):56—60.

外,即使中等技术学校与高等专科学校开设了同一专业,但是中等技术学校实施的是该专业基础阶段的基本职业教育大纲,而高等专科学校则实施基础阶段与提高阶段的基本职业教育大纲,这两类教育大纲在人才培养层次及课程设置、课时分配等方面遵循不同的要求。

本章结语

所谓质量,实质上是对某一客体是否能满足特定主体需要及程度所作出的价值判断。质量的高低取决于客体本身的特征和特定的主体需求。苏联解体后,俄罗斯中等职业教育的基本特征及主体需求发生了很大变化。

苏联解体后,联邦中央"一枝独秀"的管理权向横向上的国家与社会共治以及纵向上的联邦、地区和地方共管转变。中等职业教育的需求主体从一元走向多元,国家、社会、个体都成为中等职业教育的需求主体。俄罗斯作为一种实用性教育,可以满足国家与社会对技能型人才与中级专家的需求;同时,它面向地方办学有利于促进教育公平,可以满足国家推进教育公平的需求;它以灵活的学制可以满足学生就业与继续深造的需求。这体现了中等职业教育需求导向的质量观。

中等技术学校与高等专科学校是实施中等职业教育的主要机构,两者在培养目标、课程设置及师资等方面多有差异。除此之外,国家、社会、个体作为中等职业教育的需求主体,他们的利益需求是相异的:国家强调公平,社会强调效率,个体强调就业或继续深造。由于需求不同,这些主体在对中等职业教育质量作出判断时,其评估结果表现出多样化。多样化的实施机构及多元化的主体需求共同塑造了多样化的中等职业教育质量观。

苏联解体后,俄罗斯颁布了系列教育法规条例,这些法规条例对"中等职业教育的基本任务"的阐述经历了满足社会对"专门人才"到满足"技能型人才与中级专家"的需要的转变,经历了满足个体"发展德、智、体"到满足"发展德、智、体,并培养其责任感、独立性与创造性"的转变;另外,体现多元主体利益的国家教育标准也经历了多次改变,从强调培养学生的知识与技能转向强调培养学生的能力。这些转变都体现了中等职业教育质量观的动态性。

质量观是一定时期引领教育发展的核心理念。需要导向、多样化、动态的教育质量观影响中等职业教育质量保障主体的形成及质量标准的设计与修订。国家、社会、学校成为质量保障的主体,它们针对不同的保障对象选用不同的质量标准。

4. 俄罗斯中等职业教育质量标准体系

教育质量标准是衡量教育质量高低、好坏的重要尺度。从管理层级上看,教育质量标准可以分为国际或区域性的质量标准、国家质量标准、省级质量标准、地方质量标准和学校质量标准。在俄罗斯,国家教育标准是评估和监控教育质量的重要依据。在俄罗斯中等职业教育领域,国家教育标准是俄罗斯联邦境内的、通过国家认定的所有中等职业教育机构在教育结果、教育内容和教育条件等方面需要共同遵守的最低质量要求。对刚注册的中等职业教育机构来讲,若想获得办学许可证以及给毕业生颁发国家统一样式的毕业证书的权力,必须遵照国家教育标准的要求来开展教育活动。

4.1 国家教育标准的形成与发展

4.1.1 国家教育标准的形成动因

构建统一教育空间并促进教育有序发展、优化教育与劳动力市场的关系以提高人才竞争力是构建国家教育标准的现实基础,《俄罗斯联邦教育法》为构建联邦国家教育标准提供了法律依据。

4.1.1.1 创建联邦统一教育空间的需要

苏联解体之前,全国的教育空间是高度一致的,从招生、教学计划、教学大纲的实施到就业,教育的所有环节都是在统一教育指令下标准化完成的。伴随着苏联解体,在政治民主化和经济市场化改革的推动下,俄罗斯教育领域掀起了一场除旧迎新的改革。教育管理民主化改革作为一把利剑,给旧时的封闭的集权式管理模式打开了缺口,其结果是:俄罗斯联邦主体、市、自治区获得了一定的管理权,院校自身具备了招生、设置专业和教学大纲的权力,办学主体多元化。如此一来,俄罗斯教育领域,包括中等职业教育领域出现了千姿百态的教育风貌,但是多样化背后潜藏着各自为政、无序发展的危机。为了在保障中等职业教育机构多样化发展的同时避免教育的无序发展,俄罗斯强调国家在教育领域中的统筹作用。

俄罗斯构建联邦统一的教育空间,旨在强调俄罗斯联邦中央的教育权限,突出联邦在调控各级教育之间的联系、构建最低教育质量标准、规范教育评估程序、依据社会经济与人口等特点来制定联邦发展纲要等方面的作用。构建"统一教育空间"的主张并不是要恢复苏联时期高度集中的管理模式,也不是要建立整齐划一的教育体系,而是在强调中央国家的教育权威的同时,基于俄罗斯地域辽阔的特点允许并鼓励多样化的存在,主张统一性与多样化并存。

"统一教育空间",即在多民族国家的条件下,俄罗斯联邦在国家一级上制定各类各级教育的政策与法规等,以此来规范教育秩序和保障教育机构开展活动的一致性;同时,俄罗斯联邦政府支持联邦主体、市、自治区可以在联邦教育发展纲要的基础上,考虑到当地社会经济和文化发展水平,以及当地教育体系的特点来制定更具体、更灵活的教育法规和政策。国家教育标准是制定教育大纲、开设课程、实施教学的重要依据,是同类型、同类别、开设同专业的教育机构应该达成的质量基准。国家主导制定国家教育标准相当于把握住了教育发展的"命门",奠定了教育大厦的根基,同时允许和鼓励不同地区、不同类别的教育机构基于该质量基准线发挥创造力自主设计未来发展的蓝图。

4.1.1.2 依法对教育标准进行完善的需要

"教育质量标准是一定时期内为实现既定教育目标而制定的教育质

量规范。"①这预示了教育质量标准并非固定不变的,是有时效的。1992年《俄罗斯联邦教育法》明确规定,俄罗斯联邦政府负责确定国家教育标准的制定、批准和实施程序,至少每 10 年对国家教育标准修订一次。在中等职业教育领域,1995 年 8 月 18 日俄罗斯联邦政府发布了第 821 号令,通过了第一代国家教育标准。2002 年俄罗斯联邦教育科学部陆续批准并颁布了第二代国家教育标准。2009 年以来,俄罗斯联邦教育科学部陆续批准并颁布了第三代国家教育标准。每一代国家教育标准都是依据《俄罗斯联邦教育法》的该项规定,根据社会动态的人才需求,对上一代国家教育标准的修订与完善。

由于各种原因,第一代国家教育标准是粗糙的,它仅架构了国家教育标准的基本框架,并未实质性界定中等职业教育机构在教育结果、教育内容与教育条件等方面应该遵循的最低质量要求。这在很大程度上致使中等职业教育机构随意开设新课程,而该课程的授课教师并未受过相应的教育或培训,从而导致教学质量下降。经过 7 年的实践,第一代国家教育标准在实施中不断暴露出一些弊端并影响着教育质量的提高,且它不能在教育机构制定基本职业教育大纲时给予有效的指导。在这样的背景下,2002 年俄罗斯陆续批准并颁布了第二代国家教育标准。

自第二代国家教育标准颁布及实施以来,俄罗斯社会、经济和文化发展对教育提出更高的要求,并且随着改革的推进与深化,职业教育领域内部也发生了很大的变化。目前,在中等职业教育领域,国家教育标准已表现出不符合社会、劳动力市场需求以及世界高等教育发展趋势的问题。第一,批准了新一批中等职业教育专业目录。第二,国内教育机构对自主权的呼声越来越强烈。虽然第一代和第二代国家教育标准扩大了中等职业教育机构的课程设置权,但是在中等职业教育机构拥有自主权方面,俄罗斯与欧美其他国家相比还存在很大差距。第三,劳动力市场越来越需要具备一组关键能力的从业者,能力本位教育质量观凸显。俄罗斯教育

---

① 中国教科院教育质量标准研究课题组. 教育质量国家标准及其制定[J]. 教育研究,2013(6):4—16.

研究院的研究表明,目前俄罗斯技能型人才及中级专家培养的质量问题在于——评价中以学生掌握的知识为优先项,这样导致的一个结果就是:俄罗斯中等职业教育重视单一职业领域的知识和技能的传授,已近乎降低到狭隘的专业培训。如果过渡地迷恋技术因素会导致实用主义、狭隘功利主义教育的发展;如果过度注重教育的人文方面则会导致古典教育的恢复,而古典教育与现代教育需求并不相符。如何处理并优化中等职业教育中的科学、技术和人文三个要素之间的相互关系成为新一代国家教育标准不可回避的问题之一。

总之,俄罗斯中等职业教育改革并不是在唱独角戏,它需要与教育外部的世界进行良性互动,同时要打通内部的各个环节,既要应对外界对人才更高的需求,也要与专业目录的更新、学术自由的呼吁遥相呼应。在中等职业教育领域,制定并实施国家教育标准是形势所趋,是符合时代要求的必然选择。正如俄罗斯联邦总统普京在2004年联邦议会的国情咨文中所指,衡量教育改革成果的重要指标是教育质量、公民接受教育的自由度以及教育是否与劳动力市场需求相一致。为此,我们需要做到:制定符合时代要求的教育标准并付诸实践。而且教育内容必须符合国际最高标准,同时,不要忘记本国积累下来的教育优势。[①]

4.1.1.3 沟通教育与劳动力市场关系的需求

科学技术的飞速发展使得知识的半衰期急速缩短、具体职业的知识和技能老化严重。一方面,这引起经济生产领域的革新,并加快了职业流动的频率。传统的"少品种大批量"的泰勒式生产模式已经不适应社会经济发展需求,"精益生产模式"应运而生并日益引起人们的关注。精益生产的核心是企业采用适度的自动化技术和团队作业方式,跨越企业内等级之间、部门之间的障碍,充分发挥人的潜力。生产方式的改变对人才培养水平提出新的要求,要求从业者具备良好的沟通与协作能力、决策与判

---

① Послание Президента РФ Федеральному Собранию РФ[EB/OL]. http://www.oblduma.kurgan.ru/important/presidents_initiative/presidents_message/. 2014-07-15.

断能力、对工作进行系统思考的能力、解决问题的能力、社会适应力、自主学习能力等关键能力,既可以为做好当前的工作做准备,又可以培养对未来所从事工作的适应能力。另一方面,这使得教育领域对就业能力结构的预测变得困难,进而增加了协调教育领域的人才供给与劳动力市场的人才需求之间关系的难度。

中等职业教育稳定发展的关键在于满足终极顾客需求的程度。为了促进中等职业教育的稳定发展,俄罗斯需要制定既反映目前和未来一段时间内的社会经济发展的人才需求计划,又符合教育发展规律的国家教育标准。国家教育标准是在教育正式实施之前对学习结果进行的预先描述,它将劳动力市场对人才所需具备的知识、技能、态度和经验的要求设计到基本职业教育大纲的结构及实施条件中。国家教育标准是沟通教育与劳动力市场的关系的重要工具。

4.1.2 国家教育标准研制与批准的程序

苏联解体后,俄罗斯在教育领域,包括在中等职业教育领域,推行了教育分权化改革。在中等职业教育领域,单一的政府管理向公共治理转变,"治理理论强调多元主体的多层治理,为打破公共产品、公共服务的政府垄断开启了新的思路"[①]。国家教育标准是国家主导下社会各界力量广泛参与制定的结果,体现了公共治理的特点。俄罗斯联邦教育科学部的教学方法协会、教育机构、科研机构、行政权力机关的代表、雇主代表及其他利益相关者是国家教育标准草案的制定者。

国家教育标准草案的制定者需要将其提交给俄罗斯联邦教育部以供审查。为了审查国家教育标准草案,俄罗斯联邦教育部设立联邦国家教育标准委员会(以下简称"委员会")和中等职业教育标准工作组。委员会召开草案审查会议前两个月,俄罗斯联邦教育科学部将草案公布在网上以便于利益相关组织和公民对该草案进行审查,如果该草案包含国家秘

---

① 刘孙渊,马超. 治理理论视野下的教育公共治理[J]. 外国教育研究,2008(6):15—19.

密和其他法规所保护的秘密除外。

自草案被公布在网上之日起,俄罗斯联邦教育科学部组织联邦行政权力机关、俄罗斯联邦主体行政权力机关、雇主协会、科学研究机构和在中等职业教育领域开展活动的其他组织的代表对草案进行独立地检查。从收到草案之日起15天内,开展独立检查的专家需要按照俄罗斯联邦教育科学部规定的样式将检查结论提交给俄罗斯联邦教育部。

俄罗斯联邦教育科学部自获得检查结论之日起,需要在5日内将检查结论及其利益相关组织和公民的建议(以下简称"附加材料")交给委员会。委员会从获得附加材料之日起14日内,召开工作组会议并对带有附件材料的草案进行审查。基于工作组会议的审查结论,委员会通过召开委员会会议,对该草案进行再次审查。

根据审查结果,委员会作出"批准草案"或"放弃草案""完善草案并再次批准""完善草案并再次审查"的建议,并将该建议提交给俄罗斯联邦教育科学部。俄罗斯联邦教育科学部在委员会建议的基础上,在10日内作出"批准草案"或"放弃草案""完善草案并再次批准""完善草案并再次审查"的决定。俄罗斯联邦教育科学部自作出决定之日起5日内,将舍弃草案或对草案进行完善的决定下发给制定者。被完善后的草案批准的程序同上,如果草案需要修改的内容的主观性不强,则修改后的草案不需要再经过独立检查和委员会的审查,直接由俄罗斯联邦教育科学部批准。

4.1.3 国家教育标准的历史发展阶段

在1992年《俄罗斯联邦教育法》中,首次出现"国家教育标准"一词。该法规定了国家教育标准旨在确定基本教育大纲必修内容的最低限度、学生学习负担的最高限度、对毕业生培养水平的要求,并规定至少每十年修订一次国家教育标准。在中等职业教育领域,自1995年俄罗斯颁布了第一代国家教育标准后,国家教育标准后经两次修订,现行的是2009年以来陆续制定和颁布的第三代国家教育标准。

4.1.3.1　第一代国家教育标准

在中等职业教育领域,1995年俄罗斯联邦政府第821号决议批准了第一代国家教育标准。第一代国家教育标准是三代国家教育标准中最为简化的一代。它界定了该标准所采用的概念,并简要阐释了"基本职业教育大纲的内容及实施条件""对专业目录的总要求"以及"在联邦一级,制定和批准教学内容和毕业生培养水平最低要求的程序"。

(1)基本职业教育大纲内容及实施条件

从宏观层面,该标准架构了中等职业教育机构应该实施的基本职业教育大纲的框架:一般人文和社会—经济课目、数学与一般自然科学课目、普通职业课目和专业课目。另外,该标准还规定了中等职业教育机构除了开设国家—联邦课程之外,各联邦主体可以根据地区发展的特点设计国家—地区课程,学校可以根据自身需要及办学特色设计校本课程。

苏联解体后,教师拥有了依据教育大纲选择和编写教材的权力,由于教师凭主观认识理解"基础知识",这在一定程度上致使教材的知识量越来越大,这直接增加了学生的学习负担。为了减轻学生的学习负担,第一代国家教育标准规定了学习者负担的最高限度(用"学时"表示)。例如,第一代国家教育标准规定学生的最高学习负担量不应超过每周54学时,包括各种课内和课外学习在内。为了保障函授生的教育质量,该标准规定,每学年,函授生和教师在一起上课的时间不少于160个学时。

(2)对专业目录的总要求

国家教育标准是一个专业标准。专业不同,学生所需获得的知识、技能、经验、态度等各有差异。第一代国家教育标准只规定了专业目录是国家教育标准的组成部分,并没有依据专业目录为各个专业设计相对应的国家教育标准,只是将所有的专业广而概之。这使得国家教育标准缺乏针对性。当中等职业教育机构在设计某专业的基本职业教育大纲以及开展教学活动时,国家教育标准并不能为其提供有效的指导和帮助。

(3)制定与批准教育内容与培养水平最低要求的程序

第一代国家教育标准只是规定,按照俄罗斯联邦政府1995年4月20

日第387号决议规定的程序,在联邦一级,制定和批准中等职业教育各专业的教育内容与培养水平的最低要求,并未明确规定教学内容和培养水平的最低要求是什么。

第一代国家教育标准是对1992年《俄罗斯联邦教育法》"国家教育标准"规定的延伸和发展,由于各种原因,它并未实质性地界定基本职业教育大纲的内容及实施条件、教学内容和毕业生培养水平最低要求,以及国家—联邦课程、国家—地区课程与校本课程各自所占比例。

4.1.3.2 第二代国家教育标准

第二代国家教育标准是俄罗斯基于最新的专业目录,针对具体专业而设计的。第二代国家教育标准除了规定某专业毕业生未来从事活动的特点、所获资格外,主要内容包括:

(1)对教学目标的要求

第一,一般要求:"了解"和"理解"相关专业知识和概念,"掌握"解决专业问题的技能。第二,针对具体课程的特殊要求。该标准规定了开设某专业的中等职业教育机构应该开设哪些国家—联邦课程,并从了解基础知识、理解相关概念、学会使用相应工具和信息以完成相关任务三个方面界定了某门课程的课程目标。第三,对毕业生实习水平的要求。

(2)对最低教学内容的要求

为了完成一定的教学目标,该标准还规定了中等职业教育机构应该开设哪些课程、如何合理分配某门课程的学时、如何设计课程的教学单元。以"学前教育"专业为例,其学时分配情况如表4.1所示。具体到"一般人文与社会—经济课目",其下设课目及必修课学时分别为:基础哲学(44)、基础法律(32)、俄语及语言交流(56)、国家历史(62)、外语(182)、体育(182)、社会心理学(64)等。另外,以"基础哲学"为例,该部分规定"基础哲学"的课程单元包括:哲学的对象;世界哲学思想的里程碑、人性及其存在的意义——人与上帝;人与宇宙;人、社会、文明、文化;个体自由与责任;人的意识与活动;科学及其地位;面临全球化挑战的人类。

表 4.1   "学前教育"专业的课目学时分配表(第二代国标)

指标	学科、基本教学单元的名称	最高总学时	必修课的学时
1	2	3	4
ТО. Ф	理论教学——联邦部分	4 010	3 116
ОГСЭ. 00	一般人文与社会—经济课目	898	690
ОГСЭ. ДВ	由教育机构规定的学生选修课目		68
ЕН. 00	数学与一般自然科学的课目	165	132
ОПД. 00	普通职业课目	1 028	823
ДПП. 00	专业培训课目	1 919	1 471
ТО. Р	理论教学——国家—地区部分	240	160
ДФ. 00	选修课目	364	
К	整个学期中,每个教学组召开的咨询会议	300	
ТО. 00	总和	4 914	3 276

资料来源:Институт проблем развития среднего профессионального образования. Государственные требования к минимуму содержания и уровню подготовки выпускников по специальности 0313 Дошкольное образование(повышенный уровень среднего профессионального образования)[EB/OL]. http://www.edu.ru/db/portal/sred/os_zip/0201.htm 2014—06—30.

  除此之外,该标准还规定了中等职业教育机构应该开设的实践课以及应该组织的学生考核方式,规定了教育机构在设计教育内容和组织教育过程中的自由。透过"学前教育"专业的课目学时分配(见表 4.1),可以了解到第二代国家教育标准将课程分为联邦、地区、教育机构部分,其中,教育机构拥有的设置课程的权力是非常有限的。

  与第一代国家教育标准相比,该标准从课程、课程学时分配到教学单元的设计,无不体现了较强的可操作性和针对性,为教育机构自主设计基本职业教育大纲提供指导。同时,国家教育标准规定,中等职业教育机构开设的课程包括联邦、地区和学校三部分,地区和学校课程的纳入并不能降低该标准的联邦成分所规定的要求水平。该标准在保障统一教育空间的同时,给予中等职业教育机构一定的课程设置权,融标准化与多样化为一体。

4.1.3.3 第三代国家教育标准

与第二代国家教育标准相比,第三代国家教育标准的变化主要体现在三个方面。

(1)重视培养学生的能力

自第二代国家教育标准颁布并实施 7 年后,伴随着俄罗斯教育国际化的推动,为了提高本国人才在国际劳动力市场上的竞争力,旧有的强调教育内容的、以"知识"作为单一评价维度的第二代国家教育标准已经不再适应中等职业教育改革与发展的需要。学生在实际工作情境下应用知识、技能、态度和实践经验的"能力"成为俄罗斯中等职业教育改革的新词汇。与第二代国家教育标准不同,该标准以"能力"描述的教育结果为导向。第二代国家教育标准将"了解"和"理解"基础知识、"掌握"基本技能作为主要教学目标,侧重培养学生的知识与技能。与此不同,第三代国家教育标准用"能力"(компетенция)(一般能力和职业能力)描述教育结果,重视培养学生的团队合作、自主学习等一般能力,以及在具体的工作情境下使用知识和技能的职业能力。

(2)重新设定专业目录

随着社会经济的发展,俄罗斯经济结构和就业结构发生了很大变化,社会对从业者的资格和能力提出了更高的要求。在这样的背景下,俄罗斯需要根据目前和未来一段时间社会经济和文化发展对人才的需求来修订和调整旧的专业目录,设计新的专业目录。俄罗斯设置中等职业教育专业目录是政府行为。自俄罗斯 1995 年制定第一代国家教育标准之后,俄罗斯联邦教育科学部通过 2003 年的 N2418 号令、2004 年的 N1738 号令、2005 年的 N112 号令、2006 年的 N117 号令等对专业目录进行多次修订。2009 年 9 月 28 日,俄罗斯联邦教育科学部的第 355 号令批准了新的中等职业教育专业目录。俄罗斯现有中等职业教育专业用六位数的代码表示,其中,前两位代表"专业群"(группа специальностей),中间两位代表"培养方向"(направленийе подготовки),后两位代表"专业"(специ-альность)。"专业群""培养方向""专业"是俄罗斯设置中等职业教育专业的三个层次。① 目前,俄罗斯中等职业教育专业目录及教育标准数量如表 4.2 所示。

表 4.2　中等职业教育专业目录及第三代国家教育标准的数量

代码	专业群	专业数量	标准数量
020000	自然科学	1	1
030000	人文科学	6	5
040000	社会科学	2	2
050000	教育与教育学	10	12
060000	医疗保健	10	10
070000	文化与艺术	24	25
080000	经济与管理	5	4
090000	信息安全	3	3
100000	服务领域	14	14
110000	农业与渔业	12	12
120000	大地测量学与土地规划管理	5	5
130000	地质、勘探与矿产资源开发	13	13
140000	能源、能源机器制造与电气工程	14	14
150000	冶金、机器制造与材料加工	14	14
160000	航空、火箭与宇航技术	8	8
180000	海洋技术	6	6
190000	交通运输	6	6

---

① 吴雪萍,刘金花. 俄罗斯现行中等职业教育标准探析[J]. 外国教育研究,2014(2):61—67.

续表

代码	专业群	专业数量	标准数量
200000	仪器制造与光学技术	8	8
210000	电子技术、无线电与通讯技术	14	14
220000	自动化与控制	6	6
230000	信息学与计算机技术	5	5
240000	化学与生物技术	12	12
250000	森林资源的再生产与加工	5	5
260000	食品与消费品技术	17	17
270000	建筑学与建设	11	11
280000	生命安全、环境工程与环境保护	6	6
合计	26	237	238

资料来源：根据俄罗斯联邦教育科学部网站内容整理。

目前，俄罗斯共设有26个专业群，包含237个专业，共设计了238个国家教育标准。同一个专业，因为招生层次或授予资格不同，该专业对应的国家教育标准不同，所以会出现一个专业对应着多个国家教育标准的情况，例如代码为"050141"的"体育"专业。除此之外，极少部分专业的国家教育标准目前处于空白状态，例如代码为"035301"的"世界艺术文化"专业。所以，如表4.2所示，国家教育标准的数量与专业数量并不完全相符。

(3)增加学校课程设置自主权

前两代国家教育标准将课程分为国家—联邦、民族区域（国家—地区）和教育机构部分。与此不同，第三代国家教育标准将课程分为两大部分：国家统一制定的基础部分；可变部分，该部分是中等职业教育机构依据所在地区社会经济和文化发展的人才需求，基于基础部分而自主设计的教学内容，其目的是促进学生进一步拓展和深化课目的内容，提高学生的知识和技能水平，培养劳动力市场所需要的高技术人才，提高学生在劳动力市场上的竞争力。以"学前教育"专业为例,第二代国家教育标准规定,学生花费在"理论课"的所有学时为 4 914 个,其中,花费在国家课程的学时占所有学时的 85.7%,这样一来,花费在中等职业教育机构自主设计的课程的学时占 14.3%。第三代国家教育标准规定,在理论课部分,学生花费在基础部分课程的学时占所有学时的 70%,花费在中等职业教育机构自主设置课程的学时占 30%。数据显示,中等职业教育机构的课程设置权扩大了。

4.2 国家教育标准的结构

俄罗斯现行的是 2009 年以来俄罗斯联邦教育科学部陆续批准并颁布的第三代国家教育标准(以下简称"国家教育标准")。国家教育标准的内容主要包括:国家教育标准的适用范围;国家教育标准文本所使用的缩略语;专业培养特点;毕业生未来从事职业活动的特点;对教育结果的要求;对教育内容的要求;对教育条件的要求;评价教育结果的质量。其中,"对教育结果的要求""对教育内容的要求""对教育条件的要求"是其核心部分。

4.2.1 对教育结果的要求

在科学技术进步周期缩短,劳动分工出现单一工种向复合工种转变的背景下,社会对实用性人才提出更高的要求,要求劳动者有能力适应瞬息变化的现实工作情境,要求劳动者应该具备跨岗位的一般能力以及应用专业知识解决具体工作问题的职业能力。重视培养学生的能力以满足社会的人才需求是俄罗斯设计国家教育标准的重要导向。国家教育标准规定,任何专业的学生在受教育之后都需要具备两种能力:一般能力(общие компетенция,简称"ОК")和职业能力(профессиональные компетенция,简称"ПК")。

4.2.1.1 一般能力

在俄语中,能力"компетенция"来源于拉丁文"competential"。在不

同的视角、不同的背景下,"能力"常常被赋予不同的理解。在国家教育标准中,"能力"被定义为:个体为了顺利完成一定领域的工作而应用知识、技能、经验与态度的能力。

一般能力是一种综合能力,具有迁移性、整合性、普遍性等特征。俄罗斯国内研究者认为"一般能力是指个体在所学知识与真实的情景之间建立联系的能力,是在多变性条件下能确定正确的行动方向并以此实施行动的能力……发展学生一般能力的目的在于解决学生培养中遇到的典型问题:学生完全可以理解理论知识,但是在应用这些知识以解决具体的问题或完成生活化任务时会感到一定的困难"①。

以"学前教育"专业为例,国家教育标准规定,该专业毕业生应该具备若干一般能力(见表 4.3)。

表 4.3　"学前教育"专业毕业生应具备的一般能力(第三代国标)

OK1. 理解自己未来职业的本质和社会价值,表现出对该职业的持久兴趣。
OK2. 组织自己的活动,确定完成职业任务的方法,评估该方法的有效性和质量。
OK3. 评估风险并采纳完成非标准化职业任务的决策。
OK4. 搜索、分析并评估信息,这些信息对于制定和完成职业任务来讲,是必需的。
OK5. 采用信息通信技术以完善职业活动。
OK6. 团队合作,与领导、同事和社会伙伴协作。
OK7. 设计教学目标,激励学生,组织并监控学生的工作,并对教育过程质量负责。
OK8. 自主确定促进职业发展和个体发展的任务,从事自我教育,自觉做好提高自身教学技能的规划。
OK9. 在职业活动目标与内容发生变化、技术发生变革的背景下,开展职业活动。
OK10. 预防外部伤害,保障孩子们的安全和健康。
OK11. 遵守有关职业活动的法律规范。
OK12. 履行军事义务,包括应用所学专业知识(针对男孩)。

资料来源:Федеральные Государственные Образовательные Стандарты среднего профессионального образования по специальности 050144 Дошкольноеобразование[EB/OL]. http://xn--80abucjiibhv9a.xn--p1ai/документы/923 2014-07-02.

---

① Куракова Галина Владимировна. Теоретический анализ дефиниции "общие компетенции учащихся"[EB/OL]. http://www.fan-nauka.narod.ru/2010.html. 2014—07—20.

以"广告学"专业为例,国家教育标准规定,该专业的毕业生应该具备若干一般能力(见表 4.4)。

表 4.4　　"广告学"专业毕业生应具备的一般能力(第三代国标)

OK1. 理解自己未来职业的本质和社会价值,表现出对该职业的持久兴趣。
OK2. 组织自己的活动,选择完成职业任务的标准化方法,评价该方法的有效性和质量。
OK3. 设计完成标准化和非标准化职业任务的决策,并对其负责。
OK4. 搜索并使用对于有效完成职业任务、促进职业发展和个体发展所必需的信息。
OK5. 在职业活动中采用信息通信技术。
OK6. 团队合作,与领导、同事和社会伙伴协作。
OK7. 对团队成员执行任务的结果负责。
OK8. 自主确定促进职业发展和个体发展的任务,从事自我教育,自觉做好提高自身教学技能的规划。
OK9. 在技术发生变革的背景下,确定职业活动的方向。
OK10. 履行军事义务,包括应用所学专业知识(针对男孩)。
OK11. 掌握业务活动的原理和业务的特点。
OK12. 掌握用外语进行交流的基本技能。

资料来源:Федеральные Государственные Образовательные Стандарты среднего профессионального образования по специальности 030601 Реклама[EB/OL]. http://xn--80abucjiibhv9a. xn--p1ai/документы/923 2014-07-02.

从国家教育标准规定的"学前教育"和"广告学"专业学生应该具备的一般能力可以看出,不同专业的学生所需具备的一般能力是有差异的,但是相似度很高。另外,一般能力是一种跨学科能力,但并非与专业无关,相反,它是围绕"职业活动""职业任务""职业价值"而延伸出的一组能力的组合。这些能力要求劳动者要有自主学习的意识,要有自我适应能力以解决不断出现的新问题;要求劳动者不仅要搜索和分析信息,而且要评估信息;不仅要设计工作计划,而且要在工作计划实施过程中不断地评估和调整该计划。

4.2.1.2　职业能力

职业能力是指个体运用一定的知识、技能、态度和经验以完成某一特定职业任务的能力。新一代职业能力具有应用性、复合性和可变性等特点。所谓应用性，是指职业能力的培养要以促进个体获得岗位操作能力为目标。知识、技能、态度和经验不等于职业能力，它们只是职业能力的对象或内容。职业能力是在特定现实工作环境下，对知识、技能、态度和经验的应用。所谓复合性，是指职业能力所包含的要素不仅包括知识和技能维度，而且包括态度维度和情景维度，例如强调工作责任感、理解工作情境并在不同工作情境下的学习迁移能力。特别是在人才素质越来越向复合型靠拢的背景下，职业能力的复合性特点会变得更突出。所谓可变性，是指随着科学技术的发展，当社会劳动分工出现整合的趋势，或者社会上出现了新的工作岗位时，需要将新的技术要素或文化要素纳入旧的职业能力或者重新设计新的职业能力。

(1)职业能力的设计方法

"俄罗斯制定第三代国家教育标准的基本原则之一是职能原则：在一组工作任务的基础上创建和设计教育标准，这些工作任务是对毕业生未来从事职业活动的范围及对象进行职业分析的结果。"[1]职业分析是确认、分析以及描述各类职业或工作所包含的职能及其构成要素的过程。通过职业分析，可以确定任何人在解决某一问题或完成某一类工作时所必需的行为要素，继以确定解决该问题或完成该任务所需要的知识、技能、态度、经验及能力。

俄罗斯遵循"职业活动的范围与对象——工作任务——职业能力"这一逻辑设计职业能力。其中，不同的活动对象、环境等塑造了不同类型的工作。"工作任务"由雇主确定，是相对独立的。为了完成不同的工作任务，需要劳动者具备在具体工作情景中应用专业知识、技能、态度、实践经验的不同职业能力。在俄罗斯中等职业教育领域，职业能力设置模式如图4.1所示。

---

[1] Федеральный государственный образовательный стандарт: от идеи к реализации[EB/OL]. http://yandex.ru/clck/jsredir? from = yandex.ru%3Byandsearch%3Bweb%3B%3B&text 2014-08-12.

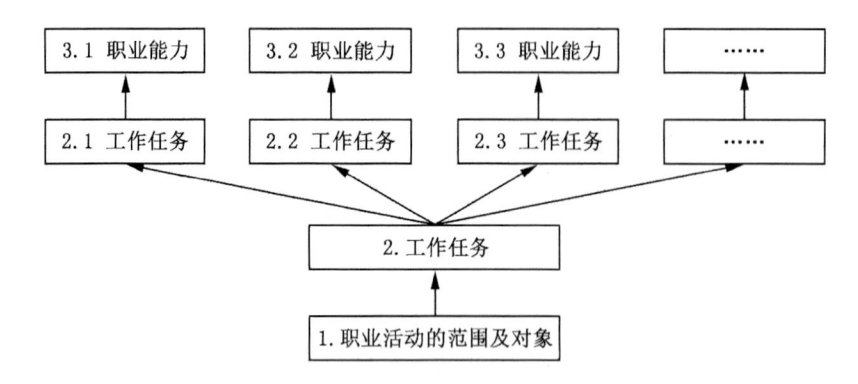

```
3.1 职业能力    3.2 职业能力    3.3 职业能力    ……
     ↑              ↑              ↑
2.1 工作任务    2.2 工作任务    2.3 工作任务    ……
           ↖        ↑        ↗
              2. 工作任务
                 ↑
        1. 职业活动的范围及对象
```

图 4.1　第三代国家教育标准的职业能力形成路线图

（2）职业能力的内容

以"学前教育"专业为例，该专业国家教育标准规定了毕业生未来从事职业活动的范围、对象及工作任务（见表 4.5）。

表 4.5　"学前教育"专业毕业生未来从事工作的特点（第三代国标）

项目	内　容
工作范围	在不同类型的学前教育机构、家庭，培养和教育学前儿童
工作对象	培养和教育学前儿童的任务、内容、方法、工具、组织形式和过程
	围绕学前儿童的教育和培养问题，与同事、社会合作伙伴、家长开展协作的任务、内容、方法、形式、组织手段和过程
工作任务	采取一些旨在促进儿童健康及其身体发展的举措
	为儿童组织不同类型的活动
	围绕学前教育的基础普通教育大纲组织开设课程
	与家长及学校合作伙伴协作
	教育过程的方法保障

资料来源：Федеральные Государственные Образовательные Стандартысреднего профессионального образования по специальности050144 Дошкольноеобразование［EB/OL］. http://xn‒80abucjiibhv9a. xn‒p1ai/документы/9232014-08-12.

学前教育毕业生从事活动的范围和对象描述了未来毕业生的工作任

务,解释了未来工作的核心要素:设备(教学方法指导文件、教学工具等)、关系(教师与学生、家长、社会合作伙伴之间的服务与协作关系等)、对象(学生、教学工具等)。职业能力就是知识、技能、态度与经验等与设备、关系、对象之间形成的联系。因为完成的工作任务不同,这种联系的侧重点不同,有时会侧重于与设备的联系,有时则侧重于与关系或对象的联系。所以,围绕不同的工作任务,学生所需具备的职业能力也不同。以"学前教育"专业为例,国家教育标准在第五部分规定了毕业生应该具备的职业能力(见表4.6)。

表 4.6 "学前教育"专业毕业生应具备的职业能力(第三代国标)

工作任务	职业能力
1. 采取一些旨在促进儿童健康及其身体发展的举措	ПК1.1 采取一些旨在促进儿童健康及其身体发展的举措
	ПК1.2 实行与儿童年龄相符的饮食制度
	ПК1.3 采取促进儿童身体发育的举措
	ПК1.4 监督每个孩子的健康状况,并及时告知医疗人员每个孩子自我感觉的变化
2. 为儿童组织不同类型的活动	ПК2.1 为孩子们设计每日交流活动
	ПК2.2 与婴幼儿及学龄前儿童一起开展不同的游戏
	ПК2.3 组织具有可行性的工作和自我服务
	ПК2.4 组织孩子们的交流活动
	ПК2.5 组织学龄前儿童的手工劳动(绘图、塑像、贴花、设计)
	ПК2.6 组织并开展针对婴幼儿和学龄前儿童的节日和娱乐活动
	ПК2.7 分析多样化活动的过程和结果
3. 围绕学前教育的基础普通教育大纲设计课程	ПК3.1 确定课程目标和任务,与学龄前儿童一起设计课程
	ПК3.2 与学龄前儿童一起实施课程
	ПК3.3 对学龄前儿童的教育过程和结果进行教育监控、评价
	ПК3.4 分析课程
	ПК3.5 运用相关文件以设计课程

续表

工作任务	职业能力
4. 与家长及学校合作伙伴协作	ПК4.1 与家长一起确定教学目标和任务,并设计教学工作
	ПК4.2 就家庭教育、儿童心理的和身体发展等问题,开展个别化的协作
	ПК4.3 举办家长会议,吸引家长参与组织和实施班级或学校的相关教学活动
	ПК4.4 与家长一起评价和分析工作结果,改进与家长的协作关系
	ПК4.5 协调学校合作伙伴的活动
5. 教育过程的方法保障	ПК5.1 考虑到年龄、班级和个别学生的特点,设计教学方法类教材
	ПК5.2 在班级中创建对象—发展环境
	ПК5.3 在研究专业文献、自我分析和对其他教师的活动进行分析的基础上,使学前教育的教育学经验和教育技术系统化并对其进行评价
	ПК5.4 以报告、学术论文、演讲的形式开展教育研究
	ПК5.5 参与学前教育领域的研究性和设计性的活动

资料来源:Федеральные Государственные Образовательные Стандарты среднего профессионального образования по специальности 050144 Дошкольное образование [EB/OL]. http://xn--80abucjiibhv9a. xn--p1ai/документы/9232014-08-13.

"与普通能力(如思维能力、想象能力)通常依据心理要素进行界定不同,职业能力是把心理形式与具体职业任务的内容相结合,依据工作成果所表达的能力。"[1]在俄罗斯中等职业教育领域,国家教育标准表述的"职业能力"是一种依据完成一个或若干工作任务的成果所表达的能力。国家教育标准采用动宾结构或动宾结构倒置的表述,将书面或口头形式存在的知识、技能、态度和经验由静态转变为动态,由注重它们"是什么"向"如何做"转变,即职业能力的名称是写实的,是动态的。职业能力的确定及描述方式体现了俄罗斯中等职业教育的实践导向特点。

从"一般能力"与"职业能力"两个维度描述教育结果,这体现了俄罗

---

[1] 徐国庆. 工作知识:职业教育课程内容开发的新视角[J]. 教育发展研究,2009(11):59—63.

斯中等职业教育"能力本位"的价值取向,体现了俄罗斯不仅重视拓展和架构适用于特定工作岗位的、具有实用性、以工作为导向的职业能力,而且重视培养学生跨越学科和专业的一般能力,例如适应能力和团队合作能力。新一代国家教育标准对"能力"的重视体现了新时代背景下俄罗斯中等职业教育在社会全面转型与变革中的一种觉醒,它包含的具有可变性的一般能力和职业能力成为设计基本职业教育大纲、教学计划的重要起点和依据。

4.2.2 对教育内容的要求

国家教育标准通过规定某专业基本职业教育大纲的结构,确定了对教育内容的要求。国家教育标准规定,每个专业的基本职业教育大纲由理论课、实践课与考核三部分组成。以"学前教育"专业为例,其基本职业教育大纲(提高阶段)的基本结构如表4.7所示。

表4.7 "学前教育"专业的基本职业教育大纲的基本结构(第三代国标)

项目	讲座、章节、模块的名称,对知识、技能与实践经验的要求	学生的最高学时量	必修课的学时量	课目及跨学科课程的代码和名称	发展能力的代码
	必开讲座	3240	2160		
ОГСЭ.00	一般人文与社会经济讲座	732	488	基础哲学,历史,心理交流、外语、体育	ОК 1—12 ПК1.1—1.3 ПК2.1—2.7 ПК3.1—3.4 ПК4.2—4.5 ПК5.2—5.3
ЕН.00	数学与一般自然科学讲座	186	124	数学,信息通信技术	ОК 1—9 ПК3.1—3.5 ПК5.1—5.5
П.00	专业讲座	2 322	1 548		
ОП.00	专业基础课	558	372	教育学,心理学,成人解剖学、生理学和卫生、职业活动的法律保障等	ОК 1—12 ПК1.1—1.4 ПК2.1—2.7 ПК3.1—3.5 ПК4.1—4.5 ПК5.1—5.5
ПМ.00	职业模块课	1 764	1 176	健康医疗—生物和社会基础,幼儿及学龄前儿童身体发育及发展的理论与方法基础等	ОК 1—12 ПК2.1—2.7 ПК3.1—3.5 ПК4.1—4.5 ПК5.1—5.5

续表

项目	讲座、章节、模块的名称,对知识、技能与实践经验的要求	学生的最高学时量	必修课的学时量	课目及跨学科课程的代码和名称	发展能力的代码
УП.00	教学实践	23 周	828		ОК 1—12 ПК1.1—5.5
ПП.00	生产实践(专业实践)				
ПДП.00	生产实践(毕业实习)	4 周			
ПА.00	中期鉴定	5 周			
ГИА.00	国家总结性鉴定	6 周			
ГИА.01	准备毕业技能作品	4 周			
ГИА.02	毕业技能作品的答辩	2 周			

资料来源:Федеральные Государственные Образовательные Стандарты среднего профессионального образования по специальности 050144 Дошкольное образование [EB/OL]. http://xn--80abucjiibhv9a. xn--p1ai/документы/923 2014-08-16.

4.2.2.1 理论课

(1)普通文化课程

职业教育内容"要包括有关部门目前状况的历史背景的教学;包括科学的训练,给人以应付生产资料和生产机构的智慧和首创精神;包括学习经济学、公民和政治学,使未来的工人能接受当代的种种问题遗迹所提出的有关改进社会的各种方法"①。职业院校除了要开设专业课程,还要不同程度地设置一些普通文化课程。俄罗斯国家教育标准规定,中等职业教育机构要开设的普通文化课包括:"一般人文与社会经济讲座"与"数学与一般自然科学讲座"。所谓讲座是指为了保障学生掌握相应科学和(或)职业活动领域的知识、技能与能力,学校应该开设的课目的总和。以"学前教育"专业为例国家教育标准从若干方面描述了对普通文化课的设置要求(见表4.8)。

表4.8 "学前教育"专业的普通文化课的设置要求(第三代国标)

项目	讲座、章节、模块的名称,对知识、技能与实践经验的要求	学生的最高学时量	必修课的学时量	课目、跨学科课程的名称	发展能力的代码
	必开讲座	3 240	2 160		

---

① 杜威. 民主主义与教育[M]. 王承绪,译. 北京:人民教育出版社,1990:334.

续表

项目	讲座、章节、模块的名称,对知识、技能与实践经验的要求	学生的最高学时量	必修课的学时量	课目、跨学科课程的名称	发展能力的代码
ОГСЭ.00	一般人文与社会经济讲座	732	488		
	通过学习该部分,学生应该: 学会: 理解存在、意识、价值、自由和生活的意义等最一般化的哲学问题,它们是培育公民文明和培养未来专家的基础 了解: 哲学的基本范畴与概念;哲学在人类与社会生活中的地位;存在主义的哲学基础;认知过程的实质;世界科学、哲学与宗教的原理;有关形成个性与自由的条件,以及形成保护周围文化的责任感的条件;与发展和利用科学与技术成就有关的社会和伦理问题等		48	ОГСЭ.01. 基础哲学	ОК1—12 ПК 2.7 ПК 3.4 ПК 5.3 ПК 5.5
	……		……	……	……
ЕН.00	数学与一般自然科学讲座	186	124		
	通过学习该部分,学生应该: 学会: 采用数学方法以解决职业问题;解决应用性问题;对信息和研究结果进行统计处理,并用图表的形式显示获得的数据。 了解: 集合的概念以及它们之间的关系,并能对其进行操作;量的概念并测量它;自然数和零概念发展的阶段;统计系统;几何学的发展历史;平面和空间中的几何图形的基本性质;数学统计的方法等			ЕН.01 数学	ОК 2 ПК3.1—3.4 ПК 5.1 ПК 5.2
	……		……	……	……

资料来源:Федеральные Государственные Образовательные Стандарты среднего профессионального образования по специальности 050144 Дошкольное образование[EB/OL]. http://xn-80abucjiibhv9a. xn-p1ai/документы/923 2014-09-12.

苏联解体后,俄罗斯中等职业教育在经历过暂时"阵痛"后逐渐走上复兴的道路。一路走来,中等职业教育既取得了一些进步,也存在一些问题。俄罗斯国内一些研究者指出,中等职业教育重视训练学生熟练动作技能而忽视了人文精神的培养,是在为俄罗斯过去几年的经济发展培养人力,而不是为当前及未来一段时间培养具有信息搜索和分析、团队合作、自主学习、迁移等能力的现代化技能型人才和中级专家。

一方面,为了解决这一问题,国家教育标准中增加了普通文化课程的学时。国家教育标准规定,基础哲学、历史、心理交流、外语、体育、数学等是中等职业教育机构的必开普通文化课。以"学前教育"专业为例,国家教育标准规定,"学前教育"专业的学生花费在掌握基础部分的公共人文和社会经济类课程的最高学时量占所有学时的22.6%,花费在数学和公共自然科学类课程的最高学时量占所有学时的4%;而在第二代联邦国家教育标准中,该数据分别为18.3%和3.3%。普通文化课学时的增加说明俄罗斯越来越重视培养学生人文素养、促进其人格完善。工作只是人生活的一部分,工作责任只是人承担的诸多责任中的一种。除了传授专业知识与技能,职业教育的一项重要任务是发展人的精神世界和非职业性的生活价值及知识等。除此之外,国家教育标准的重要目标之一是促进各级教育之间的衔接。由于占很大比例的中职学生在毕业后选择进入大学继续接受教育,所以,增加普通文化课程的学时量也是为了促进中等职业教育与普通高等教育的沟通与衔接,这为学生的学习生涯发展提供了弹性化选择的机会。

另一方面,国家教育标准中增设了对普通文化课学习结果的能力要求。以往,俄罗斯普通文化课的课程目标一般聚焦在"知识""技能"两个层面,新一代国家教育标准打破重传授知识与技能的传统,从"讲座、章节、模块的名称,对知识、技能与实践经验的要求""学生的最高学时量""必修课的学时量""课目和跨学科课程的名称""通过学习该课程,学生应该掌握的能力"五个指标描述对普通文化课的设置要求。这五大指标集对基本教育大纲内容的最低要求、受教育者学习负担量的最高限度以及对毕业生培养水平的最低要求为一体,将教育内容与教育结果对接,并且教育结果不再局限于"知识"与"技能"两个层面,而是增加了"一般能力"与"职业能力"两个维度,体现了能力本位的教学观。

(2)专业课程

国家教育标准规定,中等职业教育机构开设的专业课程有两类:专业基础课程与职业模块课程。

第一,专业基础课程。

专业基础课程的开设目的是为学生提供系统化的专业基础理论知识及专业性的方法和技能,提高学生的专业素养。以"学前教育"专业为例,开设该专业的高等专科学校需要开设教育学、心理学、成人解剖学、生理学和卫生、职业活动的法律保障、学前教育的理论基础、生命安全等课目。以"学前教育"专业为例,国家教育标准规定,花费在专业基础课上的总学时量为 558,占专业课总学时量的 24%。以"学前教育"专业为例,国家教育标准从若干方面描述了对"专业基础课"的设置要求(见表 4.9)。

表 4.9　"学前教育"专业的专业基础课的设置要求(第三代国标)

项目	讲座、章节、模块、对知识、技能与实践经验要求的名称	学生的最高学时量	必修课的学时量	课目或跨学科课程的名称	发展能力的代码
ОП.00	专业基础课	558	372		
	通过学习该部分,学生应该: 学会: 分析教育活动、教育要素及现象;搜集并分析解决教育问题、提高教育活动的有效性、自我教育与自我发展所必需的信息;明确现代教育问题、教育发展趋势及改革方向 了解: 教育科学与实践、教育发展趋势之间的关系;教学原则与培养原则;不同教育机构中的教育过程的组织及内容特点;教学与培养的形式、方法与手段;在教学过程中培养学生能力的心理—教育条件;监控与评估教育质量的方法等。			ОП.01 教育学	ОК 1—12 ПК1.1—1.4 ПК2.1—2.7 ПК3.1—3.5 ПК5.1—5.5
	学会: 应用心理学知识解决教育问题;分析学生的个性特点 了解: 心理学的特点,心理学与教育科学、实践的联系;人格心理学的基础知识;学生心理发展的规律;成长周期;学生的年龄、性别和个性特点;在学龄期及学龄前的群体行为及交往的特点;预防和矫正不良社会适应不良和越轨行为的概念、原因及心理学基础;创新心理学的原理 ……			ОП02. 心理学	ОК1—12 ПК1.1—1.4 ПК2.1—2.7 ПК3.1—3.4 ПК 4.2 ПК 4.4 ПК5.2—5.5

资料来源:Федеральные Государственные Образовательные Стандарты среднего профессионального образования по специальности 050144 Дошкольное образование[EB/OL]. http://xn--80abucjiibhv9a. xn--p1ai/документы/9232014-09-17.

第二，职业模块课程。

在第三代国家教育标准中，"基本职业教育大纲结构的特点是，引进了'职业模块'这一新概念。职业模块的内容以形成学生完成该标准规定的工作任务所必需的知识、技能和职业经验为导向"[1]。"简单地说，所谓'模块课程'就是按程序模块化的构想和编制原则去编制设计课程，使课程实现'模块化'，或者说，形成模块结构的课程。"[2]以"学前教育"专业为例，职业模块课程的学时量占专业课总学时量的76%，职业模块课程是俄罗斯中等职业教育专业课体系的主体。以"学前教育"专业为例，国家教育标准规定了职业模块课的设置要求(见表4.10)。

表 4.10 "学前教育"专业职业模块课的设置要求(第三代国标)

项目	讲座、章节、模块、对知识、技能与实践经验要求的名称	学生的最高学时量	必修课的学时量	课目、跨学科课程的名称	发展能力的代码
ПМ.00	职业模块	1 764	1 176		
ПМ.01	采取一些旨在促进儿童健康及其身体发展的举措(工作任务)				
	通过学习该部分，学生应该： 具备实践经验： 设计、组织并开展早操、体育休闲和娱乐等活动；与教育机构的医护人员就儿童的健康问题进行交流等。 学会： 确定学龄前儿童发展的目标、任务、内容及方法；在教育过程中使用运动器材和设备等。 了解： 促进幼儿与学龄前儿童身体发育与发展的理论基础与方法；对学前教育机构的安全环境的要求等。			跨学科课程 01.01 健康的医疗—生物和社会基础 01.02 幼儿及学龄前儿童身体发育及发展的理论与方法基础 01.03 配合提高运动技能的实习教学课程	ОК 1—4 ОК 7 ОК 9—11 ПК1.1—1.4 ПК5.1—5.5
ПМ.02	为孩子设计多样化的活动(工作任务)				
	通过学习该部分，学生应该： 具备实践经验： 设计不同类型的活动(游戏、劳动)；组织并实施创意游戏；评价儿童的活动成果等。 学会： 确定组织儿童开展游戏、劳动的目标、任务、内容和方法等；使用直接或间接的方法主导游戏；照顾植物与动物等。 了解： 设计不同类型的活动的理论基础与方法；为幼儿和学龄前儿童组织游戏的本质及独创性等。			跨学科课程 02.01 为幼儿和学龄前儿童组织游戏的理论和方法基础 跨学科课程 02.02 为学龄前儿童组织劳动的理论和方法基础 ……	ОК 1—5 ОК 7 ОК 9—11 ПК2.1—2.7 ПК5.1—5.5

---

[1] Зайцева Елена Геннадъевна. Особенности формирования новых федеральных государственных стандартов профессионального образования[J]. Профессиональноеобразование в России иза рубежом, 2010(2):14—18.

[2] 张民选. 模块课程：现代课程中的新概念、新形态[J]. 比较教育研究, 1993(6), 11—13.

续表

项目	讲座、章节、模块、对知识、技能与实践经验要求的名称	学生的最高学时量	必修课的学时量	课目、跨学科课程的名称	发展能力的代码
……	……			……	……

资料来源：Федеральные Государственные Образовательные Стандартысреднего профессионального образования по специальности 050144 Дошкольноеобразование[EB/OL]. http://xn--80abucjiibhv9a.xn--p1ai/документы/923 2014-09-28.

在单一工种向复合工种转变的背景下，若想顺利完成某项工作任务，个体需要的不再是单一的、封闭式的专门化知识，而是具有跨学科性质的综合知识。新一代国家教育标准规定，职业模块课程由一个或若干个跨学科课程构成。如图4.2所示，俄罗斯遵循"工作任务—职业能力—职业模块—跨学科课程"这一逻辑来设计跨学科课程。

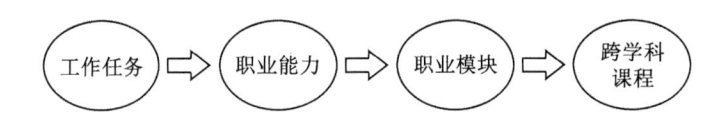

工作任务 ⇒ 职业能力 ⇒ 职业模块 ⇒ 跨学科课程

资料来源：Крель Н. А. Подготовка колледжа к практической реализации ФГОС СПО нового поколения[J]. Научные исследования в образовани, 2009(10): 18—19.

图4.2 俄罗斯中等职业教育跨学科课程的设计路线图

复制现实工作任务是俄罗斯职业模块课程的设计理念。国家教育标准规定，中等职业教育机构的培养目标是使学生具备一般能力与职业能力。不同的能力来自不同的知识与知识结构。为了有效地培养学生的职业能力，俄罗斯将课程结构与工作结构对应起来，完全参照工作任务的名称设计职业模块的名称，有几种工作任务就有几种相对应的职业模块。"从工作任务中无法直接分析内容，在两者之间需要一个中介，即职业能力，通过它来联结个体与岗位并负载工作成果。"[1]职业能力及其下设的

---

[1] 徐国庆. 工作知识：职业教育课程内容开发的新视角[J]. 教育发展研究，2009(11):59—63.

若干子职业能力是俄罗斯设计课程结构的重要依据,反过来,职业模块课程的实施以培养学生具备这些能力为目标。

与传统的以学科边界为划分依据的学科课程不同,跨学科课程是以完成某一工作任务需要的职业能力为依据开发的课程,这种课程设计方式注重课程内容与工作任务之间的密切联系,突出了培养职业岗位动手能力的重要性,有利于增强专业课程的实用性与针对性,有利于在学生头脑中建立起以工作任务为核心的知识结构,发展学生的职业能力。学生通过学习这些跨学科课程,需要"具备若干实践经验",这些经验与计划、组织和实施、评价所完成的工作任务相关;需要"学会"计划、组织、实施和评价相应的工作任务;需要"了解"与完成相应工作任务相关的理论基础和方法;相应的,更需要具备在一定工作情景中应用这些知识、技能与实践经验的能力。

4.2.2.2 实践课

苏联时期,职业教育特别重视并实践"教育与生产劳动相结合"这一教育思想,重视建立基地企业为学生的教学实践和实习提供场地、设备,重视在真实的工作情景中传授专业知识、培养专业技能和态度,当时"生产教学占教学时间的72.5%,理论课(含物理、数学)占35%左右"[①]。苏联解体后,俄罗斯中等职业教育曾一度陷入困境,教育与企业之间的合作被破坏,学生对口就业率低。为了提高教育质量,俄罗斯在设计第三代国家教育标准时,增加了实践课的比重。以"学前教育"专业为例,第三代国家教育标准规定,学生花费在理论课程的标准时间为86周,花费在实践课上的时间为27周,两者的比例为3.2∶1。而在第二代国家教育标准中,该比例为5∶1。

俄罗斯中等职业教育机构为学生开设的实践课的形式有两种:教学实践与生产实践。教学实践与生产实践的目的相同,主要是培养学生的一般能力和职业能力,帮助学生获得实践技能及实践经验。教学实践与

---

① 顾明远.战后苏联教育研究[M].南昌:江西教育出版社,1991:173.

生产实践的区别在于:教学实践主要在学校的实验室、教学厂房、教学农场等地开展,而生产实践主要在教育机构与企业签订合约的基础上,在企业中开展。只有修完职业模块课程的相应章节、参加了教学实践并获得好评的学生方可参加生产实践。

生产实践又分为专业实践与毕业实习。专业实践与教学实践贯穿于教学的始终,侧重于对理论知识的运用与拓展。它们都可以在一个集中的时间段内完成,也可以与理论教学交替进行。毕业实习的目的是深化学生获得的实践经验,检查他们是否为独立开展工作而做好准备、准备得如何,以及为完成毕业设计做准备。只有顺利完成专业基础课和职业模块课程的课程要求并参加了教学实践和专业实践的学生方可参与毕业实习。

校企合作是开展实践课程的必要条件。中等职业教育机构与工作单位签订合作合同。教育机构负责设计实践课程大纲,工作单位有义务为学生提供相应的工作岗位及指导教师、实践基地并为学生开展有关劳动保护与技术安全方面的培训。中等职业教育机构与工作单位协作设计学生实践课的考核资料及考核程序等。

4.2.2.3 考核

以上分析了某专业学生必须学习的课程、获得的能力,如何评价学生是否具备了这些能力,是否完成了每门课程的教学目标。国家教育标准规定中期鉴定和国家总结性鉴定是两种重要的考核方式。

(1)中期鉴定

中期鉴定是俄罗斯中等职业教育机构为了检查学生某课目或几个课目的学习情况而自行组织的考核形式。中期鉴定的形式主要有:针对某课目或该课目的某一章节开展的考试、两门或几门课目的综合考试等。考试包含笔试和口试,也可以报告的形式进行。考试的目的是检查学生对课程目标的完成情况,检查学生在实践课中对理论知识的运用水平。

中等职业教育机构可以独立地确定中期鉴定的程序和周期。中期鉴定一般是在某课目教学结束后进行。如果该课目的学习需要占用多个学期,则需要在每一学期组织一次考试。为了帮助学生准备考试,中等职业教育机构会提前告知学生有关考试形式、参考书、准备考试的建议等信息。

(2)国家总结性鉴定

国家总结性鉴定具有强制性,是由国家鉴定委员会组织实施的、以检查毕业生的培养质量为目的的考核形式。国家总结性鉴定的形式有三种:某课目的总结性考试、跨学科总结性考试、毕业作品的答辩。专业不同,国家总结性鉴定的形式不同。例如,"学前教育"专业,其总结性国家鉴定的形式主要是毕业作品的准备和答辩[1];"雕塑"专业,其总结性国家鉴定的形式不仅包括毕业作品的准备和答辩,而且包括国家考试[2]。

4.2.3 对教育条件的要求

4.2.3.1 中等职业教育机构的权利与义务

中等职业教育机构需要基于示范性基本职业教育大纲、劳动力市场的人才需求,制定并批准本校的基本职业教育大纲。在制定基本职业教育大纲时,中等职业教育机构有权在市场调查的基础上,合理分配花费在可变部分课程的30%的学时。分配的方式主要有三种:第一种,基于市场调查,当发现劳动力市场不需要新工作岗位和职业能力的时候,考虑到该地区对工人和专家职业能力的需求,增加用于学习基础部分的中职业模块课程的学时。第二种,基于市场调查,当发现雇主需要该领域的毕业生具备新的职业能力时,中等职业教育机构需要与雇主一起协商设计新的课程或跨学科课程以培养学生的该职业能力。第三种,基于市场调查,

---

[1] Министерство образования и науки Русской Федерации. Федеральный государственный образовательный стантарт среднего профессионального образованияпо специальности 051001 Профессиональное обучение (по отраслям) [EB/OL]. http://www.edu.ru/db/mo/Data/d_09/m574.html,2014-10-10.

[2] Министерство образования и науки Русской Федерации. Федеральный государственный образовательный стантарт среднего профессионального образованияпо специальности 071003 Скульптура [EB/OL]. http://www.edu.ru.db/mo/Data/d 10/m726.html,2010-10-20.

当劳动市场出现了新型工作岗位和相应的新职业能力时,需要引进新的职业模块,职业模块的名称要与工作任务的名称相一致。

中等职业教育机构必须履行几大义务:根据雇主的需求以及地区发展、科学、文化、经济、技术和社会环境的特点,每年更新基本职业教育大纲以提高教育内容的灵活性;保障学生有机会参与设计个性化的教学大纲;为促进学生个性的全面发展、实现学生社会化、保障学生的健康、培养学生的自主管理能力等创建条件,例如创建运动和创新俱乐部等;为了培养学生的能力,在教育过程中实施互动式教学方式(计算机模拟、角色互换、案例分析、小组讨论等)。

4.2.3.2 学生的权利与义务

尊重学生的主体性是国家教育标准的重要特点。国家教育标准规定,学生是教育过程的积极参与者,学生有权参与教育内容、教育过程质量的评估,有权参加学生社团、运动及创新俱乐部的工作,有权实施自我管理。国家教育标准规定学生有义务在规定的期限内完成基本职业教育大纲规定的所有任务。

4.2.3.3 学生的最高学习负担

国家教育标准以"学时"为单位标示学生的最高学习负担,它规定学生每周有54个学时,包括课堂学习和课外的独立学习时间。在俄罗斯,中等职业教育的教育形式有三种:面授、面授—函授、函授。其中,一周内,面授生课堂学习的最高学时为36个,面授—函授生为16个,函授生一年内课堂学习的最高学时为160个。除此之外,该标准还规定了学生的假期时间、开设体育课、生命安全课的时间等。[1]

4.2.3.4 基本的教学资源

为了顺利实施基本职业教育大纲并完成国家教育标准对教育结果的要求,国家教育标准规定:第一,教师应该受过与所教授课目相一致的高

---

[1] 吴雪萍,刘金花. 俄罗斯现行中等职业教育标准探析[J]. 外国教育研究,2014(2):61—67.

等教育,应该具备组织相应职业活动的经验。为了促进教师的专业化发展,不断提高师资水平,教师应该在三年内至少参加一次教师培训。第二,中等职业教育机构应该为教师提供教学方法方面的帮助。第三,中等职业教育机构还需要改进与完善本校的物质技术资源,例如,实验室、实习场地、电子设备等。除此之外,中等职业教育机构之间应该建立协作关系以共享教育资源、提高教育资源的利用率。

4.3 国家教育标准的作用与存在的问题

4.3.1 国家教育标准的作用

与前两代国家教育标准相比,新一代国家教育标准有了很大的改变:重视培养学生的能力、重新设定了专业目录、增加了学校的课程设置自主权。这种改变对于促进中等职业教育机构多样化发展,强化教育与劳动力市场的衔接,以及培养具有国际竞争力的人才具有重要意义。

4.3.1.1 促进教育公平与教育机构多样化发展

国家教育标准是俄罗斯联邦对中等职业教育机构在教育结果、教育内容与教育条件等方面的统一要求,已通过国家认定的所有中等职业教育机构都要依据此要求,制定基本职业教育大纲、设置课程以及组织实施教学。国家教育标准具有普适性。另外,该标准规定中等职业教育机构可以开设的课程包括基础部分与可变部分。中等职业教育机构只能在市场调查的基础上增添新的课程或增加花费在基础部分课程上的学时量,而不能压缩基础部分的课时,特别是普通文化课的课时。这有利于防止和避免学生人文素养偏低、教育被压缩为狭隘的专业培训的情况发生。具有普适性的国家教育标准有利于促进每个公民公平地获得享受优质教育的机会,而不受限于教育机构所在地区的经济发展水平。

国家教育标准将课程划分为基础部分与可变部分。基础部分的设置体现了国家的课程权力。可变部分体现了学校的课程权力。无论是第一代、第二代,还是第三代国家教育标准,它们的实施都扩大了中等职业教育机构的自主权,但是与第二代相比,在第三代国家教育标准的实施中,中等职业教育机构获得了更多自主权。以"学前教育"专业为例,第二代国家教育标准规定,学生花费在"理论课"的总学时为 4 914 个,其中,国家—联邦课程占 4 010 个,国家—地区课程占 200 个,两部分共占所有学时的 85.7%。相应的,中等职业教育机构自主开设的课程的学时占所有学时的 14.3%。第三代国家教育标准规定,在理论课部分,学生花费在基础部分课程的学时量占所有学时量的 70%,学生花费在可变部分课程的学时量占 30%。中等职业教育机构有权依据地区经济发展水平的差异性需求和教育机构的发展特色,构建个性化的校本课程,这有利于提高教育服务与当地市场需求的契合度,有利于促进教育机构的多样化发展,防止学校课程设置的同质化。

国家教育标准体现了中等职业教育的国家集中管理与院校自主管理相结合的特点,既放开了国家对中等职业教育管理的控制权,赋予中等职业教育机构较多的课程设置权,又将两者的课程权力安置在一定的比例关系之内,这有利于保障统一性的同时促进教育机构的多样化发展。

4.3.1.2 促进教育与劳动力市场人才需求结构的对接

新一代专业目录是国家教育标准的重要组成部分,增设新专业、合并或删减部分专业体现了劳动力市场从横向上对人才培养结构的一种调控。国家教育标准规定了某专业基本职业教育大纲(基础阶段或提高阶段)的基本结构,基础阶段以培养技能型人才为主,提高阶段以培养中级专家为主,技能型人才与中级专家是人才培养结构在纵向的反映。不同专业的基本职业教育大纲类型是不同的,例如"学前教育"专业实施的是提高阶段的基本职业教育大纲,"广告学"专业实施的是基础阶段的基本职业教育大纲,这也说明了劳动力市场需要学前教育的技能型人才,需要广告学专业的中级专家。基于新一代专业目录的国家教育标准通过规定不同类型的基本职业教育大纲,从宏观层面为协调教育与劳动力市场的人才需求起着"牵线搭桥"的作用。

宏观上,新一代专业目录与分层次的基本职业教育大纲确定了人才培养的方向:培养什么领域的、什么层次的人才,如何在实践中顺着这个方向一步步走下去并取得有实效的结果。国家教育标准从知识、技能、态度、能力等方面将宏观的培养目标细化为每一专业、每一课程的教学目标,进一步实现教育与劳动力市场人才需求结构的对接。

在俄罗斯,学生及其家长、雇主和国家等作为中等职业教育机构的最主要利益相关者,他们需要中等职业教育机构对资金的使用情况作出合理的解释,同样,中等职业教育机构需要通过质量检测来说明其消费者所购买的教育服务是否物有所值,以回应政府与公众的"问责"。"问责强调的是结果——它侧重的是教育系统产生了什么,而不是投入了什么。"[1]

教育产出侧重于在学习过程结束后,学生在知识、技能、态度、经验和能力方面的发展。国家教育标准是检测教育产出的重要模型。"制定第三代联邦国家教育标准的基本原则之一是以结果为导向:建议将教育标准从教育内容和过程转向学生的学习结果,学生所需达到的最低要求反映在毕业生的技能和能力中。"[2]第三代国家教育标准强调用知识、技能和能力等支点搭建的教育结果为导向,作为教育结果之一的职业能力的形成又依托于劳动力市场目前和未来几年的工作结构。通过工作任务——教育结果——具体的教学目标这一逻辑顺序,劳动力市场的人才需求指标细化为教育领域的培养目标。

值得注意的是,第三代中等职业教育国家标准强调学习结果,这并不意味着中等职业教育机构就不重视教育投入和教育过程。国家教育标准是一种行动指南,指导中等职业教育机构为了达成相应的教育结果而有

---

[1] E. 格威狄·博格,金伯利·宾汉·霍尔. 高等教育中的质量与问责[M]. 毛亚庆,刘冷馨,译. 北京:北京师范大学出版社,2008:125.

[2] Вольнов С. В, Ефимова Е. Н. Модульное обучение как основа профессиональной подготовки будущего специалиста в рамках реализации ФГОС СПО нового поколенния[EB/OL]. http://conference.osu.ru/assets/files/conf_info/conf7/S27.pdf 2014-10-29.

针对性地关注教育投入和教育过程,例如师资培训,且当发现教育结果不尽如人意时,会追根溯源,回头从教育投入和教育过程中查找造成失败的原因并改进之。

4.3.1.3 促进受教育者竞争力的提高

自2003年俄罗斯签署《博洛尼亚宣言》后,俄罗斯教育国际化趋势愈加明显,且国际化的范围不仅仅局限于学士和硕士层面的高等教育。除了满足国内社会经济发展的人才需求之外,提高受教育者在国际劳动力市场上的流动性与竞争力成为俄罗斯中等职业教育发展的重要目标之一。"指向教育创新的能力素养观已被大多数发达国家接受,是各国制定教育标准的共同理念。它直接关系到从教育内容和教育质量监控体系的构建向能力体系的构建过渡。"[1]

第三代国家教育标准强调以结果为导向。为了完成一定领域的职业活动而应用知识、技能、态度和实践经验的"能力"成为该标准描述教育结果的关键词,成为测量教育质量的新指标。"根据我们学校实施的监控结果来看,已经证明实施新一代国家教育标准有利于学生掌握能力。我们可以得出结论——未来的教学是能力本位的。"[2]如果说过去评价学生学习结果的指标是学生的知识和技能水平,那么,现在与国家教育标准相一致,通过不断培养毕业生使其具备标准所预定的能力成为评价的主要指标。"国家教育标准成为国家管理职业教育的主要工具,它为提高公民及其雇主在国内与国际劳动力市场的竞争力提供社会保障。"[3]

---

[1] Никандров Н. Д., Грохольская О. Г. Ведение в профессиональную деятельность: учебное пособие для вузов[M]. Москва: ДРОФА, 2011, 15.

[2] Оникова Елена Алексеевна. Сравнительный мониторинг усвоения ЗУН при реализации ФГОС СПО второго поколенкя и освоенкя компетенций при реализации ФГОС СПО третьегопоколенкя на примере специальности 080114 экономика и бухгалтерский учёт (по отраслям)[J]. Научные исследования в образовани, 2012(5):32—36.

[3] Стануленвич О. Е. Реализация ФГОС: содержания, условия, результаты[J]. Научные исследования в образовани, 2012(1):46—58.

4.3.2 国家教育标准存在的问题

第三代国家教育标准更符合社会经济发展对人才培养的需求,更有利于促进教育大纲的多样化,但是在教育机构的具体实施中仍然存在很多问题。"对国家教育标准的责骂是经常的,且处处存在。教育机构和地区承载较大的负荷,很多事情不得不自己做。"①

4.3.2.1 中等职业教育机构面临物质资源压力

苏联解体后,联邦政府对中等职业教育放权的同时也减少了对中等职业教育的拨款。中等职业教育机构的预算投入占中等职业教育总开支的20%,其余部分由中等职业教育机构通过有偿教育服务收取的费用补充,且这部分资金主要来源于学生学费。由于中等职业教育机构的很多学生来自低收入家庭,所以中等职业教育机构吸引私人资金的能力是非常有限的。除此之外,地区—地方当局承担了所管辖的中等职业教育机构的办学经费,由于地区经济发展水平的差异,所以中等职业教育机构的经费常处于不稳定状态。其结果是,"最近几年,初等和中等职业教育机构的预算拨款和预算外资金总计覆盖了它们对资源合理需求的25%—33%。在大学,这一比例要高(50%—55%)"。② 中等职业教育机构的正常生计缺乏充足的资金支持,这威胁着教育机构的正常运作。

俄罗斯构建国家教育标准不仅是编制和描述标准,而且是在教育机构、在具体的教学中实施标准以发挥实效的系统过程。在教育过程中有效地引进并实施国家教育标准依赖于很多因素,其中现代化的实验室及其设备、实践场地等物质资源是其重要因素之一。与前两代国家教育标准相比,第三代国家教育标准增加了新的结构单元——职业模块,它的实施对教学物质资源提出更高的要求:需要投入更多的硬件设备、改进实训

---

① Ю. Г. Елисеев. Мнение практиков о доработке ФГОС СПО. [EB/OL]. http://www.akvobr.ru/mnenie_praktikov_o_dorabotke_fgos_spo.html 2014-11-02.

② Т. Л. Клячко. Анализ финансовых потоков в системе профессионального образования [EB/OL]. http://www.iep.ru/files/text/usaid/analys_finpotokov.pdf 2014-11-03.

的条件并更新技术设备。这些要求无疑增加了中等职业教育机构的财政负荷,使本来就捉襟见肘的财政雪上加霜。"根据初等和中等职业教育国家标准改造实验室和车间、为教育机构提供教学方法文献资料和电子教育资源的过程是不平衡的,且在很大程度上依赖于地区。"[1]在经济不发达地区,中等职业教育机构的财政负荷更大。

4.3.2.2 中等职业教育机构面临人力资源压力

国家教育标准对中等职业教育的教育结果、教育内容及教育条件提出若干要求,但并没有明确地说明,中等职业教育机构需要做什么和如何做。这给教育机构提供了发挥创造力和积极性的空间的同时也带来发展中的困顿。

第一,国家教育标准与某专业的基本职业教育大纲是分离的。国家教育标准只是描述了基本职业教育大纲的基本结构与核心要素。某专业基本职业教育大纲是一个动态式文件,每年,中等职业教育机构的教师团队需要在考虑到雇主对人才新需求的基础上对该大纲进行更新。在教育机构引进与实施国家教育标准时,其教师要担负一些新的责任:设计职业模块的内容、设计教学计划、分析劳动力市场出现的新工作任务并据此设计职业模块、编写相应的教科书。这些责任的顺利完成给教师提出更高的要求。

第二,重视培养学生能力的新一代国家教育标准要求教师从传统的说教式教学方式向实践导向的教学方法、积极互动式的教学方法转变,要求教师的角色从知识翻译向学生的顾问、导师、助手转变。除此之外,职业模块的实施载体是跨学科课程,其有效实施要求教育机构的教师之间建立新型的协作关系。这种新型协作关系的创建也给中等职业教育机构的领导人提出新的挑战。

第三,雇主参与设计国家教育标准是第三代国家教育标准的重要特

---

[1] Семчик Т. А. Современные механизмы реализации ФГОС СПО[EB/OL]. https://infourok.ru/doklad-na-temu-mehanizmi-realizacii-fgos-spo-2041781.html.

点之一。当中等职业教育机构设计基本职业教育大纲、开发课程时,"教育机构需要分析雇主对具体工作岗位的劳动者的要求以及中学生的个体发展需求"①,必须与雇主建立长期的协作关系。特别是,当劳动力市场增添新职业类型时,教师需要在雇主的协作下调查并分析从事该职业活动需要的知识、技能、实践经验与态度,这是设计课程与编写教材的基础。

事实上,"2011—2012 年开展了对俄罗斯联邦中等职业教育机构引进联邦国家教育标准的有效性进行了监控。调查结果显示出一些紧迫的问题和困难。……只有 46% 的受访者会使用模块式教学。……70% 的受访者不明白什么是'教育标准',在制定某专业的基本教育大纲时,只有 18% 的受访者会使用职业标准,12% 受访者不使用"②。在实践中,教育机构缺乏实施国家教育标准所必需的设备和教科书,且由于"在现实中,很多教育机构没有依法为教师提供国家教育标准相关知识和实施技能的培训"③,所以教师及管理人员也缺乏有效实施国家教育标准的素养。除此之外,雇主在参与设计教育大纲及教学过程时,"没有体现其主动性及责任感"。④ 人是实施国家教育标准的核心要素,他们对国家教育标准的认识不深,缺乏实施国家教育标准的知识、技能、能力及责任感,这势必会影响国家教育标准积极作用的发挥。

本章结语

1992 年《俄罗斯联邦教育法》规定,至少每十年修订一次国家教育标

---

① Станулевич. Ольга Евгеньевна . Механизмы обеспечения соответствия программ НПО и СПОТ ребованиям рынка друда и рынка образовательных услуг[J]. Среднее профессиональное образование,2012(10):9—11.

② Горбунов В. А. , Голышев И. Г. Современные механизмы реализации ФГОС начального и среднего профессионального образования[M]. Казань,2013:14.

③ Ю. Г. Елисеев, И. А. Якуненкова. Мнение практиков о доработке ФГОС СПО[EB/OL]. http://www.akvobr.ru/mnenie_praktikov_o_dorabotke_fgos_spo.html 2014-11-09.

④ С. Р. Бондарева. Противоречия и пути взаимодействии основных субъектов образовательной средыв реализации ФГОС-3среднего профессионального образования [EB/OL]. http://lfostu.ucoz.ru/publ/filosofija_obrazovatelnogo_uchrezhdenija/problem 2014-11-09.

准。在中等职业教育领域,自 1995 年俄罗斯颁布了第一代国家教育标准后,俄罗斯又依法陆续颁布了第二代与第三代国家教育标准。除此之外,构建联邦统一教育空间、沟通教育与劳动力市场的关系也成为俄罗斯制定国家教育标准的重要原因。与前两代相比,第三代国家教育标准重视培养学生的能力、更新了专业目录、增加了中等职业教育机构的课程设置自主权。

在俄罗斯中等职业教育领域,国家改变通过行政命令对教育进行刚性控制的传统方式,通过吸引社会多元主体参与制定国家教育标准来对中等职业教育质量施以柔性调控。国家教育标准是国家为中等职业教育机构设置的质量基准线,它从教育结果、教育内容及教育条件三个方面界定了某专业的最低质量要求。首先,它从"一般能力"与"职业能力"两个方面描述了对教育结果的要求;其次,它从理论课、实践课、考核三个方面描述了对教育内容的要求;最后,它从教育机构的权利与义务、学生的权利与义务、学生的最高学习负担、基本的教学资源四个方面描述了对教育条件的要求。

国家教育标准在促进教育公平与教育机构多样化发展、增强教育与劳动力市场人才需求结构的对接、提高受教育者的竞争力等方面迈出了重要一步。但是,由于国家教育标准在实施层面面临一些困难:缺乏必要的物质及人力资源,这使得国家教育标准应然层面的积极作用缩水。俄罗斯国内一些研究者也已经认识到以上问题,并呼吁要增加国家对中等职业教育的支持力度、有计划持续地开展师资培训、尽快制定相关政策法规以提高校企合作的规范化。

5. 俄罗斯中等职业教育质量外部评估体系

"质量评估成为一个纽带,连接起教育机构的私人的微观世界和社会政治的公共的宏观世界。"[①]在俄罗斯中等职业教育领域,质量外部评估体系是外部世界检查教育机构的微观世界是否满足宏观世界质量需求的重要工具。随着俄罗斯教育管理民主化改革的推进,俄罗斯教育实现了"解国家化",国家与社会共管教育的局面得以形成,国家与社会成为俄罗斯中等职业教育质量外部评估的主体。

5.1 构建中等职业教育质量外部评估体系的原因

构建教育质量外部评估体系是教育管理的重要内容,是俄罗斯政府和社会监督教育机构办学的重要手段。在教育机构内部,在资金来源多元化、机构类别及培养内容多样化的背景下,教育机构既需要一种有效机制回应政府与社会问责,赢得国家与社会的信任,也需要根据自身物质与人力资源状况在教育服务市场中准确定位。

5.1.1 教育机构合理定位的需要

为了回应社会经济发展对人才的需求,以及与国际职业教育结构接

---

① [美]约翰·布伦南.高等教育质量管理——一个关于高等院校评估和改革的国际性的观点[M].陆爱华,等译.上海:华东师范大学出版社,2005:1.

轨,俄罗斯继承苏联时期的优秀教育传统,创建了多样化的中等职业教育机构:中等技术学校和高等专科学校。伴随着中等职业教育机构多样化的是招生对象、基本职业教育大纲、教育活动、培养内容以及财政拨款的多样化。以"基本职业教育大纲"为例,高等专科学校实施基础阶段和提高阶段的基本职业教育大纲,且当实施提高阶段的教育大纲时,该校必须在至少四个专业群下开设专业并实施其大纲,例如"自然科学""人文科学""文化与艺术""教育与教育学"等,或者在一个大类专业群下,开设不少于30%的专业。例如,"文化与艺术"专业群下共有24个专业,该校需要至少开设其中的8个专业,并实施该专业的提高阶段的基本职业教育大纲。中等技术学校只需要实施基础阶段的基本职业教育大纲,俄罗斯相关法规并没有对该类学校开设的专业数量有附加要求。除此之外,教育机构所属类型与类别不同,国家为其财政拨款的标准也不同。随着教育机构的多样化发展,功能类型成为学校的一个重点。

中等职业教育机构多样化发展涉及学校定位问题——哪些学校是中等技术学校,哪些是高等专科学校。为了提高培养层次,获得更多的办学经费,当初等职业教育机构有意升级为中等职业教育机构,或者中等技术学校有意升级为高等专科学校,又或者中等技术学校与高等专科学校合并时,判定教育机构是否具备了升级的能力或资格,确定它们实施的基本职业教育大纲的层次,以及确定新建的中等职业教育机构属于何种类别等变得异常重要。

中等职业教育机构的多样化发展意味着选择的多样化:教育机构应该成为哪类学校,受教育者去哪里学习、学习什么以及如何学习,雇主在清晰了解自身人才需求的基础上去哪类学校招人。1992年《俄罗斯联邦教育法》规定,教育机构的国家地位(按其实施的教育大纲的层次和专业方向而定的该教育机构的类型、类别)在对其进行政府评估后予以确定。①

---

① Верховный Совет Российской Федерации. Российская Федерация закон об образовании [EB/OL]. http://www.rg.ru/2012/12/30/obrazovanie-dok.html 2014-11-19.

5.1.2 教育机构回应政府与社会问责的需要

苏联解体后,俄罗斯中等职业教育经费模式正由官僚模式向市场模式过渡。"所谓官僚模式,是指资源根据政府明确规定的分配标准分配给各院校……而市场模式是指院校的生存直接依靠出卖学术服务的做法。"[①]目前,中等职业教育机构既可以获得俄罗斯联邦、地区及地方政府按照一定的标准划拨的教育经费,也可以通过有偿教育服务等方式获取预算外资金。

第一,政府拨款方面。政府对中等职业教育机构的拨款一般遵循"政府评估—确定教育机构的类型与类别—确定该类型与该类别教育机构用于每名学生的费用—制定政府拨款标准"这一程序,教育质量评估成为确定拨款数额的基础。除此之外,如果中等职业教育机构培养质量不达要求,国家可以通过教育管理部门对该教育机构提出诉讼,要求该教育机构赔偿其他教育机构再培养这些毕业生所需的追加费用。所以,国家对中等职业教育机构的拨款不是无条件的,国家作为教育服务的消费者,在付费的同时对服务的质量提出要求,政府拨款由直接拨款转向通过市场方式向院校拨款。

第二,预算外资金方面。"在《2010年前俄罗斯教育现代化构想》实施之后,初等职业学校的预算投入占初等职业教育总开支的90.7%;在中等职业教育体系中,这一比例由61%减少到20%,其余不足部分由有偿教育服务收取的费用来补充,这一部分资金主要来源于学生的学费。"[②]学生及其家长、相关企业成为教育服务的直接消费者,他们需要获得有关中等职业教育服务的相关信息以决定要不要购买该服务,并对所购服务的质量进行"事中监督"和"事后评估"。同时,教育机构需要一种工具,该工具可以帮助其回应政府与社会"问责",改进本校教育质量以获

---

① 刘淑华.俄罗斯高等教育分权改革研究[M].北京:光明日报出版社,2010:131.
② 徐长发,赖立编.中俄典型地区职业教育调查与比较分析[M].北京:教育科学出版社,2010:72.

取更多的教育资金。

总之,"不仅是谁付账谁点唱,而且付账的方式也是怎么唱的决定因素"①。在民主化和市场化改革中,中等职业教育机构不仅获得了一定的财务自主权,而且需要向上级管理机构或其他资助组织提交资源使用情况及结果的信息,为了满足付费者的教育需求而担负一定的质量责任。因此,不论是从外部——国家与社会需要获得教育机构办学质量的全面信息,还是从内部——教育机构应对外在压力以及内在发展需求而言,俄罗斯需要一种质量评估机制。

5.1.3 依法构建评估体系的需要

伴随着旧制度的崩塌,苏联解体给俄罗斯政治、经济和文化的发展带来震荡。新政体创建伊始,俄罗斯政治、经济与文化百废待兴。在教育领域,1992年《俄罗斯联邦教育法》是俄罗斯历史上第一部专门的教育法。俄罗斯通过该法将教育政策用法律的形式确定下来并引导着后期的教育改革。1992年以后,俄罗斯颁布的若干教育政策法规很多是对该法若干条款或整个法规的解释、补充和完善。

政府评估是《俄罗斯联邦教育法》提出的重要政策之一。为了客观评价教育机构的培养质量,俄罗斯政府需要依据"国家教育标准"对教育机构进行"认可""鉴定""国家认定",即分别对基本办学条件、教学过程以及综合教育质量进行评估。只有通过政府评估的教育机构才有权向毕业生颁发国家统一式样的相应教育程度的毕业证书。除此之外,2013年新《俄罗斯联邦教育法》规定,法人有权对教育机构及其教育大纲的质量实施政府评估之外的独立评估,包括社会评估。《俄罗斯联邦教育法》架构了政府评估的基本框架,提出实施社会评估的目的及主体,这引导并规范了俄罗斯中等职业教育质量的评估行为。

---

① [美]伯顿·克拉克主编.高等教育新论——多学科的研究[C].王承绪,等译.杭州:浙江教育出版社,2001:79.

5.2 中等职业教育质量外部评估体系的构成

自1992年俄罗斯颁布《俄罗斯联邦教育法》后,俄罗斯又相继出台了教育质量政府评估的系列法规文件。在实践中,经过20多年的发展,俄罗斯已经构建了比较完善的政府评估机制。政府评估是准政府机构通过行使"有能力,完全不顾别人的反对实现目标"的官僚权力,强制中等职业教育机构参与的评估形式,如果不参与政府评估,中等职业教育机构就无法获得办学许可证和颁发国家统一样式的毕业证书的权力。芬奇认为"官僚的权力要想实现合法化,只能通过增补那些同行团体中的'有道德的'权力到委员会"。[①] 最近几年,随着"教育解国家化"思潮的发展以及教育机构自身权力的扩大,俄罗斯一方面通过政策鼓励社会参与管理教育质量,另一方面,教育机构为了提高自身竞争力,也主动寻求专业社会评估机构的帮助,以期突出自己的办学特色并获得专业的质量改进建议。时至今日,政府评估与社会评估相互补充,协同为教育消费者提供客观、全面的教育质量信息,帮助教育管理者做出更具合理性的管理决议。

5.2.1 政府评估

政府评估是由准政府机构组织、实施的对申请参加评估的所有中等职业教育机构进行质量判断的活动。苏联解体后,俄罗斯将过去中央集权的统一管理改为联邦、地区与地方三级管理。在教育质量评估领域,俄罗斯建立了多层次的评估模式,将政府评估分为联邦教育质量评估与地区教育质量评估。联邦教育质量评估即由联邦一级的国家质量机构定期组织实施的、对俄罗斯境内的申请参加评估的中等职业教育机构进行质量判断的活动。地区教育质量评估则是区域性的质量管理机构定期组织实施的、对隶属地区及其下属地方所管理的申请参加评估的教育机构进

---

① [美]约翰·布伦南.高等教育质量管理——一个关于高等院校评估和改革的国际性的观点[M].陆爱华,等译.上海:华东师范大学出版社,2005:21.

行质量判断的活动。在《教育活动认可条例》《中等职业教育机构及其分校实施鉴定的方法建议》以及《中等职业教育机构国家认定条例)》等系列教育法律法规的引导下,政府评估行为得以有法可依和被规范化。本质上,政府评估是俄罗斯政府为了加强对中等职业教育机构的管理而实施的政府行为。

5.2.1.1 政府评估的主体

(1)俄罗斯联邦教育科学检察署

俄罗斯联邦教育科学检察署(Федеральная служба по надзору в сфере образования и науки)位于莫斯科,隶属于俄罗斯联邦教育科学部,是联邦执行权力机关,其主要职能是在教育与科学领域行使监督和监控职能。该机构是基于2004年6月17日俄罗斯联邦政府第300号令《批准俄罗斯联邦教育科学检察署条例》而组建的。目前,俄罗斯联邦教育科学检察署下设法律管理、采购管理、行政管理、普通教育质量评估管理、俄罗斯联邦主体执行权力机关活动的监督管理、国家服务管理、教育组织监督管理、制度保密工作及动员培训部八个机构,这些机构又下设包括"教育质量评估程序及技术部"在内的28个部门。

俄罗斯联邦教育科学检察署成立之前,俄罗斯学校国家鉴定督导司是对中等职业教育机构行使监督和监控职能的主体。俄罗斯学校国家鉴定督导司是俄罗斯普通与职业教育部的下设机构,其主要职责是对大学、中等职业教育机构进行质量鉴定。该机构于2003年9月被撤销。此后,俄罗斯联邦教育科学检察署承担了中等职业教育机构质量鉴定这一职责。

根据2013年10月15日俄罗斯联邦政府第594号令《批准俄罗斯联邦教育科学检察署条例》,俄罗斯联邦教育科学检察署的权限包括以下几个方面:第一,监督高等教育机构、中等职业教育机构、依据国际合约在俄罗斯联邦境外创办的俄罗斯教育机构、俄罗斯联邦外交团及领事馆从事的教育活动,采取措施以消除这些组织机构违反俄罗斯联邦教育法的行为,并对这些组织机构的教育活动进行认可和国家认定,包括监督其开展教育活动的条件是否符合认可要求;第二,对教育机构的质量进行国家监控,保证教育机构严格按照国家教育标准来开展教育活动;第三,对在国外获得的教育和(或)资格进行认证;第四,组织设计并管理联邦信息系统以招收中等职业教育和高等教育学生;第五,组织设计并管理国家信息系统"按照鉴定的教育大纲开展教育活动的机构目录";第六,组织设计并管理国家教育监控的信息系统;第七,按照俄罗斯联邦法规定的程序对教育实施监督;第八,确定研发、使用和保存试卷的程序;第九,创建一定领域的咨询及检查机构(委员会、理事会、专家组)等。

(2)国家教育认定署(Национальное аккредитационное агентство в сфере образования)

国家教育认定署是俄罗斯联邦教育科学检察署的下属机构,是根据1995年4月18日俄罗斯高等教育委员会第570号法令创建的。该机构创建目的是为俄罗斯联邦教育科学检察署对教育组织进行认可、鉴定和国家认定时提供科学方法、信息技术和财政支持,协助俄罗斯联邦教育科学检察署的工作。根据1999年2月10日俄罗斯联邦普通和职业教育部第324号法令,国家认定署最早被命名为"普通和职业教育部国家认定科学信息中心",该中心的名称几经修改,根据2011年5月30日俄罗斯联邦教育科学检察署第1342号法令,该中心更名为"国家教育认定署"。

国家教育认定署的活动主要包括以下几个方面:第一,收集并处理教育机构的相关文件信息,维护和更新中等和高等职业教育机构认可和认定数据库;第二,为俄罗斯联邦教育科学检察署的认定工作提供信息和技术支持;第三,分析教育大纲是否符合教育标准,综合分析学生的培养内容与质量;第四,通过不断提高该部门工作人员的素质、提高该部门工作有效性等来完善教育质量的外部评估程序;第五,分析、概括国家认定的信息;第六,开展科学和科学方法研究以完善国家监管体系的纲要和方法保障;第七,使用国家认定中心数据库的信息,根据国家认定指标来分析教育机构的自我检查报告及其活动;第八,研制对职业教育机构进行国家监管的方法性和规范性文件等;第九,与俄罗斯联邦教育科学检察署协商、监控评估教育机构的质量,与国外和国际组织协作以保障教育质量。

5.2.1.2 政府评估的环节

1992年《俄罗斯联邦教育法》规定,教育机构创立的程序及活动章程要经过认可(лицензирование)、鉴定(аттестация)和国家认定(государственная аккредитация)三个连续的环节。通过认可,教育机构可以获得开展教育活动的许可证;通过鉴定,教育机构可以获得鉴定证书,作为有权参加国家认定的证明;通过国家认定,教育机构可以获得国家认定证书,以及为毕业生颁发国家统一样式毕业证书的权力。如果中等职业教育机构没有获得许可证,则无权办学,也无权进入鉴定环节;未通过鉴定,则不能进入国家认定的程序;未通过国家认定,则无权向学生颁发相应的国家统一样式的毕业证书。办学许可证、鉴定证书和认定证书的有效期限都是5年,证书满期后,中等职业教育机构需要申请再认可、鉴定或国家认定,迎接新一轮的评估。认可、鉴定和国家认定相互依存、依次递进,共同构成俄罗斯中等职业教育质量政府评估的完整进程。

(1)认可——对基本办学条件的认可

认可是由俄罗斯联邦教育科学检察署、俄罗斯联邦主体执行权力机关(以下简称"认可机构")组织实施,其目的是检查已注册的中等职业教育机构开展教育活动的条件(例如防疫和卫生标准、校舍、学生和工作人员的保健等)是否符合国家和地方规定的相应要求。

第一,认可指标。

认可指标衡量中等职业教育机构是否具备开展教育活动的条件。中等职业教育机构开展教育活动的条件由联邦和地方共同制定,地方规定是对联邦要求的补充。

认可指标主要描述中等职业教育机构应该具备的物质技术及教学资源。该指标包括五个二级指标:①基建标准,这一指标检测中等职业教育机构是否达到了国家和地方相关政策对生均占地面积的要求(所申请的教育大纲层次不同,对应的生均占地面积不同);②教学场地设备,该指标检测中等职业教育机构是否具备根据法规配备的教室、开展实践课所需的设备、体育及运动设施等;③保障教学过程顺利开展的物质基础和资金,这一指标检测中等职业教育机构是否实行相应的教育大纲、是否具备教科书、是否具备教学方法及其他方面的图书及电子资源;④学生及其教育工作人员的卫生健康保健,这一指标检测中等职业教育机构为学生和教育工作人员提供的饮食、住宿条件,医疗保健、预防性和治疗性保健的情况;⑤教师受教育程度和人员编制,这一指标检测教师的数量和学历情况,检测教师是否具备从事相应教育活动所具备的技能与职业资格。[①]这些指标都需要与中等职业教育机构所申请的机构类型与类别相一致。

除了达成以上指标外,从事特定教学计划的中等职业教育机构还需要满足其他要求。例如,开展远程教育的教育机构应该具备的电子信息教育资源;实施医学教育和医药教育大纲的教育机构应该具备一定的实践培训条件;开展网络教育的教育机构之间应该签订实施网络形式教育大纲的合同、合作设计并确定教育大纲等。

第二,认可的实施程序及内容。

按照最新的教育活动认可条例——2013年10月28日俄罗斯联邦政府颁布的第966号条例《教育活动认可条例》,中等职业教育机构需要向认可机构提交以下申请书及文件(或文件副本)和信息:①法人创立的相关文件的复印件;②用以证明申请人拥有或合法具备的教学场地、建筑物等的文件以及对这些设施具备所有权的文件的复印件;③教育机构领导签署的证明书,它可以证明该机构具备实施相应教育大纲的物质技术保障;④证明教育机构具备为学生提供营养和健康保护条件的文件副本,以及有关该机构具备与相应条件相符合的医护工作人员、工作室的信息;⑤由开展教育活动的组织设计并批准的教育大纲的副本;⑥按照规定的程序、得出的有关申请人具备开展教育活动所必需的建筑物、设备、场地及其他财产、与卫生规则相一致的卫生流行学结论的细节;⑦开展教育活动的环境与必需的消防安全要求相一致的结论细节;⑧由开展教育活动的组织领导签署的、可以证明中等职业教育机构具备帮助残疾学生接受教育的专业条件的证明书等;⑨

[①] 吴雪萍,刘金花. 俄罗斯中等职业教育质量外部评估探究[J]. 比较教育研究,2013(12):56-60.

有关分校条例的副本(如果许可证申请人计划在分校开展教育活动);⑩有关下属部门条例的副本,以及所有文件的清单。

除了以上基本文件(或文件副本)和信息之外,该条例还对以下特殊情况下的申请材料作出说明:当许可证申请人是宗教组织、俄罗斯联邦外交部国外分支机构时;当中等职业教育机构要培养特殊人才(例如私人保镖、医学或医药领域的人才、机动车辆司机等)时。

为了确保认可活动的顺利进行及得出客观可靠的认可结论,俄罗斯采取了若干举措。一方面,保障提交信息的真实性。《教育活动认可条例》规定,许可证申请人要确保提交材料的可靠性和填写资料的正确性,若非如此,对该机构的认可活动会中止两个月。另一方面,开展社会合作。认可机构与联邦税务局、联邦财务部、联邦医疗—生物所、从事土地测量与绘图工作的联邦行政部门合作,认可进程中以这些机构得出的相关结论为重要参考依据。除此之外,相关专业社会机构的代表也有权参与评审教育机构提交的材料,他们通过参观学校,与教师、学生及其家长座谈等方式开展实地考察,在此基础上分析并检查提交的文本材料的真实性并得出专家结论。认可机构在专家结论的基础上作出为中等职业教育机构"颁发许可证(拒绝颁发许可证)"的决定,并将中等职业教育机构的注册信息、申请材料及最后的认可结果公布到认可机构的官方网站上,便于中等职业教育机构的利益相关者查阅。

(2)鉴定——对教学质量的鉴定

鉴定是俄罗斯联邦教育科学检察署检查已获得办学许可证的中等职业教育机构的培养内容、水平是否符合国家教育标准的活动,其目的是保证实施统一的国家教育政策,提高人才培养质量。

鉴定需遵循客观、独立及公开的原则,每五年进行一次。鉴定费用由申请鉴定的教育机构支付。对刚成立的中等职业教育机构来讲,其第一次鉴定要在它获得许可证至少三年之后,且在第一届学生毕业后进行。中等职业教育机构鉴定由中等职业教育机构自我检查、鉴定委员会的外部鉴定和得出鉴定结论三个连续的步骤构成。

第一,自我检查。

自我检查是中等职业教育机构依据一定的检查项目对自身培养内容、水平的检测,其目的是确定中等职业教育机构对外部鉴定的准备情况,促进教育机构内部质量监控体系的建立,形成统一的有关俄罗斯教育机构质量信息的中心数据库,节省鉴定费用。中等职业教育机构可以参考以下几个检查项目实施质量检查,并在实施鉴定前一个月提交自我检查报告。自我检查报告是连接中等职业教育机构与外部评估的直接中介。

①教育活动的组织法律保障。该指标主要检测中等职业教育机构是否具备完善的法律—组织文件,下设二级指标有:教育机构章程、教育机构许可证、教育机构的法定地址、规范教育机构活动的地方条例、教育机构分支部门之间的协作关系。②教育机构的结构及管理体系。该指标评价教育机构培养质量及培养内容管理体系的有效性。下设二级指标有:教育机构管理组织是否符合法定要求、自我监管与组织管理文件是否与现行法律和法规相符合。③学生的培养结构。该指标主要检测学生的培养结构,其目的是确定教育机构的发展前景。下设二级指标有:近五年内专家培养结构的变化及其是否以地区需求为导向、中等职业教育各种培养形式的招生动态、国家招生计划与预算外招生的比例以及部分或全免学费的学生所占份额、近三年内专家的毕业情况。④毕业生培养内容。该指标主要检测所实施的职业教育大纲是否符合国家教育标准。下设二级指标有:制定的基本职业教育大纲和教学方法文件是否与国家教育标准符合、确定所有课目教学信息的现代性、通过组织教学过程评价培养内容(例如分析教学过程是否与教学计划相一致;引进新的教学形式和方法;在教育过程中使用新的信息技术)。⑤学生培养质量。在分析近三年毕业生总结性鉴定结果的基础上评价学生培养质量。下设二级指标有:所获知识质量、制约学生培养质量的条件(教师、科学研究活动、国际合作、物质技术保障、财政保障)。

为了促进自我检查的实施,中等职业教育机构会完善相关的制度建设,制定自我检查的周期和程序,创建包括教育机构领导、教学方法联合会代表、顶尖大学代表、相关利益组织代表等多元参与的自我检查委员会。这些项目为中等职业教育机构实施自我检查提供了一个基本框架，中等职业教育机构可以基于该框架并考虑到自身办学特色及特点，设计适合自身需要的检查项目。

第二，外部鉴定。

在中等职业教育机构实施自我检查后，鉴定委员会组织实施外部鉴定。鉴定委员会的成员不仅包括国家权力机关和(或)地方自治机关的代表，而且包括中等职业教育机构的领导、联邦教育管理机构的代表、国家—社会组织代表、教学方法协会代表。鉴定委员会在中等职业教育机构提交的自我检查报告、中等职业教育机构章程、许可证、图书馆馆藏信息、教育机构入学规则及考试大纲、学生中期鉴定、近五年内的课程教案等材料的基础上，依据相应的国家教育标准对中等职业教育机构的教学质量进行鉴定。

质量鉴定指标主要有三个：①教育结果。该指标主要检测中等职业教育机构毕业生是否具备一定的能力。下设两个二级指标：一般能力，例如团队合作、自主学习、人际沟通等能力；职业能力，该指标检测学生对专业知识、技能和态度的掌握程度及在特定真实的工作环境下对其应用的能力。②教育内容。下设三个二级指标：理论课程，该指标检测中等职业教育机构是否开设了相应的课程，检查每课目的学时量及课程目标的实现情况；实践课，该指标检测中等职业教育机构组织开展生产与教学实践的学时及结果；考核，该指标检测中等职业教育机构是否组织实施了中期鉴定与国家总结性鉴定及鉴定结果如何。③教育条件。该指标主要检测教育机构及学生行使权力和履行义务的情况，检测面授及函授学生的学时安排、学生假期时间、教学资源及使用情况。

第三，得出鉴定结论。

基于鉴定委员会成员的鉴定报告，形成鉴定结论。如果中等职业教育机构获得了否定的鉴定结论，那么该机构需要制定改进不符合国家教育标准的教育活动的计划，并将与该计划相关的信息提交给俄罗斯联邦教育科学检察署。如果中等职业教育机构对给出的否定结论不满意，可以依照法定程序提出上诉，在获得否定结论的12个月后申请再次鉴定。

(3)国家认定——对教育质量的综合评估

国家认定是对中等职业教育质量的综合评估,是国家教育管理机构(以下简称"认定机构")对已获得办学许可证和通过鉴定的中等职业教育机构的国家地位的认证过程。[①] 认定结论是确定申请院校类型和类别的基础。由俄罗斯联邦教育科学检察署负责对隶属于联邦(中央)教育管理机构的中等职业教育机构进行国家认定;由俄罗斯联邦主体国家教育管理机构对隶属于它的中等职业教育机构实施国家认定;由联邦(中央)教育管理机构或联邦(中央)教育管理机构委托的联邦主体教育管理国家机构对非国立中等职业教育机构实施国家认定。

第一,国家认定指标。

这一指标包括两部分:类型认定指标和类别认定指标。[②]

一方面,类型认定指标。该指标用于确定教育机构的类型,下设五个二级指标:①培养内容,该指标检测教学计划和教学科目大纲是否符合国家教育标准;②培养质量,该指标检查教学过程的组织情况,检测学生的培养水平是否与国家教育标准相符合,以及教育机构是否具备质量管理和监控体系;③开展教育过程的资源和方法保障,该指标检测教育机构拥有的图书资源、资金状况;④教育过程的物质技术保障,该指标检测教育机构拥有的教学实验设备、办公室、生产及必要的实习设备以及该机构与企业部门的协作关系;⑤教育机构的培养活动,该指标从建设学生培训制度、负责学生培训的行政机构、学生自治机构、为学生开展课外活动的物质技术、财政保证等方面检测教育机构是否具备为学生开展课外活动的条件。此外,"教育机构的培养活动"这一指标还从公民、爱国主义及道德教育、体育保健工作、心理咨询及预防工作等方面检测教育机构是否具备促进学生个性全面发展的条件。

---

① 吴雪萍,刘金花. 俄罗斯中等职业教育质量外部评估探究[J]. 比较教育研究,2013(12):56—60.
② 吴雪萍,刘金花. 俄罗斯中等职业教育质量外部评估探究[J]. 比较教育研究,2013(12):56—60.

另一方面，类别认定指标。依据该指标，将中等职业教育机构区分为中等技术学校和高等专科学校，下设四个二级指标：①实行的职业教育大纲，高等专科学校应该具备通过鉴定的提高阶段的基本职业教育大纲，以保障提高学生的技能水平。②教育机构的信息化，即每百名全日制学生拥有的计算机数量，中等技术学校需要有四台，高等专科学校需要有五台。③优质的教师队伍构成，规定受过高等教育的教师比例：中等技术学校需达到90%，高等专科学校需达到95%。获得资格的教师比例：中等技术学校需达到48%，高等专科学校需达到54%。拥有高级别、学历和职称的教师比例：中等技术学校需达到10%，高等专科学校需达到18%。④教学和教学方法著作。

第二，国家认定的信息与方法。

为了实施国家认定，中等职业教育机构需要向认定机构提交申请书、鉴定结论副本、教育机构开展教育活动各项指标的信息（以下简称"申请材料"），并保证提交信息的完整性与可靠性。若中等职业教育机构提交的材料不完整，认定机构可以拒绝该机构参与认定。认定机构需要在取得申请材料并将其登记后，在4个月内对接收的材料进行审查。"国家认定的分析材料——是基于中等职业教育机构提交的文件、国家认定中心数据库中与该机构申请地位相一致的类别指标等信息的总和。"[①]国家认定中心数据库为认定机构实施质量检查提供信息保障。

为了确保认可、鉴定和国家认定工作的顺利进行，俄罗斯联邦教育科学部组建了每年都予以更新和完善的国家认定中心数据库。创建国家认定中心数据库的目的是帮助国家教育认定署分析中等职业教育机构每年提交的数据信息，并作出该机构是否通过认定的决定。

简洁和紧密的材料便于认定机构了解中等职业教育机构的质量。国家认定中心数据库采用成像技术（на методах визуализации）将提交的材

---

① Йошкар. Ола. Информационно-методическое сопровождение государственной аккредитации учреждений среднего профессионального образования [EB/OL]. http://www.rostr.net/index.php/normative-docs/quality-system/99-info-metod 2014-11-27.

料"透明化",即将信息变得更为可观和可理解。它将所有的材料分为信息部分和分析部分。所谓信息部分,即不需要对其作出主观判断的事实性信息,例如阐明学生及教师总数、所实施的教育大纲内容、许可证的有效期等。所谓分析部分,是需要评估主体根据一定的指标作出主观判断的信息,例如,教育过程中使用的技术水平如何、教师的教学负担大小等,这时信息部分成为分析判断的重要依据。为了更直观地显示分析部分的材料,使获得判断结果更直观,认定机构工作人员在对中等职业教育机构进行国家认定时,可以使用帕累托图、雷达图等图表对相关数据进行加工处理。如图 5.1 所示,实线上标注的数据是界定高等专科学校类别标准值,外围虚线上标注的是某所中等职业教育机构的实际数值。雷达图直观展示了标准值与实际值之间的差别,以及该教育机构的优势与不足。

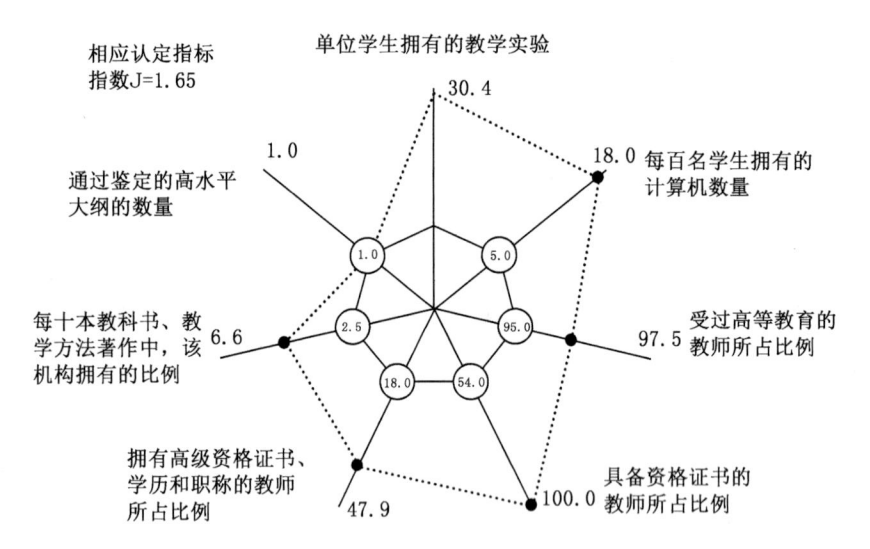

资料来源:Йошкар. Ола. Информационно‐методическое сопровождение государственной аккредитации учреждений среднего профессионального образования [EB/OL]. http://www.rostr.net/index.php/normative-docs/quality-system/99-info-metod 2014-12-02.

图 5.1　基于国家认定指标,某教育机构各项指标的雷达图

为了审查教育机构提交的材料，认定机构有权构建审查资料的工作小组，该工作小组的成员包括中等职业教育机构和大学的领导、俄罗斯联邦主体权力执行机构、与中等职业教育相关的社会组织代表等。认定机构需要在审查材料的基础上，判定某所教育机构所属类型与类别，并采用十分制法对其教育质量做出总体评价。

表 5.1　　　　俄罗斯中等职业教育质量国家认定的十分制法

指标的评价	分数
未提交信息	0
不满意。没有开展工作	1
非常低的评价。工作开展得不充分	2
较低的评价。工作开展水平较低，存在很多不足	3
及格评价。工作中存在不足	4
一般评价。工作在比较令人满意的水平上开展，存在个别不足	5
一般评价。工作在较好的水平上开展，有少量不足，且容易改正	6
好的评价。工作在较好的水平上开展，没有不足	7
较高的评价。基本符合要求	8
高的评价。完全符合要求	9
非常高的评价。完全符合要求，建议推荐其经验	10

资料来源：Приказ Минобразования РФ от 01.10.2001 N 3249. Об утверждении Перечня основных показателей государственной аккредитации и критериальных значений показателей, используемых при установлении вида образовательного учреждения среднего профессионального образования[EB/OL]. http://www.bestpravo.ru/rossijskoje/vg-zakony/g3r.htm. 2014-12-02.

在 2008—2009 学年，俄罗斯联邦教育科学检察署召开了 8 次学术会议，对 1 922 个申请参加政府评估的教育机构进行审查。在这些机构中，除大学与普通教育机构之外，共有 345 所中等职业教育机构。经过审查发现，有一所中等职业教育机构的培养内容、人力资源、物质—技术保障与国家教育标准的要求不相符；一所中等职业教育机构分校的教育内容和质量与国家教育标准不符,学生掌握的某课目的大纲材料的水平不符合要求。[①] 在对申请材料进行审查的基础上,认定机构得出是否向中等职业教育机构颁发国家认定证书的决议。国家认定证书是一个文件,该文件可以证明教育机构所属类型与类别,证明该机构的教育内容和培养水平符合联邦国家教育标准的要求,证明中等职业教育机构有权利给毕业生颁发国家统一样式的相应水平的毕业证书。

在认定中,如果发现中等职业教育机构的国家地位与其名称不一致,那么认定机构将依照中等职业教育机构以往使用的名称,向其颁发有效期不超过6个月的临时证书,该证书赋予中等职业教育机构享有与通过国家认定的教育机构一样的权利。认定证书会标明该机构的注册号码、颁发证书的日期及有效期、教育机构的地址及全称等信息。另外,在证书附件中会标明该教育机构实施的基本职业教育大纲的层次、毕业生需要获得的资格及分校的位置等。没有附件的证书是无效的。

5.2.1.3 政府评估的特点

(1)"合格"的评估模式

国家教育标准是政府评估的主要依据。国家教育标准是一种约定性标准,即在教育正式提供之前就预先确定的,是事前的,它可以给予中等职业教育机构事先的约束及指导。除此之外,俄罗斯对中等职业教育机构在办学条件、类型与类别的指标要求都是预先设定的。俄罗斯政府通过认可、鉴定与国家认定三个环环相扣的环节,检查中等职业教育机构在办学条件、教学质量、综合教育质量等方面是否达到了预设的质量要求。只要达到该要求,该教育机构提供的服务就被认为是一种有质量的服务。这是一种"合格评估"。

(2)强制性评估

政府评估是由国家质量机构对中等职业教育机构进行办学许可、教

---

① Любовь Николаевна Глебова. Создание всероссийской системы оценки качества образования--шаг в будущее современнойРоссии[EB/OL]. https://docplayer.ru/32200358-Sistemy-ocenki-kachestva-obrazovaniya-shag-v-budushchee.html, 2014-12-02.

学质量鉴定与教育质量国家认定的过程。国家通过认可、鉴定与国家认定环环相扣的三个环节垄断了与教育机构生死攸关的两大权力：颁发许可证、授予教育机构颁发毕业证书的权力。中等职业教育机构若想生存就必须"被自愿"参加政府评估，这体现了政府评估的强制性。

(3) 多元化的评估主体

不同的主体对教育质量有着不同的价值诉求。在多元教育质量观指导下，评估主体应该全面收集并加工相关教育质量信息。仅遵照单一主体利益诉求搜集的信息会影响评估结论的客观性及可靠性。在俄罗斯中等职业教育领域，政府评估的主体既包括准政府机构的代表，还包括教育机构、社会组织、雇主、教师代表等社会力量，具有多元化特点。评估主体多元化既可以从多个视角检查和证明教育质量，也可以使政府评估的实施处于多元主体的监控下，提高评估的客观性。

(4) 科学的评估方法

定量方法与定性方法相结合是俄罗斯中等职业教育质量政府评估的重要方法。一方面，评估主体可以依据量的指标进行客观化的教育测量，例如，依据受过高等教育的教师比例、每百名学生拥有的电脑数量等量的指标测量教育机构的人力资源与部分物质资源的配备情况。另一方面，评估主体包括通过实地考察、召开与教师和学生的座谈会、与教育利益相关者进行个别化访谈等方式广泛收集信息，发现量化评估没有预设的或无法解决的问题，以深入了解某教育机构办学质量的状况。

5.2.2 社会评估

社会评估是指政府与学校之外的专业性评估机构根据一定的目的有选择地对学校的教育质量进行判断并提出改进意见的活动。"今天，在建立社会参与教育管理机制的背景下，为国立与私立教育机构创建教育质量的社会评估方法成为教育体系改革中最有争议的问题。社会排名成为社会参与教育管理的重要机制之一。"①社会评估的目的既是满足教育服务需求者的个人需求——依据评估结果,选择更优质的教育机构和教育大纲;也是满足教育机构的需求——依据评估结果及建议,采取相应举措改进和完善自身的教育活动,提高教育机构及其实施教育大纲在俄罗斯和国际市场上的竞争力。

5.2.2.1 社会评估政策的生成与发展

在俄罗斯,中等职业教育质量社会评估是在俄罗斯联邦教育科学部推动下实施的。俄罗斯以法律文本的形式确定了社会评估的地位,制定了社会评估政策以指导和规范专业社会评估机构的行为。

(1)社会评估政策的生成背景

第一,教育的解国家化。

"教育解国家化"即打破国家对教育的垄断性利用和管理,改变国家作为教育改革行动的唯一缔造者和主体的状态,使教育不再仅是一种国家活动,而是使其成为利益相关者共同涉足的国家—社会共管领域。苏联解体后,俄罗斯在1992年《俄罗斯联邦教育法》中将国家—社会共管教育的原则以法律的形式确定下来,提高了国家—社会共管教育的地位。"任何一项教育政策都是一种教育领域的政治措施,任何政治措施本身都代表或蕴涵着政府对于教育事务和教育问题的一种价值选择——做什么或不做什么、鼓励什么或禁止什么的一种价值选择。"②俄罗斯政府鼓励并支持教育质量社会评估这一做法与苏联解体后"教育解国家化"的教育思潮相呼应,并受俄罗斯教育"国家—社会"共管的价值取向的影响。

第二,教育服务市场的竞争。

中等职业教育质量社会评估这一政策之所以得到支持和确认,除了受国家—社会共管的价值取向指导外,还受制于教育机构对自身利益的诉求,

---

① В. П. Максимов, Н. С. Вашакидзе, А. Ф. Гулевская. Современные средства региональной системы оценивания качества образования:учебное пособие[M]. Южно-Сахалинск:изд-во СахГУ,2011:25.

② 刘复兴. 教育政策的边界与价值向度[J]. 清华大学教育研究,2002(1):70—77.

在市场化背景下,中等职业教育机构自身成为教育服务市场的主要责任人,对支付教育经费的学生及其家长、国家及雇主负责。为了赢取利益相关者的关注和认可,为了维护和稳固本校在教育服务市场上的良好形象,教育机构之间展开了以提高教育质量为核心的竞争。"政府评估的目标之一是确定教育机构的类型与类别。它在帮助教育机构提升自己的竞争力方面发挥的作用是有限的。"[1]在这样的背景下,一些中等职业教育机构寻求专业社会评估机构的帮助,以期"获得专业支持以制定本校具体的发展举措"[2],以期通过赶超型的发展模式、优质的教育质量赢取更多的市场份额。

中等职业教育质量的社会评估政策是苏联解体后民主化改革的结果,是"教育解国家化"思潮的产物,是教育政策国家—社会共管原则在质量管理领域的反映,也是教育机构内部主动发起的以提高竞争力、教育质量为核心的运动的产物。

(2)俄罗斯社会评估政策的发展

俄罗斯拥有悠久的中央集权制管理文化,久远的文化给国民造成一种文化惯性,即在一定程度上依赖国家远远大于社会。所以在公民社会尚未成熟的背景下,在构架国家—社会共管模式、教育质量社会评估体系时,俄罗斯不得不依靠国家权力(例如立法、制定条例与建议等)来保证社会评估行为的合法性,推动社会评估体系的形成与发展。

2009年俄罗斯联邦教育科学部部长富尔先科·安德烈·亚历山大维奇(А. А. Фурсенко)和俄罗斯工业家企业家联盟主席邵昕(А. Н. Шохин)联名签署了《关于形成职业教育质量社会评估体系的条例》。该条例规定要保障雇主协会参与职业教育质量评估的权利,提高俄罗斯联邦劳动力的竞争力及流动性。该条例详细规定了俄罗斯构建职业教育质

---

[1] А. В. Белокопытов. Зачем нужна независимая внешняя оценка качества образования [EB/OL]. http://pedsovet.org/content/view/16331/530/2014-12-04.

[2] А. В. Белокопытов. Зачем нужна независимая внешняя оценка качества образования [EB/OL]. http://pedsovet.org/content/view/16331/530/2014-12-04.

量社会评估体系的原则及目的、评估方式。

2013年1月4日公布的《俄罗斯联邦教育法》第12章第95条专门规定了教育质量社会评估的目的、主体、方式、评估结果的使用等。

为了实行2012年3月7日第597号法令《实施国家社会政策的举措》,2013年3月30日,俄罗斯联邦政府通过了第286号法令《关于创建提供社会服务的组织工作质量的社会评估体系》,该法令规定了社会评估的规则,认为社会评估体系包括:保障组织提供社会服务的方式的信息的完整性、及时性和准确性,包括以电子形式提交信息;形成工作质量评估结果,以及对提供社会服务的组织工作质量进行评级。

2013年10月14日,俄罗斯联邦教育科学部副部长巴瓦卡(Повалко)批准了《对教育机构工作质量施以社会评估的方法建议》。该建议规定了社会评估的目的、方式、主体、对象、工具等。

任何一项政策从制定、出台到实施都是一个不断完善的过程。俄罗斯社会评估政策是基于国家—社会共管原则而制定的,它融合了教育利益相关者的多元利益诉求,作为一项政治措施得到了利益相关者的认可和同意。但是,由于俄罗斯社会评估政策出台不久,其实施情况尚不明确,所以该政策实施的效果如何,还有待进一步考察。

5.2.2.2 社会评估的模式

目前,在中等职业教育领域,俄罗斯初步成型的社会评估模式主要有两种:教育大纲质量的社会评估、教育机构工作质量的社会评估。

(1)教育大纲质量的社会评估

第一,专业社会评估机构。

《博洛尼亚宣言》建议,教育质量评估应该由经过国家教育管理机关承认的具有独立性的机构实施。2003年,俄罗斯签署了《博洛尼亚宣言》,并于2005年创建了教育质量社会检查及事业发展署(Агентство по общественному контролю качества образования и развитию карьеры, АККОРК),它是俄罗斯第一所对高等教育质量进行专业社会评估的机构。教育质量社会检查及事业发展署是俄罗斯联邦教育科学检察署的附属机构,它专注于对教育质量进行社会评估,为中等和高等职业教育机构提供专业的帮助,具有独立性与国际化等特点。目前,教育质量社会检查及事业发展署已成为欧洲高等教育质量保证协会的下属成员,成为国家高等教育质量保证机构网络、亚太地区教育质量保障组织、欧洲数字化学习质量研究基金会、欧亚教育质量保证网络、中欧和东欧高等教育质量保证机构网络的正式会员。

教育质量社会检察及事业发展署提供的服务包括:①对中等、高等和补充职业教育质量进行社会评估;②对教育大纲质量进行专业的社会评估;③教育质量管理体系的审计与认证;④管理咨询;⑤为教育机构的管理人员及教师举办研讨会和讲习班;⑥教育机构的行政与管理人员、专职教师的考核。除此之外,该机构还与俄罗斯联邦教育科学检察署签订了合作协议,创建并测试促进社会评估与政府评估相联系的模型。至今为止,教育质量社会检查及事业发展署已对来自102所大学和39所高等专科学校的2 000多个教育大纲的质量进行了社会评估。

第二,社会评估的实施。

教育质量社会检查及事业发展署既是社会评估指标的制定者,也是评估的实施者。如表5.2所示,与政府评估采用的指标相比,教育质量社会检查及事业发展署实施的社会评估除了关注保障教育质量的物质及人力资源之外,还特别强调雇主、学生、教师对设计教育过程以及评价教育结果的参与度,强调对学校教育质量管理体系的评估。

表5.2　　教育质量社会检查及事业发展署的社会评估指标

指标	检测内容
教育目标	主要检测:教育目标的清晰度;教育目标是否与教育大纲消费者的需求相一致;是否具备可以检测不断变化的需求的机制;教育机构是否定期重新评估和调整教育目标
教育大纲的结构与内容	主要检测:大纲的内容与结构是否与声明的教育目标一致;达成预定教育结果的可能性
教学方法材料	主要检测:教学方法材料在多大程度上可以帮助学生取得预定的教育目标;为了促进教育大纲的顺利实施,是否有丰富的教学方法材料

续表

指标	检测内容
专职教师构成	主要检测：教师的能力与资格水平；教育机构是否具备招聘或评价教师素质的程序和标准；教育机构编制内教师的能力与资格是否可以保障教学的顺利实施
科学研究活动	主要检测：科学研究活动是否有利于改进教学结果；科学研究活动在教学过程中的实施效果；科学研究作品的哪部分已经进入设计开发阶段
教学和物质—技术资源	主要检测：教育机构具备的教学和物质—技术资源是否可以支撑教育大纲的实施；在教学、自学和科研工作中，学生对教育和物质—技术资源的使用及获取情况；教学和物质—技术资源的改进
教育大纲实施过程的组织与管理	主要检测：是否创建了教育质量管理体系，包括对教学质量、学生取得的成就、教师素质的评估；在教学中，是否考虑到学生和毕业生、教师和雇主的意见
雇主对教育大纲的参与	主要检测：教育机构是否创建了吸引雇主参与实施教育大纲的机制；雇主是否有机会参与检查和制定教学科目、讲座、研讨会，是否指导学生准备毕业论文；雇主是否参与教育质量评估；雇主是否对教育大纲的实施给予物质—技术和财政支持
学生参与制定教育内容和组织教育过程的机制	主要检测：学生是否在院系一级参与管理；是否统计学生对教学资源质量的意见；是否考虑到学生对教学内容的建议；在院系一级是否建立了与学生的反馈机制
学生服务	主要检测：在学习期间对学生的支持；帮助学生发展自己的能力并成功；在多大程度上，教育机构依靠选拔有素质的中学生来保障教育质量

资料来源：根据教育质量社会检查及事业发展署组织实施的职业院校教育大纲质量评估分析报告整理。

社会评估的实施阶段有三个。第一阶段，依据以上指标，教育机构会开展自我检查或填写相关的问卷，并提交相关的报告和重要文件，这些文件是专家快速、全面了解该校质量信息的重要来源。第二阶段是专家进入中等职业教育机构进行现场考察，分析教育机构提交的信息，并通过与学生及其家长、教师的访谈等获得更深入的质量信息。第三阶段：召开"圆桌会议"，得出检查结论，在检查结论中会标明该教育机构的发展优势及劣势，并提出相关的改进建议和举措。

在实施社会评估时,教育质量社会检查与事业发展署需要遵循几个主要原则:①诚实及独立性原则,即该机构开展社会评估的过程是独立的,不受政府的控制,是公正的;②有效性,即该机构得出的检查结论可以保障学校有效调整未来的活动;③责任感,即该机构的活动是透明的,该机构需要将有关评估的文件和方法的信息公布到网站上;④对俄罗斯中等职业教育的多样性和自主性进行认证,即该机构在对教育机构的质量进行检查时,要特别关注教育机构的多样性,要关注其组织和开展教育活动的自主权;⑤鼓励社会合作,即该机构促进吸引更多的利益相关者参与质量评估过程:学生、雇主、国家机构和社会组织的代表。

(2)教育机构工作质量的社会评估

苏联解体后,伴随着教育管理权的下放,地区、市一级教育管理机构也在筹备构建教育质量社会评估体系的工作。在地区(市)一级,俄罗斯创建教育机构工作质量社会评估体系的目的在于:提高教育机构工作质量评估的客观性,帮助教育服务需求者更好地选择自己所需的教育机构;提高教育机构之间的竞争力;在教育机构与教育服务需求者之间建立良好的对话关系;为地区、市一级的教育管理机构通过相关管理决议提供信息。

第一,社会评估的实施者及主要参与者。

2013年10月14日俄罗斯联邦教育科学部副部长巴瓦卡(А. Б. Повалко)批准的《对教育机构工作质量施以社会评估的方法建议》规定,专业社会评估机构是社会评估的实施主体,社区理事会、实施教育管理职能的俄罗斯联邦权力执行机关和地方自我管理机关是社会评估的主要参与者。这些机构在社会评估中各执其责,分工协作。

专业社会评估机构。该机构的主要职责在于:制定教育机构活动指标目录;制定实施社会评估的程序、确定检测工具和方法;分析社会评估结果,依据评估结果为教育机构制定促进其未来发展的建议;制定对教育机构进行排名的方法和程序;按照教育机构的要求,检测教育质量;参与创建相应的电子信息资源,以提高评估的有效性和透明性;按照相关协议参与教育机构的国家认定；基于社会评估结果，准备教育机构工作质量的分析报告。

社区理事会。该机构的职责在于：在联邦主体、市一级确定实施社会评估的策略；在地区一级编制申请参加教育质量社会评估的教育机构的清单；在专家的参与下，组织讨论质量评估标准、评估程序，并为教育机构提出建设性的、可以改善教育服务质量的相关建议；为开展社会评估的专业机构及专家提供帮助，对教育质量社会评估的实施进行社会学研究；协调专业社会评估机构的活动。

实施教育管理职能的俄罗斯联邦权力执行机关和地方自治机关。该机构的职责在于：管理社区理事会的活动；审查社区理事会开展教育质量社会评估的举措，这些举措包括在地区、市一级对教育机构进行排名，审查社区理事会关于社会评估技术的建议；创建区域教育质量评估中心；保障在相关电子网站上公开有关地区、市一级教育体系活动指标的信息、地区（市）教育管理机构的公开报告，这些公开报告描述了教育质量社会评估的结果；促进教育机构排名的实施，促进它们的多样性并统计地区、市一级评估结果；创建条件以保证国家（市）教育机构的信息开放性；形成并将参与社会评估的教育机构的名单公布在地区一级教育管理机构的网站上；在协商一套评估标准、评估方法时，在形成对教育机构活动评估需求或活动结果的需求时，保障开放性。

第二，社会评估的方法与指标。

"对所有类别的教育机构及其教育大纲进行评级是教育质量社会评估的主要方式，包括使用国际上具有可比性的教育研究方法和结果进行评级。"[1]评级是对教育机构工作质量实施社会评估的主要方法，也即专业社会评估机构依据教育机构工作质量指标及每一指标的分值及权重，逐项检查教育机构的工作质量并为其打分，在打分的基础上对参加评估

---

[1] Методические рекомендации по проведению независимой системы оценки качества работы образовательных организаций［EB/OL］. http://sinncom.ru/content/avmk/doc/index_metrek.htm 2014-12-07.

的教育机构进行排名。由于地区的教育发展特点及利益相关者对质量评估的需求不同,社区理事会制定的教育机构工作质量标准不同。教育机构工作质量的社会评估标准及指标具有区域差异性。

为了保障评估结果的可靠性及提高评估的公信力,专业社会评估机构在实施评估时,需要做到信息公开。首先,专业社会评估机构必须公开对教育机构进行社会评估的方法、工具、评估指标,以及每个特定指标的分值和权重等信息。其次,在对同一类型教育机构进行排名时,专业社会评估机构需要以某类利益相关者的需求为导向,确定评估指标的优先项及权重。最后,被公开的评估信息应该包括相应的反馈机制:专业社会评估机构需要针对评估结果,对被评估对象作出相关解释;教育机构需要对专业社会评估机构解释自身公开报告的信息参数,也需要对利益相关者就取得的分值进行解释。

5.2.2.3 社会评估的特点

(1)明确的评估焦点

在俄罗斯中等职业教育领域,政府评估通过认可、鉴定与国家认定三个环节,对中等职业教育机构的综合实力进行考查。测量综合实力可能会使专业或大纲的优势和不足相抵消,从而使得学校之间的专业或大纲差异和特点变得模糊。与此不同,社会评估将评估对象聚焦于教育机构的某专业职业教育大纲或教育机构的工作质量,评估关注的焦点更明确。这有利于凸显某所教育机构的办学特色及专业特色,有利于利益相关者择校或专业。

另外,在对同一类型教育机构工作质量实施社会评估时,专业社会评估机构以某类利益相关者的需求为导向,确定评估指标的优先项及权重,即评估指标与评估质量信息的服务对象具有很高的相关性。不同利益相关者的需求也成为教育机构工作质量社会评估的关注焦点,这有利于提高利益相关者获取的质量信息水平。

(2)有限的政府介入

俄罗斯中等职业教育质量社会评估模式的构建是政府指导干预的结

果。政府对社会评估的介入是有限的,而不是全方位的控制。教育质量社会检查及事业发展署是一所独立于政府的专业社会评估机构,自主设计质量目标并组织实施质量评估,这体现了该类评估模式的独立性。但是这种独立性是相对的,它需要接受来自政府的宏观管理与监督。俄罗斯政府通过制定社会评估的政策法规对社会评估主体及过程等进行监督与扶持。

另外,在"教育机构工作质量社会评估"中,社区理事会、联邦权力执行机关与地方自我管理机关这两个政府机构虽然有权参与质量评估,但是它们并未踏入社会评估实施的核心区域,只在外围负责一些服务型工作,例如,确保并监控教育机构信息的公开性、参考地区和市级教育体系发展的特点为专业评估机构提供有关教育机构类型、活动指标之类的信息等。

5.2.3 政府评估与社会评估的关系

政府评估与社会评估是俄罗斯中等职业教育质量外部评估的主要形式。在保障和提高学校教育质量的活动中,政府评估是社会评估的基础,社会评估是政府评估的补充。

5.2.3.1 政府评估是社会评估的基础

俄罗斯拥有长达几千年的中央集权制的传统。苏联解体后,虽然俄罗斯进行了政治民主化改革,但是,目前仍处于一种强政府、弱社会的态势。俄罗斯中等职业教育质量外部评估制度已经不再是政府单一主导的评估制度,但是政府评估仍然在外部评估中占据权威地位,是社会评估的基础,这主要表现在以下几个方面。

(1)政府评估对中等职业教育机构的影响是决定性的

由于政府垄断了关乎中等职业教育生存发展的最核心资源:国家预算拨款、办学许可证、给毕业生颁发国家统一样式的毕业证书的权力,所以,政府评估对中等职业教育机构的影响是最直接的、决定性的。中等职业教育机构可以不参加社会评估,但是不得不参加政府评估。顺利通过政府评估是中等职业教育机构在教育服务市场立足的根本。

(2)社会评估为中等职业教育机构顺利通过政府评估做准备

教育质量及事业发展署及区域性的专业社会评估机构,虽然具有第三方的性质,但是在社会评估的实施中,仍然不能忽视政府评估对中等职业教育机构的影响。教育质量社会检查及事业发展署总干事阿列克谢指出,在中等教育机构参与政府评估之前,教育质量社会检查及事业发展署可以为其指出不足及劣势,并提出质量改进的建议,以帮助中等职业教育机构顺利通过政府评估。

5.2.3.2 社会评估是政府评估的补充

政府评估在保障每名学生获得优质教育的权利、促进教育公平、保证联邦统一教育空间、促进学校培养的专门人才符合社会需求等方面发挥着重要作用。政府并不是万能的。政府评估在实施中也存在不少问题,不能为中等职业教育机构提供专业建议,不能为利益相关者提供便于择校或专业的质量信息。社会评估是俄罗斯最近几年发展起来的质量评估形式,它的实施有利于弥补政府评估的缺陷。社会评估是政府评估的补充,它的补充作用主要体现在以下几个方面:

(1)为政府评估提供帮助

国家质量机构若想使得评估结果合法化,它们需要学术界的支持。"对于质量机构来说,能够使得评估过程及结果合法化是它们遭遇的最大挑战之一。它们需要学术界的支持,来组成一个同行评议所需的身体力行的评估团,并在院校间为已得出的决议达成共识。"[①]教育质量社会检查及事业发展署与区域性的专业社会评估机构是独立于政府与学校的第三方机构,其成员不仅包括雇主、学生代表,而且包括专门从事质量评估研究的专家。专业社会评估机构在实施评估时,可以更好地保持价值中立,较多地体现价值多元取向,更科学地实施专业评估。自2011年起,在

---

① [美]约翰·布伦南. 高等教育质量管理——一个关于高等院校评估和改革的国际性的观点[M]. 陆爱华,译. 上海:华东师范大学出版社,2005:19.

政府评估中,国家质量机构可以参考教育质量社会检查及事业发展署的评估结果,得出质量检查结论。

(2)为教育机构提供帮助

专业社会评估机构为教育机构提供专业建设方面的帮助。科学有效的质量评估应该具有问题诊断、监督、导向和促进其发展的功能。政府评估通过认可、鉴定和国家认定等环节只是发挥问题诊断及监督功能,找出不符合质量要求的教育行为,并不为教育机构提供质量改进的建议。与此不同,教育质量社会检查及事业发展署在实施教育大纲质量的社会评估时,一方面,吸引来自学术界的专家参与评估,他们熟知教育构成并了解某一专业的现实需求;另一方面,努力吸引学生参与评估,希望用学生的视角来评价教育大纲的质量。专业社会评估机构会依据质量评估结果,为中等职业教育机构准备改进教育质量的专业建议,并在经过一段时间之后,对其进行再次评估,分析质量改进建议的执行及完成情况。

专业社会评估机构为中等职业教育机构提供获取预算外资金的机会。政府评估是一种合格评估,它使中等职业教育机构的办学水平停留在质量"合格"阶段,这在一定程度上抑制了中等职业教育的创新机制的发展,不利于在中等职业教育机构之间创建良好的竞争机制。目前,中等职业教育机构的资金来源不仅包括国家预算拨款,而且包括预算外资金。顺利通过政府评估是中等职业教育机构获得国家预算拨款的重要途径。社会评估是帮助中等职业教育机构获取预算外资金的重要渠道。社会评估通过将一所中等职业教育机构与其他机构相比较,凸显该教育机构的办学特色、专业特色以及教育大纲,办学特色与优质教育大纲是帮助中等职业教育机构在市场份额中获得更多的"蛋糕"的重要资源。

(3)为利益相关者提供帮助

政府评估是一种合格评估,它通过预定的质量要求将所有申请参加评估的中等职业教育机构划分为质量合格的和不合格的两大类,并没有依据其质量高低将"质量合格"的中等职业教育机构进行排名或选优。这不利于利益相关者在教育服务市场中选择自己所需的教育机构及专业。"今天,在建立社会参与教育管理机制的背景下,为国立与私立教育机构创建教育质量的社会评估方法成为教育体系改革中最有争议的问题。社会排名成为社会参与教育管理的重要机制之一。"①社会评估允许所有的利益相关者,不论是将要毕业的中学生,还是招收毕业生进公司工作的雇主,允许他们了解到谁更好、谁在教育服务市场上更差一些。②专业社会评估机构通过将中等职业教育机构评级,为利益相关者选择更优质或适合自己需要的教育机构和教育大纲提供帮助。

5.3 中等职业教育质量外部评估的案例分析

5.3.1 政府评估——以萨哈林州为例

萨哈林州是位于俄罗斯远东联邦管区的一个联邦州,是一级行政区。2014年,该州共有居民491 027人,其中城市居民占81.16%。该州共有3所中等技术学校和4所高等专科学校。③ 为了获取全面的有关该州教育质量的信息,萨哈林州创建了教育质量评估体系。该州创建评估体系的举措包括以下几个方面。

5.3.1.1 确定评估主体的职责

如图5.2所示,参与萨哈林州教育质量评估的主体主要有:教育部、市级教育管理机构、州教育质量评估中心、国家—社会理事会、州职业资格认证中心。这些组织机构在实施州教育质量评估体系中拥有不同的权力,担负相应的责任。

---

① В. П. Максимов, Н. С. Вашакидзе, А. Ф. Гулевская. Современные средства региональной системы оценивания качества образования: учебное пособие[M]. Южно-Сахалинск: изд-во СахГУ, 2011, 25.

② А. В. Белокопытов. Зачем нужна независимая внешняя оценка качества образования [EB/OL]. http://pedsovet.org/content/view/16331/530/2014-12-08.

③ Список учреждений профессионального образования Сахалинская область [EB/OL]. http://xn-80aabfqjjba0cfdftira.xn--p1ai/upo? view=vuzlist&sub=86 2014-12-08.

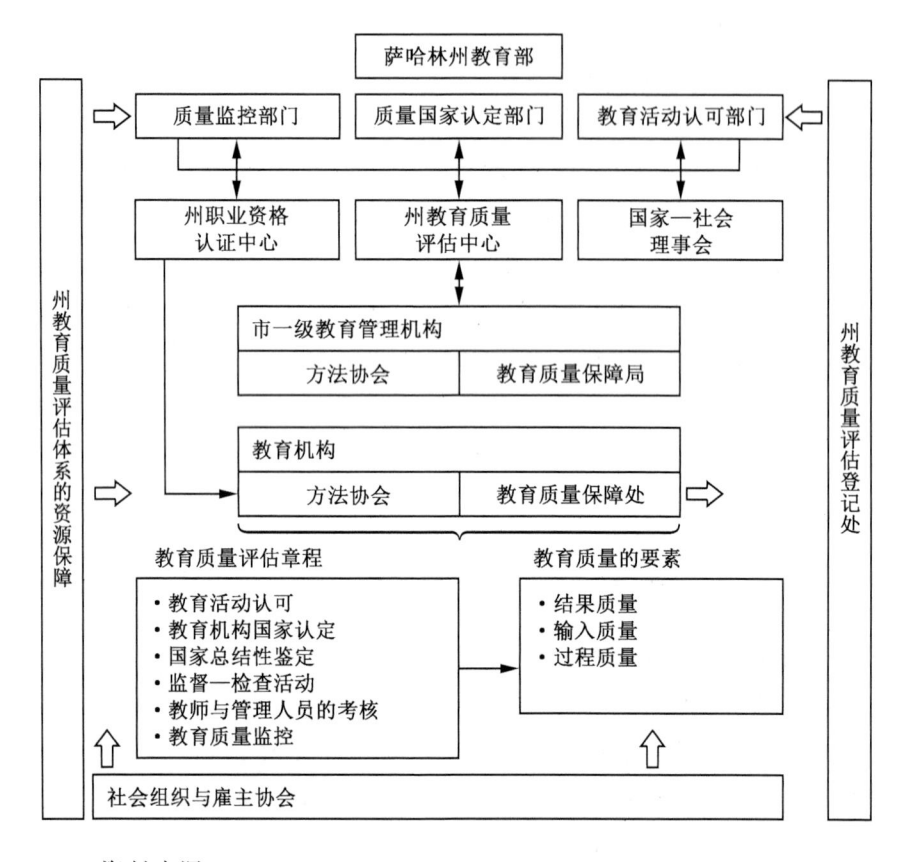

144　俄罗斯中等职业教育质量保障体系研究

资料来源：В. П. Максимов, А. Ф. Гулевская. Современные средства региональной системы оценивания качества образования: учебное пособие[M]. Южно-Сахалинск: изд-во СахГУ, 2011, 100.

图 5.2　萨哈林州教育质量评估体系模型

(1) 萨哈林州教育部

萨哈林州教育部的主要职权有：批准该州教育质量评估政策；颁布确定教育质量评估程序、教育质量指标、教育机构提交质量信息的形式的法律法规；协调该州与教育质量评估相联系的组织部门的活动；通过改进州教育质量评估体系与教育质量管理的相关决议；组织并实施该州教育机构的认可工作；组织实施对隶属于该州管辖的教育机构的国家认定；组织实施国家统一考试;组织实施普通教育9年级毕业生的国家总结性鉴定;组织实施对教育机构管理者及教师鉴定的工作;向外部消费者告知该州教育发展的相关信息;对隶属于该州管辖的教育机构遵守法律情况进行监督;通过改进该州教育质量的管理决议。

(2)萨哈林州市一级教育管理机构

该部门的主要职权有:组织实行必要的评估程序;组织收集实行教育质量评估程序所必需的信息;在自己能力范围内保障国家统一考试的实施;组织市级考试委员会的工作,采用新形式对普通教育9年级毕业生施以国家总结性鉴定;每年准备有关市级教育体系发展及情况的公开报告。

(3)萨哈林州教育质量评估中心

萨哈林州教育质量评估中心归属该州教育部管辖。该州教育质量评估中心既可以是教育部的下属机构,也可以是自治教育机构。如果是前者,该部门的活动经费依靠萨哈林州的预算拨款。如果是后者,该部门拥有独立的财产,可以使用预算拨款和预算外的社会资金。该部门的主要职权有:形成保障和测量教育质量的统一方法;评价学生的教育成绩;制定教育质量评估的统一信息基础;确定结果、条件和过程与教育主体个人期望、社会需求和规范性要求相一致的程度;研究并引进评估教育质量的有效技术;确定收集信息的形式和开发信息使用技术,以为通过相关管理决议奠定基础;揭示影响教育质量提高的要素;促进提高教师及管理人员的资格;创建资料以对教育机构进行认可和认定,对州教育体系人才进行鉴定;协助培训质量评估专家;保障教育质量评估决议的公开性。

(4)萨哈林州国家—社会理事会

萨哈林州国家—社会理事会的成员包括:该州权力执行机关的代表、地方自我管理机关的代表、市民代表(科学与文化工作者、卫生工作者、职业协会成员、雇主协会成员等)。该委员会的国家—社会性质在于它是社会直接参与行使萨哈林州权力执行机关的教育职权的重要形式,是教育管理机关与社会针对萨哈林州教育发展问题达成协议的重要手段。该部门需要在集体决策、公开等原则的基础上行使若干职权;参与评估教育质量;参与检查教育机构的自我检查报告;参与对评估结果的分析研究,对教育体系与教育机构活动的检查研究;在学生总结性鉴定时进行社会监察;对教育机构进行认可和国家认定,对教育机构工作者进行鉴定,评估某一科目的教学质量;解决对教育机构管理者及其教师进行物质奖励的问题。

(5)萨哈林州职业资格认证中心

职业资格认证是确定职业教育机构毕业生培养与职业标准要求是否一致的程序的总和,职业标准是雇主基于地区经济工作岗位的技能特点并考虑到这些岗位的中期前景与现代化而设计的。萨哈林州职业资格认证中心的职能是组织资格认证程序,与萨哈林州雇主协作制定职业标准和教育质量评估工具。

(6)萨哈林州教育质量评估登记处

萨哈林州创建教育质量评估登记处的主要目标是:确保对该州教育机构的质量进行持续的、全面的监控。该部门的主要职能有两个:一个是收集初始数据,包括所有教育机构和组织的有关学生数量与年龄、教师数量与技能、教学过程的组织与条件、物质—信息技术、教学结果等方面的初始数据。收集初始数据的形式由萨哈林州教育部规定。另一个是分析与评估信息,包括对数据的整合,将州、市与教育机构的质量评估指标标准化等。在分析与评估质量信息的基础上,萨哈林州教育质量评估中心制定促进该州教育未来发展的建议。

5.3.1.2 提供人力与信息保障

为了提高教育质量评估的专业性与评估信息的使用效率,萨哈林州建立了评估专家的培训制度和质量信息数据库。

(1)培训评估专家

由萨哈林州再培训与技能提高研究所在州、市、教育机构三级,围绕"地区教育质量评估体系"这一主题,对教育机构的管理人员、国家统一考试委员会的学科专家、评估专家、萨哈林州教育部的部分员工等进行质量评估知识、技能等方面的培训。"地区教育质量评估体系"的主题内容包括:"教育测量""教育质量管理体系中的教育测量""教育测量中的数学—

统计方法""古典与现代的设计教学测试的理论""设计测试的理论与实践""设计测试内容""开发测试任务的技术""评估教育测试质量""教育测试结果""测试的应用""计算机在测试中的应用"11个方面。

如表5.3所示,为了开展培训,萨哈林州制定了相应的教学计划。教学形式有三种:理论课、研讨会和实践课。整个教学计划占72个学时,其中理论课占38个学时、研讨会为8个学时、实践课为26个学时。

表5.3　　　　　萨哈林州评估专家培训的教学计划

序号	章节名称	总学时	理论课	研讨会	实践课
1.	前言	4	4		
1.1	教育质量管理问题;教育质量评估体系的目标与任务	2	2		
1.2	地区教育质量评估体系	2	2		
2.	地区教育活动监管体系	12	6		6
2.1	监管教育活动是管理教育质量的主要方法之一	2	2		
2.2	不同类型与类别教育机构的评估程序	6	2		4
2.3	设计教育质量指标的问题	2			2
2.4	保障教育活动监管的自动化信息系统	2	2		
3.	在教育管理中使用自动化信息系统,自动化信息系统的整合	18	10	4	4
3.1	构建地区统一信息空间的原则;教育机构行政办公自动化	2	2		
3.2	地区不同层次教育体系之间的协作关系与主要信息流;信息安全问题	2	2		
3.3	学生数据统计系统化;有关学生变动的数据统计自动化	2			2
3.4	教学质量评估自动化	2	1		1
3.5	使用自动化信息管理系统,统计学校的人力资源状况	2	2		
3.6	形成统计和报告式文件的一般原则	2	1		1

续表

序号	章节名称	总学时	理论课	研讨会	实践课
3.7	不同信息系统之间的数据交换	2	2		
3.8	计算机技术在教育体系中的作用和地位；基于网络的数据库	4		4	
4.	完善11年级毕业生国家统一考试，完善9年级毕业生的国家总结性鉴定系统	18	12		6
4.1	国家统一考试是评估教育质量的手段之一；国家统一考试的法律保障	2	2		
4.2	国家统一考试的组织—技术保障	4	4		
4.3	形成地区数据库的阶段和参数；信息安全问题	4	2		2
4.4	分析国家统一考试的结果，将其作为通过管理决议和为教师协会提供方法建议的基础	4	2		2
4.5	9年级毕业生的国家总结性鉴定体系	4	2		2
5.	学校教育中的社会—教育现状评估	18	6	4	8
5.1	学校教育质量的社会评估构想	2	2		
5.2	分析学校的社会—教育问题	2	2		
5.3	对学校教育问题进行社会研究的结构	2	2		
5.4	研究的基本方法；在学校实施社会—教育研究的技术	4		4	
5.5	教育质量的指标、要素和综合评估	2			2
5.6	将数据输入计算机，并实施计算	2	2		
5.7	对经验数据进行分析与综合的技术	2	2		
6.	总结性鉴定	2			
	总数	72	38	8	26

资料来源：В. П. Максимов, А. Ф. Гулевская. Современные средства региональной системы оценивания качества образования: учебное пособие[M]. Южно-Сахалинск: изд-во СахГУ,2011:161.

(2)建立质量信息数据库

创建萨哈林州教育质量数据库的目的是在存储并整合教育质量信息的基础上,形成综合数据库,分析、解释并为利益相关者提供信息,帮助其做出相关的决议或决定。

萨哈林州教育质量评估体系的形成阶段有两个。第一阶段,每年萨哈林州中等职业教育机构需要根据该州教育部规定的报告目录、结构及形式提交质量检查报告。基于这些报告,从事教育质量评估的各部门开展评估工作,得出质量评估结果。如图 5.3 所示,各类质量评估结果是萨哈林州质量信息数据库的信息源。第二阶段,教育质量评估中心整合、研究、分析和处理所获得的所有质量信息。统一的质量信息是教育服务需求者作出决定的重要依据。萨哈林州教育服务需求者基于质量信息做决定的种类有三类。第一类,组织管理决定。这些决定与当局管辖范围内教育机构的重组、为空缺工作岗位选拔人才、设计与实施针对失业人员的职业再培训相关。第二类,个体决定,这一决定涉及个体对中等职业教育机构、职业教育大纲及其保障学生安全与舒适的教学条件的选择。第三类,组织—专业决定,这些决定与教育服务需求者在上学期或上年级学习中获得的教育质量相关,作出该决议的目的是为了优化未来一段时间的教学过程。

5.3.1.3 设计中等职业教育质量评估指标

萨哈林州将教育质量评估的所有指标分为结果指标与过程指标。与普通中学相比,由于职业教育是一种专业教育,其专业设置、培养模式等更贴近市场。"在现代条件下,评价地区教育体系活动有效性的关键指标是该体系是否有能力适应、并以客户和顾客的需求为导向,是该体系的灵活性(教育成为一个开放的体系)。"[1]

地区教育体系的适应性是指它有能力作出与外部环境的快速变革

---

[1] В. П. Максимов, Н. С. Вашакидзе, А. Ф. Гулевская. Современные средства региональной системы оценивания качества образования: учебное пособие[M]. Южно-Сахалинск: изд-во СахГУ, 2011: 184.

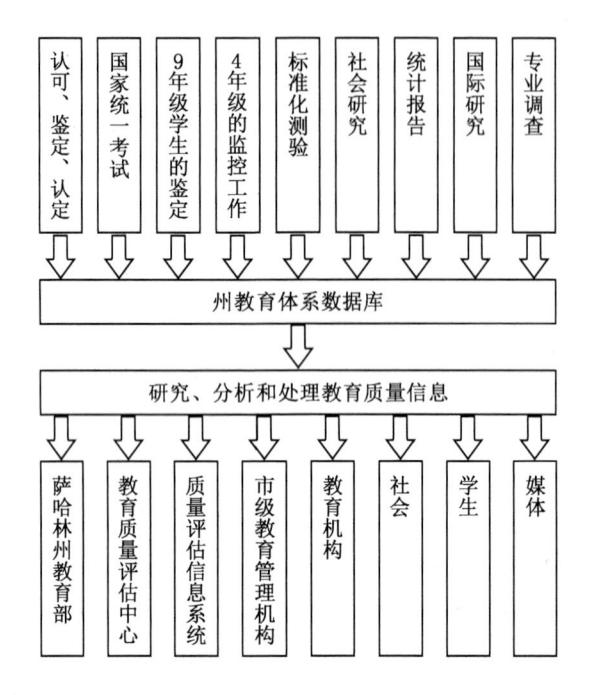

150　俄罗斯中等职业教育质量保障体系研究

资料来源：В. П. Максимов, А. Ф. Гулевская. Современные средства региональной системы оценивания качества образования：учебное пособие[M]. Южно-Сахалинск：изд-во СахГУ, 2011, 105.

图 5.3　萨哈林州教育质量评估体系的信息保障的结构

相适应的改变。教育体系的适应性潜力由三个教育要素决定[①]。第一，具备相应的基础设施，这些基础设施可以保障教育体系以区域劳动力市场为导向；创建相关部门或机构，促进教育与社会的合作与对话，例如州理事会或人才政策委员会、教育机构的管理委员会。第二，地区教育体系的灵活性，这有利于为学生在学习过程中提供多元的"学习路径"，有利于基于模块化教学和特定客户的需求来设计教学内容。第

---

① В. П. Максимов, Н. С. Вашакидзе, А. Ф. Гулевская. Современные средства региональной системы оценивания качества образования：учебное пособие[M]. Южно-Сахалинск：изд-во СахГУ, 2011, 186.

三,设定教育大纲的目标,教育大纲要以发展学生的关键能力和形成自我管理能力为导向。第四,地区雇主参与教育大纲的设计及实施,参与评估地区职业教育结果的质量。萨哈林州特别重视教育机构与企业的合作关系,将"雇主参与职业教育活动"作为学校教育质量评估的重要指标(见表5.4)。

表5.4　　　体现萨哈林州雇主参与职业教育活动的指标总和

指标及其计算方法	指标
1. 调查的前一年,该地区与企业签署培训合约的中等职业教育机构所占比例: $K_1 = \dfrac{A}{B} \times 100\%$	A:调查的前一年,与企业签署培训合约的中等职业教育机构的数量; B:本年初,该州中等职业教育机构的数量
2. 调查的前一年,单位中等职业教育机构内,与其签订职业培训合约的企业数: $K_2 = \dfrac{\sum_{i=1}^{B} A_i}{B}$	A:调查的前一年,与中等职业教育机构签订职业培训合约的企业的数量; B:本年初,中等职业教育机构的数量
3. 本学年,在某专业学生生产实践过程中,与企业签约的中等职业教育机构所占比例: $K_3 = \dfrac{A}{B} 100\%$	A:本学年,在某专业的学生生产实践过程中,与企业签约的中等职业教育机构的数量; B:本年初,中等职业教育机构的数量
4. 单位中等职业教育机构内,为某专业学生提供生产实践场地的企业数量: $K_4 = \dfrac{\sum_{i=1}^{B} A_i}{B}$	A:本学年,为中等职业教育机构的某专业学生提供生产实践场地的企业的数量; B:本年初,中等职业教育机构的数量
5. 上一学年,在企业开展生产实践的毕业生所占比例: $K_5 = \dfrac{A}{B} \times 100\%$	A:上学年,在企业开展生产实践的毕业生数量; B:上学年,中等职业教育机构毕业生数量
6. 调查的前一年,在中等职业教育机构,职业模块课程教师所占比例,这些教师根据相关合约在企业获得了高级资格: $K_6 = \dfrac{A}{B} \times 100\%$	A:调查前一年,在中等职业教育机构,职业模块课程教师的数量,这些教师根据相关合约在企业获得了高级技能; B:本年初,在中等职业教育机构工作的职业模块课程的教师总数

续表

指标及其计算方法	指标
7. 调查前一年，在雇主参与下开展国家鉴定的中等职业教育机构所占比例： $K_7 = \dfrac{A}{B} \times 100\%$	A：调查前一年，在雇主参与下，开展国家鉴定的中等职业教育机构的数量； B：调查前一年，开展国家鉴定的中等职业教育机构的数量
8. 调查前一年，经济部门代表参与教育过程： $K_8 = \dfrac{A}{B} \times 100\%$	A：调查前一年，在中等职业教育机构，来自经济部门的、从事兼职工作的员工数量； B：本年初，在中等职业教育机构工作的所有教师的数量
9. 调查前一年，经雇主检查过的教育大纲所占比例： $K_9 = \dfrac{A}{B} \times 100\%$	A：调查前一年，经雇主检查过的教育大纲的数量； B：调查前一年，中等职业教育机构的所有教育大纲的数量

资料来源：В. П. Максимов, А. Ф. Гулевская. Современные средства региональной системы оценивания качества образования：учебное пособие[M]. Южно-Сахалинск：изд-во СахГУ, 2011, 186—187.

地区教育质量评估是政府评估的重要组成部分。《2020年前俄罗斯联邦社会经济中长期发展战略》规定，解决发展教育质量保障体系的战略性任务需要依赖于地区教育质量评估体系的实施。"地区教育质量评估体系，是指为了确定教育活动及教育服务质量与个体、社会与国家要求是否相一致的手段、工具和组织结构的总和。"[1]创建地区教育质量评估体系有利于：获得全面的有关地区教育质量的信息，提高对学生学习成就进行评估与监控的客观性；在多级教育管理机构之间建立双向联系；保障质量评估结果的可比性；消除做出管理决议的主观性与权威主义；提高教育服务需求者的信息水平。

---

[1] В. П. Максимов, Н. С. Вашакидзе, А. Ф. Гулевская. Современные средства региональной системы оценивания качества образования：учебное пособие[M]. Южно-Сахалинск：изд-во СахГУ, 2011, 8.

5.3.2 社会评估——以科米共和国为例

科米共和国是位于俄罗斯西北部联邦管区的一个自治共和国。2014年统计,科米共和国共有居民人数 872 057 人,其中城市居民人口占 77.49%。科米共和国区域内共有 16 所国立中等技术学校和 9 所高等专科学校。在科米共和国,隶属于科米共和国教育部的社区理事会负责制定教育机构工作有效性的标准,科米共和国教育发展研究所负责对中等职业教育机构的工作质量实施社会评估。

5.3.2.1 社会评估的主体

(1) 社区理事会

2013 年 9 月 30 日,科米共和国教育部颁布了第 593 号命令《在 2013 年组织创建国立教育机构工作质量的社会评估体系》,该法令规定,科米共和国需要构建社区理事会以参与教育机构工作质量的社会评估。社区理事会是地区性的社会服务机构,由地区、市一级行使教育管理职能的国家权力执行机关和地方自我管理机关组织创办。在科米共和国,社区理事会隶属于科米共和国教育部。

在科米共和国,社区理事会的工作职责主要有[1]:为了实施社会评估,基于对公众意见的研究,编制参与社会评估的教育机构目录;确定教育机构工作有效性的标准;确立社会评估的程序;公布、分析并总结教育机构工作质量的大众意见和排名;向教育机构发布社会评估结果以及未来改进工作质量的建议。

在科米共和国,中等职业教育机构工作质量的社会评估标准有:有关机构信息的开放性和准入性;条件的舒适性及获得服务的准入性,包括针对残疾人的服务;教育机构工作人员的善良、礼貌和能力;对服务质量的满意度;教育机构活动结果。

---

[1] Постановление Правительства Российской Федерации от 30 марта 2013 г. N 286 г. Москва [EB/OL]. http://www.rg.ru/2013/04/08/socuslugi-site-dok.html 2014-12-24.

(2)科米共和国教育发展研究所

科米共和国教育发展研究所创建于 1939 年 2 月,是一所领先的为科米共和国教师进行再培训的机构。每年,有近 6 000 名教职员工在这里选择个人所需的教育大纲,接受技能提高方面的培训。2003—2004 学年,该研究所进入高等职业教育和继续职业教育百强高校。除此之外,传统上,该机构还从事评估教育质量、监督科米共和国教育体系的发展动态等工作。

最近几年,随着俄罗斯教育现代化改革的推进,该研究所成为提高教育质量和贯彻新纲要、方案和技术的中心,该研究所的一个重要研究方向是探索与制定现代教育质量评估的新方法与技术。其中,在 2013 年,该研究所围绕"教育机构工作质量的社会评估"这一项目,开发设计的系列研究成果经过了试验并获得了社会的一致好评。

5.3.2.2 社会评估的标准及实施

在科米共和国,社区理事会根据教育机构的类型有针对性地设计了相应的评估标准(见表 5.5)。依据评估标准,科米共和国教育发展研究所于 2013 年对 8 所试点教育机构(4 所普通教育机构、2 所中等职业教育机构和 2 所补充职业教育机构)的工作质量实施了首次社会评估。这套指标既包括事实指标,如"学生数量""对教育服务质量满意的用户所占比例";也包括需要主观判断的指标,如"舒适的医疗服务条件""舒适的设备"等。

科米共和国教育发展研究所对教育机构工作质量实施评估的步骤有四步。第一步,确定研究教育机构官方网站及调查教育服务需求者的方法和模板;第二步,组织研究教育机构官方网站上的信息并对教育服务需求者进行调查;第三步,研究所获得的信息并设计改进教育机构未来工作质量的建议;第四步,将评估结果及质量改进的建议提交给社区理事会,将其作为科米共和国教育部制定教育管理决议的重要依据。

表 5.5　科米共和国中等职业教育机构工作质量的社会评估指标

序号	工作有效性的标准	指标	实施评估的方法	评级的方法
1	2	3	4	5
一、教育机构信息的公开性和准入性				
（一）	信息公开性（教育机构在网站上公布的信息）	1. 在教育机构官方电子网站上公布信息： (1)有关机构创建日期、地址、分校、工作制度及时间表,领导的联系电话和电子邮箱； (2)有关教育机构管理部门的信息； (3)机构规章、当地条例、许可证及其附件、国家认定证书等副本； (4)有关实施的教育大纲的信息,该大纲指明了教学课目、课程及实践； (5)校历的相关信息及其副本； (6)招生结果信息及学生数量； (7)授予学生奖学金及提供社会资助条件的信息； (8)学生就业信息； (9)宿舍的相关信息； (10)教职员工信息； (11)开展教育活动的物质—技术保障的信息； (12)自我检查报告； (13)提供有偿教育服务的信息	通过查看万维网资源来研究该机构的官方网站,以此来了解该机构是否具备相应信息、信息质量以及官方网站的访问者是否可以轻松获取这些信息	用3点量表来测量每个指标,取值范围从0到2： 0—缺乏信息； 1—公布了部分信息,且这些信息的质量较低； 2—公布的信息很全面,信息质量较高
（二）	获取信息的机会	1. 打通该机构电话的可能性； 2. 通过以下方式获取机构活动信息的可能性：第一,该教育机构官方网站的反馈机制(提问—回答)；第二,招牌和其他的信息载体	调查获得教育服务的学生及其家长、雇主 调查享用教育服务的学生及其家长	用2点量表评价每个指标,取值从0到1： 0—没有机会或不允许访问信息； 1—容易获得或信息可访问
	根据机构评估标准和指标进行评分并确定排名顺序			

续表

序号	工作有效性的标准	指标	实施评估的方法	评级的方法
1	2	3	4	5
二、条件的舒适性及获得服务的准入性,包括针对残疾人的服务				
(一)	具备完善的外部条件	在外部设施中是否具有以下特点:卫生、教育机构周围有照明;有围栏、美化	调查获得教育服务的学生及其家长	用2点量表评价每个指标,取值从0到1: 0—缺乏舒适的条件; 1—全方位具备舒适的条件
(二)	具备完善的内部条件	1. 具备良好的营养条件; 2. 具备舒适的医疗服务条件; 3. 具备舒适的内部设施条件(男女生每层楼有卫生设施,机构内很卫生)	调查获得教育服务的学生及其家长	用2点量表评价每个指标,取值从0到1: 0—缺乏舒适的营养(或医疗服务或内部设备)条件; 1—具备良好的营养(或医疗服务或内部设施)条件
(三)	针对残疾人的"无障碍环境"	在教育机构中,不同类别的残疾人士是否可以自由获得教育服务:坐在轮椅上的、有视力或听力障碍的、有心理障碍的	调查获得教育服务的学生(服务区、卫生设施、媒体和电信)	用3点量表评价每个指标,取值从0到2并确定该指标的平均值: 0—不能使用相应的资源; 1—可以部分使用; 2—可以使用全部
	根据机构评估标准和指标进行评分并确定排名顺序			
三、教育机构工作人员的善良、礼貌和能力				
	与教育机构工作人员协作	员工友好、礼貌并具有能力	调查获得教育服务的学生及其家长	用2点量表评价每个指标,取值从0到1: 0—通过观察,发现员工是不礼貌和无能力的; 1—没有发现不礼貌、无能力事件

续表

序号	工作有效性的标准	指标	实施评估的方法	评级的方法
1	2	3	4	5
	根据机构评估标准和指标进行评分并确定排名顺序			
四、对教育服务质量的满意度			
	对提供的教育服务质量感到满意	对教育服务质量感到满意的用户所占比例	调查获得教育服务的学生及其家长	用3点量表评价每个指标,取值从0到2: 0—0%—30%的调查者有较高满意度; 1—30%—50%的调查者有较高满意度; 2—50%—100%的调查者有较高满意度
	根据机构评估标准和指标进行评分并确定排名顺序			
五、机构活动结果			
	提供公共服务的质量	1. 学习中等职业教育大纲的、在毕业第一年就业的毕业生比例; 2. 拥有高级资格的教师比例; 3. 受过高等职业教育的教师比例; 4. 受过中等或高等职业教育的教师所占比例; 5. 获得中等职业教育证书的学生比例,这些学生学习技能型、专家培养大纲	通过查看万维网资源的页面来研究官方网站,以此来研究该机构是否具备有关国家任务及任务完成指标的相关信息	用3点量表评价每个指标,取值从0到2: 0—没有完成计划的指标值; 1—达成计划的指标值(在上一期报告中); 2—超额完成计划的指标值
	根据机构评估标准和指标进行评分并确定排名顺序			
	根据所有标准进行总体评分并确定排名顺序			

资料来源:Критерии независимой оценки качества работы государственных профессиональных образовательных учреждений, способам проведения оценки и методам рейтингования учреждений[EB/OL]. http://minobr.rkomi.ru/page/9766/2015-01-08.

5.4 中等职业教育质量外部评估体系的作用与存在的问题

5.4.1 外部评估体系的作用

5.4.1.1 保障与提高教育质量

从俄罗斯中等职业教育质量外部评估体系的构成及其运行方式来看,中等职业教育质量的保障与提高是不同评估模式协作的结果。

(1)政府评估保障最低教育质量

首先,俄罗斯通过政府评估,"筛选"出不符合质量要求的中等职业教育机构,并要求这些教育机构制定相关计划以改进不符合质量要求的教育活动。这有利于保障中等职业教育机构达成最低质量要求。其次,俄罗斯通过政府评估,给予顺利通过政府评估的教育机构一定的奖励:国家财政拨款、办学许可证以及为毕业生颁发国家统一样式的毕业证书的权力。"奖励本身就能引起变化与提高",[①]这些奖励能提高中等职业教育机构及其教职员工的质量责任感。最后,政府评估是一种分类评估,它旨在依据一定的类别与类型指标对申请评估的机构进行分类,这有利于教育机构的合理定位,防止教育无序发展带来的质量危机。

(2)社会评估促进教育质量提升

俄罗斯中等职业教育质量社会评估是专业社会评估机构根据学校实际情况提供专业性的指导与帮助,也是社会力量参与监督教育的重要渠道。除此之外,对教育机构工作质量的社会评估通过评级对教育机构进行排名,这有利于为学生及其家长择校提供质量信息,有利于促进学校教育质量的持续改进,因为排在前列的学校会尽力保持自己的优势,排在后面的学校也会尽力提高自身地位。

---

① [美]约翰·布伦南. 高等教育质量管理——一个关于高等院校评估和改革的国际性的观点[M]. 陆爱华,等译. 上海:华东师范大学出版社,2005:107.

5.4.1.2 实现质量保障的社会治理

随着俄罗斯中等职业教育办学主体、资金来源多元化的发展,中等职业教育越来越成为非政府垄断的公共产品。在中等职业教育领域,单纯依靠政府控制并不能解决所有的问题。苏联解体后,俄罗斯在寻找一种新的管理方式。俄罗斯《2010年前俄罗斯教育现代化构想》规定通过加强国家权力机关、教育管理机关与社会各界力量合作来保障优质的教育质量,指出只有在教育体系与国民经济、文化、科学、利益相关部门和社会组织代表、家长及其雇主的经常协作中,才可以实现教育现代化的战略目标。在教育领域,社会治理成为实现教育现代化的重要条件。"所谓社会治理,就是指政府及其他社会主体,为实现社会的良性运转而采取的一系列管理理念、方法和手段,从而在社会稳定的基础上保障公民权利,实现公共利益的最大化。"[1]参与治理与合作治理是社会治理的两个重要方向。其中,参与治理是指在治理过程中有一个主导方,其他各界力量则被定位在参与者的地位上;合作治理则要求治理主体基于一定的互惠目标,在自主及平等的基础上开展合作,这是一种真正的共同治理。

(1)政府评估推动参与治理的实现

政府评估是政府主导下鼓励社会各界广泛参与的评估模式,评估成员不仅包括国家权力机关和(或)地方自治机关的代表,而且包括中等职业教育机构的管理人员、教育管理机构的代表、国家—社会组织与教学方法协会代表等。非政府组织及其他社会力量有机会以参与者的身份进入公共话语体系。地区教育质量评估体系的构建,使得"最近十年的重要成就是不仅在教育机构一级形成社会参与机制,还在市、地区一级形成了社会参与教育管理的机制"[2]。

---

[1] 周晓丽,党秀云. 西方国家的社会治理:机制、理念及其启示[J]. 南京社会科学,2013(10):75—81.

[2] Косарецкий. С. К, Моиссеев. А. М. Государственно-общественное управление образованием: от прецедентов к институту[M]. Москва: Вердана, 2010, 20.

(2)社会评估推动合作治理的实现

社会评估是独立于政府评估之外的一种评估模式。作为社会评估主体的教育质量社会检查及事业发展署、科米共和国教育发展研究所等都是代表公众利益、不以营利为目的的自治性的合法组织。在实施教育质量评估中，它们与政府权力部门的关系并非垂直隶属关系，而是处于同一水平线的平等协作关系。在社会评估中，专业社会评估机构是评估的主体，它以"主导方"的身份，而不是以"参与者"的身份，进入教育质量评估这一公共话语体系。政府评估与社会评估是相互独立的，各有各的质量标准、评估客体及评估工具，同时它们又相互协作。

合作治理是社会治理变革的归宿。俄罗斯教育质量外部评估体系的构建与实施是俄罗斯实施社会治理模式的最好反映，也是俄罗斯社会治理由参与治理向合作治理过渡的重要助推力。

5.4.1.3 推动学校担负质量责任

中等职业教育机构自身的努力维护与提高是改进教育质量的关键，外界力量并不能直接提高质量，只能为学校保障与提高质量提供辅助的工具及机制，促使学校主动担负起保障与提高质量的责任。

中等职业教育机构的自我检查是俄罗斯整个教育质量外部评估体系的重要组成部分，它是实施政府评估与社会评估的基础。《中等职业教育机构及其分校实施鉴定的方法建议》规定，中等职业教育机构及其分校的自我检查是鉴定的必要条件。国家质量机构与专业社会评估机构若想对中等职业教育机构进行质量评估，得出客观的评估结果，除了要依靠评估专家进行现场调查之外，还需要掌握有关参评院校的教学活动的、尽可能全面和准确的原始数据和资料等信息。在外部评估的推动下，俄罗斯中等职业教育机构需要树立起质量责任意识，在学校内部建立一套质量自我检查与自我约束的机制，如创建教师委员会，调查该校利益相关者的满意度，组织参与对学生及教师工作质量的检查；创建教学方法协会，为参与质量评估专家开展培训，依据自我检查结果为学校管理层提供质量改进意见。

5.4.2 外部评估体系存在的问题

在俄罗斯中等职业教育领域，从国家教育标准的设计到评估的具体实施，俄罗斯形成了多元主体共同参与和协作的评估文化与实践，并推动了学校构建质量检查与约束机制，但是现有调查数据显示外部评估体系的有效性不容乐观。评估的有效性即评估的效度，是指评估在多大程度上如实和准确测量了它想要测量的东西，以及是否达成了评估目标。

5.4.2.1 评估指标不健全

（1）部分教育质量难以测量

健全合理的评估指标是"对职业教育活动有效性的反映，有利于全面地评价教育结果"[①]，有利于评估结论全面、如实地反映中等职业教育机构的办学水平。多元主体参与设计的指标体系或许体现了多元利益、涵盖了教育体系的方方面面，但是由于教育质量的模糊性，"高等教育机构被人看作是联系松散的有组织的系统的明显例子，该系统的模糊性来自软技术、分裂的工作、进进出出的参与者以及模糊的目标"[②]，这使得教育质量，包括俄罗斯中等职业教育质量无法用数字或文字进行衡量。例如，国家教育标准"职业能力"中有一项需要学生达成"理解自己未来职业的实质及社会意义，并表现出对它的兴趣"这一目标，如何测量学生对职业的兴趣？由于教育及其目标的模糊性，"任何人都不可能对目标实现的程度进行评估"[③]。

（2）评估指标同质化

在社会评估中，专业社会评估机构在设计社会评估指标时虽然考虑到了不同类型（普通教育机构、中等职业教育机构、高等职业教育机构）之间的区别，但是在"中等职业教育"这一教育层次内忽视了中等技术学校

[①] А. Ю. Антропова. Система показателей оценки результатов деятельности в УПО[J]. Инновационное развитие профессионального образования, 2012(1): 112—114.
[②] [美]伯顿·克拉克. 高等教育系统[M]. 王承绪，等译. 杭州：杭州大学出版社，1994:22.
[③] [美]伯顿·克拉克. 高等教育系统[M]. 王承绪，等译. 杭州：杭州大学出版社，1994:19.

与高等专科学校的差异,将所有中等教育机构不加区分地放置在同一标准内进行排名与比较,其合理性是被质疑的。

5.4.2.2 评估目标达成度有限

"列瓦达中心"创办于1987年,是俄罗斯一个非政府研究机构。该机构的工作成员主要是来自社会学、政治学、经济学、心理学的专家,他们会定期组织大规模的民意调查,并基于调查研究所获数据。该机构的研究结果会定期发布在俄罗斯和世界顶级出版物中,研究结果具有较高的权威性。2013年9月,"列瓦达中心"做了一项社会调查①,围绕几个问题,调查教育质量评估体系构建以来民众对俄罗斯教育的满意度及教育质量改善情况。第一个问题:您是否对俄罗斯教育体系满意?3%的人认为"肯定是的",18%的人认为"可能是的",46%的人认为"远远没有",26%的人认为"肯定没有"。第二个问题:您、您的孩子、孙子现在是否获得了优质的教育?只有4%的人认为"肯定是的",29%的认为"可能是的",39%的人认为"远远没有",18%的人认为"肯定没有"。第三个问题,"您认为,最近几年俄罗斯教育体系的工作质量发生了什么改变?"有1%的人认为"明显改善",8%的人认为"部分改善",41%的人认为"没有改变",27%的人认为"部分变坏了",10%的人认为"明显变坏"。调查结果表明,绝大多数民众对俄罗斯教育质量并不满意,且通过构建评估体系以期改进教育质量这一目标达成度也不令人满意。

本章结语

苏联解体后,中等职业教育机构在获得较多自主权、实现办学主体多元化、资金来源多元化、机构类别多样化的同时,也面临质量下降等问题。在这种背景下,俄罗斯依据《俄罗斯联邦教育法》的相关规定与要求,构建

---

① В. А. Никонов. Кто и как должен оценить качество профессионального образования[J]. Профессиональное образование,2013(12):13—23.

了教育质量外部评估体系。教育质量外部评估体系是帮助教育机构正确定位、教育机构回应政府与社会问责的重要工具。

在苏联解体后的前十几年,政府评估是俄罗斯中等职业教育质量外部评估的唯一形式。在政府评估中,俄罗斯政府通过认可、鉴定与国家认定三个连续的环节,通过控制许可证、鉴定证书与国家认定证书的授予权,以及通过拨款这一利益驱动机制,直接或间接地引导和规范着中等职业教育机构的办学行为,保障中等职业教育机构达到最低质量要求。最近几年,随着"教育解国家化"运动的发展,俄罗斯通过颁布相关法规条例,鼓励政府之外的社会评估的形成与发展。目前,俄罗斯已初步形成了两种评估模式:教育大纲质量的社会评估、教育机构工作质量的社会评估。社会评估的模式是一种市场性模式,旨在为教育机构提供专业性的帮助,或通过对教育机构进行评级来引导教育服务需求者择校或专业。

俄罗斯中等职业教育质量外部评估体系包括政府评估与社会评估,它的构建与实施有利于保障与提高教育质量,其国家—社会共管特点有利于实现质量保障的社会治理,其评估的"外部"性有利于推动中等职业教育机构担负质量责任并建立内部监控体系。但是,由于评估指标不完善、评估目标达成度有限等问题,俄罗斯中等职业教育质量外部评估体系的有效性遭遇质疑。

苏联解体后,俄罗斯一直致力于构建中等职业教育质量外部评估体系,时至今日,这一工作远未结束,俄罗斯对社会评估体系的构建尚处于探索与初步形成阶段。正如费奥多尔·都德列夫所说:"中等职业教育质量的社会评估在美国已经有 40 年的历史。尽管如此,美国专家还抱怨,他们缺乏数据和评估工具等。在我们国家,这个漫长的旅程才刚刚开始。"[1]

---

[1] Анна Данилина. Удастся ли создать независимую систему оценки качества в СПО и ДПО? [N]. Учительская газета, 2014-06-27.

6. 俄罗斯中等职业教育质量内部监控体系

中等职业教育质量的改善是一个系统工程,是内部与外部相互作用的结果,单纯依靠外力对教育结果质量进行检查难以达到持续改进质量的目的。为了接受外部评估,也为了持续地改进教育质量,俄罗斯中等职业教育机构借助全面质量管理和国际 ISO9000 族标准等管理理论和工具,对本校的教育质量实施自我管理,构建了包括内部审计、教学督导、学生考核、教职员工考核、自我检查等在内的教育质量内部监控体系,将质量内部监控与日常教学管理融合在一起。

6.1 构建中等职业教育质量内部监控体系的原因

6.1.1 接受外部评估的需要

在俄罗斯,政府评估与社会评估是中等职业教育质量外部评估的主要形式,中等职业教育机构的自我检查报告是质量外部检查人员实施政府评估与社会评估的重要依据。俄罗斯《中等职业教育机构及其分校实施鉴定的方法建议》规定,中等职业教育机构及其分校的自我检查是鉴定的必要条件。鉴定是政府评估的重要环节。为了实施评估,为准政府机构或专业社会评估机构提供全面的质量信息,中等职业教育机构需要构建一套质量内部检测系统,以了解本校的教学、教师、学生就业等多方面的信息,并基于自我检查项目框架撰写和提交自我检查报告。俄罗斯通过颁布相关法规条例确定了自我检查的重要地位:中等职业教育机构实施自我检查是在为参与外部评估做准备,自我检查报告是教育机构参与外部评估的必要条件。从这方面讲,中等职业教育机构实施自我检查、在自身内部构建一套质量检查机制是政府对学校实施管理和调控的一种方式。在强大的外部评估的压力下,学校自我检查处于次要地位,成为外部评估的附庸。

6.1.2 学校自我改进的需要

中等职业教育机构对内部监控体系的强调绝非偶然,源于人们对政府与社会评估模式存在弊端的反思。俄罗斯五年一轮的政府评估、对教育机构工作质量的社会评估都是一种事后评估,其目的在于找出培养质量不合格的教育机构或不符合质量要求的教育活动。由于教育质量作为一种服务质量,"服务跟产品不同,因为它无法修改",所以,"服务一提供就已被消费,因此用检验的方法来控制质量永远为时已晚"。[①] 教育服务对象——学生的流动性很大,当政府评估证实某教育机构存在质量不足的情况时,其不良教育影响已经产生。从新一届学生入学到毕业,每一轮回中的教育服务质量往往因为学生不同、学生与教师的互动相异等多方面原因而表现出较大差异。政府评估作为政府管理教育机构的有效形式,有助于院校回应社会问责,但在推动院校定期和长期的自我改进方面的作用是有限的。

俄罗斯总统普京在2002年12月6日的第七届俄罗斯联邦校长会议上呼吁,国家和地区竞争力问题与教育质量紧密联系在一起。为了提高自身竞争力以争取更多的社会投资,提高国家、社会和教育者个体对教育质量的满意度,教育机构可以行使教育管理权。苏联解体后的最初几年,俄罗斯最先发展起来的是外部评估体系,中等职业教育机构自我检查只

---

① Edward Sallis. 全面质量教育[M]. 何瑞薇,译. 上海:华东师范大学出版社,2005:27.

是外部评估的附属物,是"外铄"的。随着教育服务市场竞争力的增强以及教育机构保障质量的自觉性的提高,教育机构越来越重视引进国外的全面质量管理、ISO9000 族标准,关注"内发"的质量意识及质量监控举措。中等职业教育机构越来越重视通过构建内部监控体系对自身质量进行定期和长期、事前和事中的检测,以期及时发现并消除不足。

6.1.3 适应教育国际化的需要

2003 年,俄罗斯签署了《博洛尼亚宣言》,成为博洛尼亚进程参与国。提高高等教育质量,构建高等教育质量保障体系是博洛尼亚进程的重要目标之一。在推动博洛尼亚进程参与国构建质量内部保障制度方面,欧洲国家越来越重视发挥高校的办学自主权,重视发展高校担负教育质量责任的主体性。

"俄罗斯加入博洛尼亚进程后,对本国的教育质量提出一定的要求,不仅要求构建国家教育质量保障体系,而且要求教育机构层面构建内部质量保障机制。教育机构内部的质量管理体系是实现这一要求的重要手段。"[1]虽然博洛尼亚进程涉及的主要是学士和硕士层面的高等教育,但是正如俄罗斯本国研究者所言:"由于俄罗斯在 2003 年加入博洛尼亚进程,引进并实施大学教育质量的内部监控体系成为教育质量改革成功的关键条件。这推动了在每所教育机构内部创建并实施质量管理体系的改革,其中,包括中等职业教育机构。"[2]

6.1.4 自觉承担质量责任的需要

"自由不仅意味着个人拥有选择的机会并承受选择的重负,而且意味着他必须承担其行动的后果,接受对其行动的赞扬或谴责。自由与责任

---

[1] Максимов Сергей Владимирнвич. Проблемы введения СМК в образовательные учреждения среднего профессионального образования[J]. Научные исследования в образовани и и,2011(3):78—81.

[2] Лукавская Валерия Игоревна. Внедрение системы менеджмента качества в техникуме [J]. Среднее профессиональное образование,2010(9):24—26.

实不可分。"①俄罗斯自转型以来,一直在探索职业教育体制改革的道路,意图在行政上放宽对学校的限制,赋予学校更多自主权。教育改革的主要方向:继续扩大中等职业教育机构的自主权,同时提高它们为终极活动结果负责的责任感。一方面,苏联解体后,伴随着教育民主化改革的推动,俄罗斯中等职业教育机构拥有了较多自主权。特别是,与第一代和第二代国家教育标准相比,第三代国家教育标准的制定与实施扩大了中等职业教育机构的自主权,也扩大了中等职业教育机构实施自主管理的空间。另一方面,"较多的自主权也同时代表更多的绩效责任"②。政府评估以国家教育标准为主要评估依据,国家教育标准以学习结果为导向。结果质量需要输入与过程质量的保驾护航。中等职业教育机构需要一套对输入和过程质量进行定期检查的机制。

6.2 构建中等职业教育质量内部监控体系的理论与方法

苏联解体后,俄罗斯社会经济领域发生了很多变化,这些变化对中等职业教育提出了新的要求,要求教育以满足目前和未来一段时间市场的人才需求为导向,要求提高学生的培养水平和自身质量管理的有效性。为了完成这些要求,俄罗斯一些中等职业教育机构基于国际ISO9000族标准设计了质量管理体系。质量管理体系是组织机构、实施质量管理所必需的文件、过程和资源的总和。除此之外,在中等职业教育机构,"质量的有效管理要求系统地运用全面质量方法,包括引进ISO9000族标准以改进中等职业教育机构的活动"③。全面质量管理和ISO9000族标准被引进俄罗斯中等职业教育质量管理领域,成为俄罗斯中等职业教育机构

---

① [英]弗里德利希·冯·哈耶克. 自由秩序原理[M]. 邓正来,译. 北京:生活·读书·新知三联书店,1997:83.

② Edward Sallis. 全面质量教育[M]. 何瑞薇,译. 上海:华东师范大学出版社,2005:13.

③ Е. В. Сартакова. Управление качеством в учреждении среднего профессионального образования[EB/OL]. http://www.pandia.ru/text/77/169/2337.php,2015-01-12.

构建内部监控体系的重要理论和工具。

6.2.1 构建内部监控体系的理论和工具

6.2.1.1 全面质量管理

全面质量管理发起于第二次世界大战后的工商界,它作为一种确保产品质量持续提高的哲学而被采用。"最近的各种实验表明:许多工业体系中的新管理程序都可以实际应用于教育,不仅在全国范围可以这样做(如监督整个教育体系运行的方式),而且在一个教育机构内部也可以这样做。"①自20世纪80年代起,全面质量管理逐渐被引入教育质量保障中,并在很多国家得到广泛推广。全面质量管理的核心理念包括以下内容:

(1)持续的改进

质量外部评估的实施一般是在某一周期内的产品或服务出厂后进行,由组织机构外部人员依据预先设定的最低标准对产品或服务的质量进行检测、发现不足及缺陷、提出改进质量的意见。这种方法注重结果,是一种事后检验,以达成"最低标准"为目标。这种方法只强调横向的比较,即将教育机构当前的培养质量与预定的教育标准相比较,认为只要符合标准,即为优质的教育。这种方法会造成很大浪费,包括不合格的产品及重复作业。与教育质量外部评估强调结果不同,全面质量管理强调的并非"亡羊补牢,为时不晚"的挽救式管理举措,而是在工作一开始就预防缺陷的发生,注重质量文化,强调将质量设计到从产品设计到产品出厂的一系列程序中,强调为所有员工创造持续改进的文化。这种方法不仅强调横向比较,以达成预定的教育标准为目标,而且注重纵向的比较,强调这一次的质量目标达成是对前一次的质量改进,追求卓越,而不只是符合目的。

---

① 联合国教科文组织国际教育发展委员会. 学会生存:教育世界的今天与明天[M]. 上海师范大学外国教育研究室,译. 上海:上海译文出版社,1979:179.

(2) 全面性

"全面质量管理中的'全面'就是指组织中一切的人与物都包含在持续改进的事业中。全面质量管理中的'管理'也一样,指的是所有的人,因为机构中的每个人,不管单位、职位、角色如何,都是他们自己职责的管理者。"[1]在组织机构内部,"同事即顾客",机构内的同事需要仰仗其他人的服务才能有效完成工作。所以,全面质量管理不仅是对产品的管理,而且是对参与生产过程的所有物质与人力资源的管理。全面质量管理不仅是组织机构管理人员的职责,而且是在管理人员适当放权的背景下,内部所有成员齐心协力与团队合作的结果。卡尔·阿伯瑞契特用倒三角形表示全面质量管理中的阶层结构(见图6.1),"倒三角形的组织重点不是要影响学校的权力结构,也不是要削减高层主管必要的领导地位。……倒过来的组织阶层强调的是给予服务的关系,以及顾客对组织的重要性。"[2]与传统组织地位中领导控制教职员工不同,在全面质量管理文化中,领导者的角色是支持员工,对员工取得的成就进行鼓励与认同。

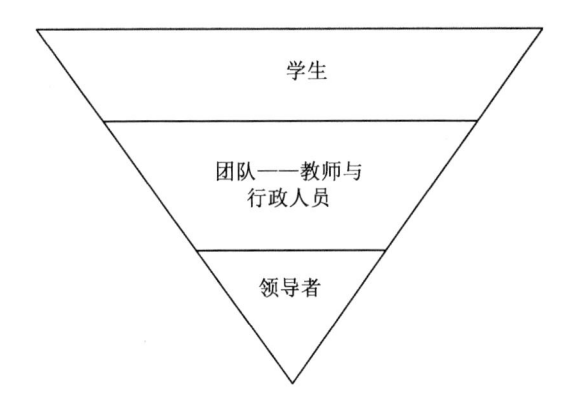

资料来源:Edward Sallis. 全面质量教育[M]. 何瑞薇,译. 上海:华东师范大学出版社,2005:37.

图 6.1 教育中的全面质量管理(倒三角形组织)

---

[1] Edward Sallis. 全面质量教育[M]. 何瑞薇,译. 上海:华东师范大学出版社,2005:33.
[2] Edward Sallis. 全面质量教育[M]. 何瑞薇,译. 上海:华东师范大学出版社,2005:37.

(3) 专注于顾客

"质量"可以是绝对的概念,也可以是相对的概念。以教育为例,精英教育通常被人们认为是有质量的,只有处于金字塔顶端的教育机构才可以提供这样的教育给少数的学生。高等教育大众化时代,人们越来越接受"质量是一种相对的概念"这一说法,认为优质教育不再是少数人的特权,评判教育质量的标准多样化,职业教育机构同样可以提供优质的教育。质量成为一种相对的概念。"质量的相对定义有两个方向。第一个是'符合标准'。第二个则是达到顾客的要求。……要了解质量,两个概念都很关键。其差别在于了解获得质量有不同的方法,而追求质量不只要系统与组织发展良好,让人了解,也有以顾客为导向而变化的文化,在其中个人对工作领域的质量有责任,得到质量也能居功不疑。"[1]"符合标准"即认为只要产品或服务符合预定的标准,即为优质的。在全面质量管理文化中,"达到顾客的要求"是质量的核心概念。产品制造者或服务提供者认为符合规格要求的产品在顾客看来并不一定是好的。奉行全面质量管理的组织机构认为顾客是质量好坏的终极仲裁者,应该由顾客来定义质量。为了获得优质的质量,组织机构必须了解认识顾客的期望,进而将顾客的期望与员工的努力融合在一起。

6.2.1.2 ISO9000 族标准

(1) ISO9000 族标准的产生与发展

ISO 成立于 1947 年,是世界上最大的国际标准化组织。1979 年 9 月在国际标准化组织理事会全体会议上通过创建质量保证技术委员会(ISO/TC176)的决议,专门研究国际质量保证领域内的标准化问题和负责制定质量管理体系的国际标准。ISO/TC17 下设两个工作组:SC1"术语"工作组,它负责质量名词术语标准的制定工作;SC2"质量管理体系"工作组,它负责确定质量管理体系的要求,确定质量管理体系的模式。

---

[1] Edward Sallis. 全面质量教育[M]. 何瑞薇,译. 上海:华东师范大学出版社,2005:18—20.

1987年"质量管理体系"工作组被更名为"质量管理和质量保证技术委员会"。

1986年6月,"术语"工作组正式发布了ISO8402:1986《质量——术语》。1987年3月,质量管理和质量保证技术委员会正式发布了"质量管理和质量保证"标准。该标准共由六个标准组成,被称为ISO9000系列标准(1987版)。经过多年的实践与经验总结,该标准经过了质量保证技术委员会的多次修订:1994版、2000版和2008版。ISO9000标准的核心标准有四个:ISO9000——《质量管理体系基础与术语》、ISO9001——《质量管理体系的要求》、ISO9004——《质量管理体系业绩改进指南》、ISO19011——《质量和(或)环境管理体系审核指南》。"1987版ISO9001标准从自我保证的角度出发,更多关注的是企业内部的质量管理和质量保证。1994版ISO9001标准则通过20个质量管理体系要素,把用户要求、法规要求及质量保证的要求纳入标准的范围中。2000版ISO9001标准在标准构思和标准目的等方面出现了具有时代气息的变化,过程方法的概念、顾客需求的考虑、持续改进的思想贯穿于整个标准,把组织的质量管理体系满足顾客要求的能力和程序体现在标准的要求之中。"[1]"质量管理与质量保证"标准、制定质量管理体系建立与运行的技术报告和小册子一起被称为ISO9000族标准质量管理体系。

(2)ISO9000族标准的理念

ISO9000族标准的哲学理念是质量应该设计到组织的系统与程序中,主张从"程序的概念"看待质量。"程序的概念相当强调依照最可能生产标准化或高质量产品的系统或程序来工作。让这些系统或程序运作,并且保证这些系统运作效率高、发挥效能,似乎就能得到质量。"[2] ISO9000标准强调将产品或服务的质量设计到每个阶段,从设计、生产到销售等,且重视建立正式而严格的管理体系以保证产品和服务质量符合预定的规格。

---

[1] 魏巍,杨湘. 过程方法——运作技巧[M]. 北京:中国计量出版社,2004,21.
[2] Edward Sallis. 全面质量教育[M]. 何瑞薇,译. 上海:华东师范大学出版社,2005,19.

6.2.1.3 全面质量管理与国际 ISO9000 族标准的关系

全面质量管理与 ISO9000 都发起于工商界,两者在核心本质上是相通的,讲求"预防胜于治疗",不仅要保证生产结果的质量,而且注重将质量理念纳入产品的设计与生产环节。

彼得·兴黎将 ISO9000 与全面质量管理的关系模式描述为四种。[①] 第一种,该模式将 ISO9000 作为全面质量管理的基础。ISO9000 强调质量管理的书面化程序。即用相应文件将学生入学、学生考试、教师考核、某行政部门的职责、内部审计等多种活动的内容及目标明确化,并用相应报告证明以上多种活动通过检查、符合预定规格等。第二种,该模式与第一种密切相关。在该模式中,ISO9000 是全面质量的核心,它让全面质量管理保持在适当地位,并为全面质量管理提供持续改进的坚实基础。第三种,在该模式中,ISO9000 地位较低,它只是作为确保机构程序运作始终如一的一种方法,全面质量管理较为重要,强调质量的实现依赖于员工的积极参与,而不是书面化的程序。第四种,该模式认为 ISO9000 来源于企业界,它不利于教育质量的改进与提高,甚至说两者是对立的。ISO9000 被视为官僚政治介入教育界的一种手段,对教职员工来讲,它是一种额外的工作负担。

在俄罗斯中等职业教育机构,全面质量管理与 ISO9000 族标准对改进质量的意义已逐渐得到广泛认同。一方面,关于全面质量管理。俄罗斯《中等和高等职业教育质量管理术语词典》将全面质量管理视为一种以促进组织活动满足需求者的需求(内部和外部)、合作者与社会的满意度为导向的综合性管理方法,认为全面质量管理关注对组织所有活动的管理、主张吸引组织所有合作伙伴参与质量持续改进工作,其目的是实现组织的长期稳定发展。另一方面,关于 ISO9000 族标准。在俄罗斯,"ISO9000 族标准已经在俄罗斯得到广泛应用。'产品的质量是优质过程的结果,而过程的质量是高质量管理的结果'这种观点在中等职业教育领

---

① Edward Sallis. 全面质量教育[M]. 何瑞薇,译. 上海:华东师范大学出版社,2005:47.

域已经取得广泛认同"①。

有学者指出,俄罗斯及国外职业教育机构在创建质量保障体系时,往往采用不同的质量管理方法。这些方法既有相似之处,又相互区别。这些方法主要有三种:SWOT 分析、全面质量管理及基于国际 ISO9000 族标准要求的管理方法。俄罗斯中等职业教育机构在实施质量管理时,所采用的并非是单一性的管理方法,而是综合采用全面质量管理与基于国际标准 ISO9000 要求的管理方法。"全面质量管理与 ISO9000 是高等专科学校实现质量目标的合作伙伴,其中,ISO9000 是基础,全面质量管理是对 ISO9000 的进化式发展。"②根据彼得·兴黎对两者关系的描述,目前俄罗斯中等职业教育机构的做法更类似于第一种,且尚处于通过制定相关的政策文件以引导、规范该机构的质量管理行为的阶段,并未发展到强调员工积极参与、发展质量文化的高级阶段。全面质量管理建议采用过程方法对教育机构的活动实施管理。

6.2.2 构建内部监控体系的过程方法

ISO9000:2000 将质量管理的原则归结为八项,过程方法是其中的一项重要原则。与 1994 版标准突出按要素进行管理不同,2000 版 ISO9000 标准提倡以过程为基础,采用过程方法建立质量管理体系的框架。"过程"是质量管理的基本单元。

6.2.2.1 过程

ISO9000:2000 条款 3.4.1 将过程定义为:"一组将输入转化为输出的相互关联或相互作用的活动。"③如图 6.2 所示:

---

① Соломатина Н. Ю. Менеджмент качества среднего профессионального образования на основе международных стандартов[EB/OL]. http://science-bsea.bgita.ru/2008/ekonom_2008/solomatin_men.htm. 2015-01-19.

② Н. Г. Кунъкова. Особенности управления современным колледжем[J]. Научные исследования в образовании. 2010(01):73—78.

③ 魏巍,杨湘. 过程方法——运作技巧[M]. 北京:中国计量出版社,2000:39.

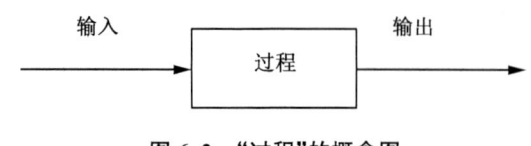

图 6.2 "过程"的概念图

在全面质量管理中,"过程"具有几个特性。第一,增值性。从"输入"到"输出"每一过程的实现都包含着资源投入,例如原材料、技术、人力资源等,因为有投入,输入的产品或服务使得增值成为可能,而若想将可能性变为现实,则需要对产品或服务实现过程进行策划和管理。第二,网络性。一个过程可以被分为若干个小的过程,这些小过程相互影响、相互制约,通常情况下,一个小过程的输入通常可以成为其他小过程的输出,一层层构成过程链。过程与过程之间的联系不仅是横向的,即从"输入"到"输出",而且是纵向的,例如管理部门对横向联系的监控和管理。组织之间的所有过程是一个相当复杂的过程网络(见图 6.3)。

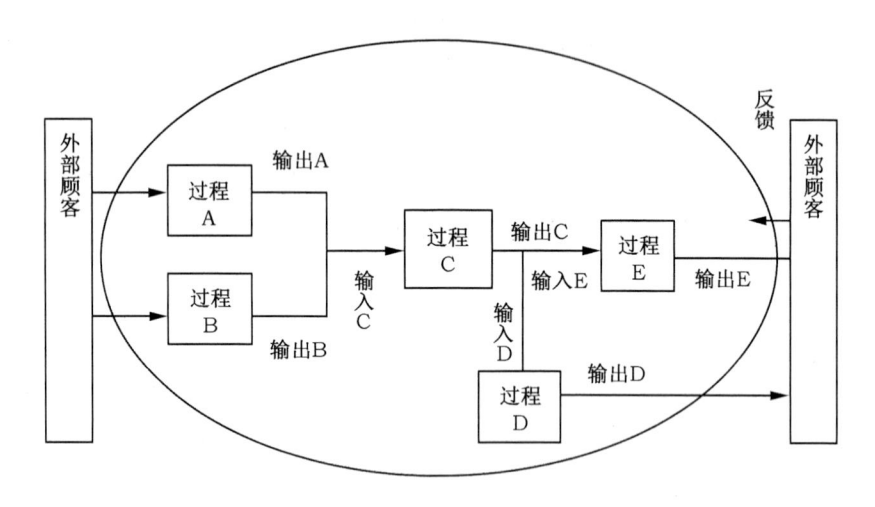

图 6.3 "过程"网络图

6.2.2.2 过程方法

什么是过程方法？ISO9000:2000 标准表述为"系统地识别和管理组

织所应用的过程,特别是这些过程之间的相互作用"①。ISO9001:2000 和 ISO9004:2000 标准认为"组织内诸过程的系统的应用,连同这些过程的识别和相互作用及其管理"可称之为过程方法。过程方法的核心内容包括:系统地识别过程;对这些过程及其过程之间的相互作用进行管理。ISO9000:2000 基于过程方法的质量管理体系模型构建如图 6.4 所示:

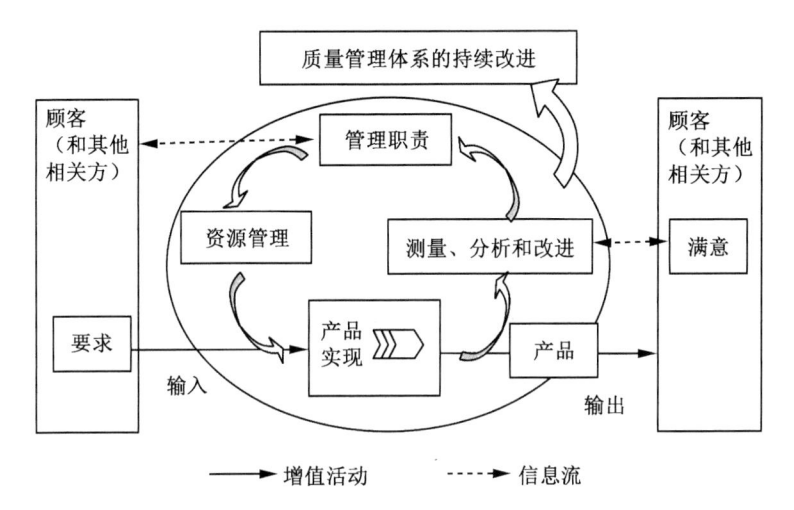

资料来源:魏巍,杨湘.过程方法——运作技巧[M].北京:中国计量出版社,2000:65.

图 6.4 以"过程"为基础的质量管理体系模型②

第一,管理职责。该部分包括:最高管理者向组织传达满足顾客需要和法律法规要求的重要性的信息,制定质量方针和确定质量目标;最高管理者要确保组织内的职责、权限得到规定和沟通;管理评审,即最高管理者应依据策划的时间,间隔评审质量管理体系,包括评审输入(包括审核结果、顾客反馈、改进的建议等)和评审输出(包括与顾客要求有关的产品的改进、资源需求等)。第二,资源管理。该部分主要包括资源提供,对人力资源、基础设施及工作环境的管理。第三,产品实现。该部分包括产品

---

① 魏巍,杨湘.过程方法——运作技巧[M].北京:中国计量出版社,2000:56.
② 魏巍,杨湘.过程方法——运作技巧[M].北京:中国计量出版社,2000:65.

实现的策划、与顾客有关的过程(例如,确定顾客对产品的要求、对产品是否达成顾客要求进行评审等)、设计和开发、采购、生产和服务提供。第四,测量、分析和改进。该部分主要是对以下几个方面进行监视、测量、分析并改进:证实产品的符合性;确保质量管理体系的符合性;持续改进质量管理体系的有效性。"管理职责"—"资源管理"—"产品实现"—"测量、分析和改进"这四大板块同样构成一个输入与输出的过程链。

6.3 构建内部监控体系的实践
——以伏尔加格勒医学高等专科学校为例

伏尔加格勒医学高等专科学校由伏尔加格勒地区的第一医学高等专科学校和第二医学高等专科学校合并重组而形成。目前,该校有四所分校:伏尔加河分校、卡门申科分校、米哈伊洛夫斯基分校和乌流宾斯科分校。目前,伏尔加格勒医学高等专科学校开设的专业主要有六个:医药、助产、护理、牙科整形、实验室诊断。每年,该校及其分校的学生有近3 500人,有超过 8 000 名医务工作者在该校接受培训与再培训,有近600名教职员工为该校的学生提供服务。

6.3.1 实施质量内部监控的主要机构

6.3.1.1 管理人员董事会

与传统管理不同,基于全面质量管理和国际 ISO9000 族标准构建的质量管理体系强调对教育过程的管理是一个事前及事中的过程,强调质量是事先就被设计到程序中的,认为质量目标不会自然出现,而是需要设计的。学校管理人员是设计质量政策和目标的主体。"领导能力与对转化到全面质量管理这项计划的重要性是不应被低估的。组织中的各个阶层若缺乏领导,那么进展的过程是无法一直持续的。这也就是全面质量管理被认为是一种由上而下的过程。"①

在伏尔加格勒医学高等专科学校的组织结构中,校长下设分管职业教育、分管教学工作、分管实践教学、分管质量管理、分管科学—方法工作、分管职业培训和补充职业教育、分管行政—财政工作、分管安全工作的副校长。校长与副校长、人力资源部部长、律师和总会计师一起构成该校的管理人员董事会。管理人员董事会是该校重要的教育质量管理机构。管理人员董事会的重要任务是组织、协调以提高人才培养质量为目标的所有工作和活动,其主要职能是设计宏观的质量愿景(例如质量政策、目标等),并组织和实施质量监控工作。

6.3.1.2 教师委员会及其他机构

在一项全面质量管理的行动中,学校管理人员的重要角色是鼓励责任分担,赋予教师更多的机会和权利以改进教学。"史坦利·史班包尔—福克斯山谷技术学院的校长,为全美最先倡导职业教育全面质量管理者,并主张在以质量为基础的原则下,学校领导者完全依赖对老师与所有参与教学者的授权。"②在伏尔加格勒医学高等专科学校,除了管理人员董事会之外,该校还构建了教师委员会、科学方法部、教学方法协会等重要机构。为了规范这些机构的工作行为并划分工作职责,伏尔加格勒医学高等专科学校制定了《教师委员会条例》《教学方法部条例》《科学方法部条例》等内部规范性文件。

教师委员会的主要职能包括:设计某一课目或职业模块课程的教学大纲;设计提高教学质量的方法;研究教学结果质量;研究教育工作者技能提高、学生的招生和毕业等问题。科学方法部的主要职能包括:为教育过程提供综合的教学方法保障;引进新的教学和信息技术以提高学生的培养水平;满足教师目前和未来的需求,促进其专业成长;分析教师对科学方法部员工工作的满意度等。教学方法协会的主要职能包括:研究设

---

① Edward Sallis. 全面质量教育[M]. 何瑞薇,译. 上海:华东师范大学出版社,2005:92.
② Edward Sallis. 全面质量教育[M]. 何瑞薇,译. 上海:华东师范大学出版社,2005:95.

计教师的创新工作计划；组织设计基本职业教育大纲；监控科学方法部成员开设课程的质量；监控该部门成员相互听课制度的实施情况；分析学生中期和总结性鉴定的结果；主持制定和实施旨在改进教育过程质量和提高专家培养质量的举措；为了随时监控学生的培养质量，与该校毕业生和雇主建立联系等。

教师委员会 （广泛的，有分校代表参加）		
管理人员董事会		
职业教育副校长参加的人才培养会议		分校代表参加的人才培养会议
科学—方法协会	教学—方法委员会	实习方法协会（кураторов）
部门工作会议		
员工 教师 学生		

资料来源：Л. В. Авчухова. Руководство по качеству СМК-П-4.2.2-01[EB/OL]. http://vmk1.ru/sistema-menedzhmenta-kachestva/vnutrennie-normativnyie-dokumentyi-kolledzha.html 2015-01-28.

图 6.5 伏尔加格勒医学高等专科学校内部信息传达图

学校领导人在设计教育政策及目标后，还需要将其内容及理念传达给教职员工及学生。如图 6.5 所示，在将院校质量政策和目标、教育大纲和改进教育质量的举措等质量信息传达给教职员工和学生时，管理人员董事会并非处于绝对的控制地位。管理人员董事会强调教师的重要性，通过召开人才培养会议，将教师委员会对教育质量的监控结果、改进教育质量的建议等信息传达给学校下属部门。

6.3.2 实施质量内部监控的具体举措

由于引进了全面质量管理及国际 ISO9000 族标准，伏尔加格勒医学高等专科学校对质量的关注不止聚焦于教育结果的质量，其监控的对象还包括"输入"层面的教师及财政投入，"过程"层面的教育大纲的设计，

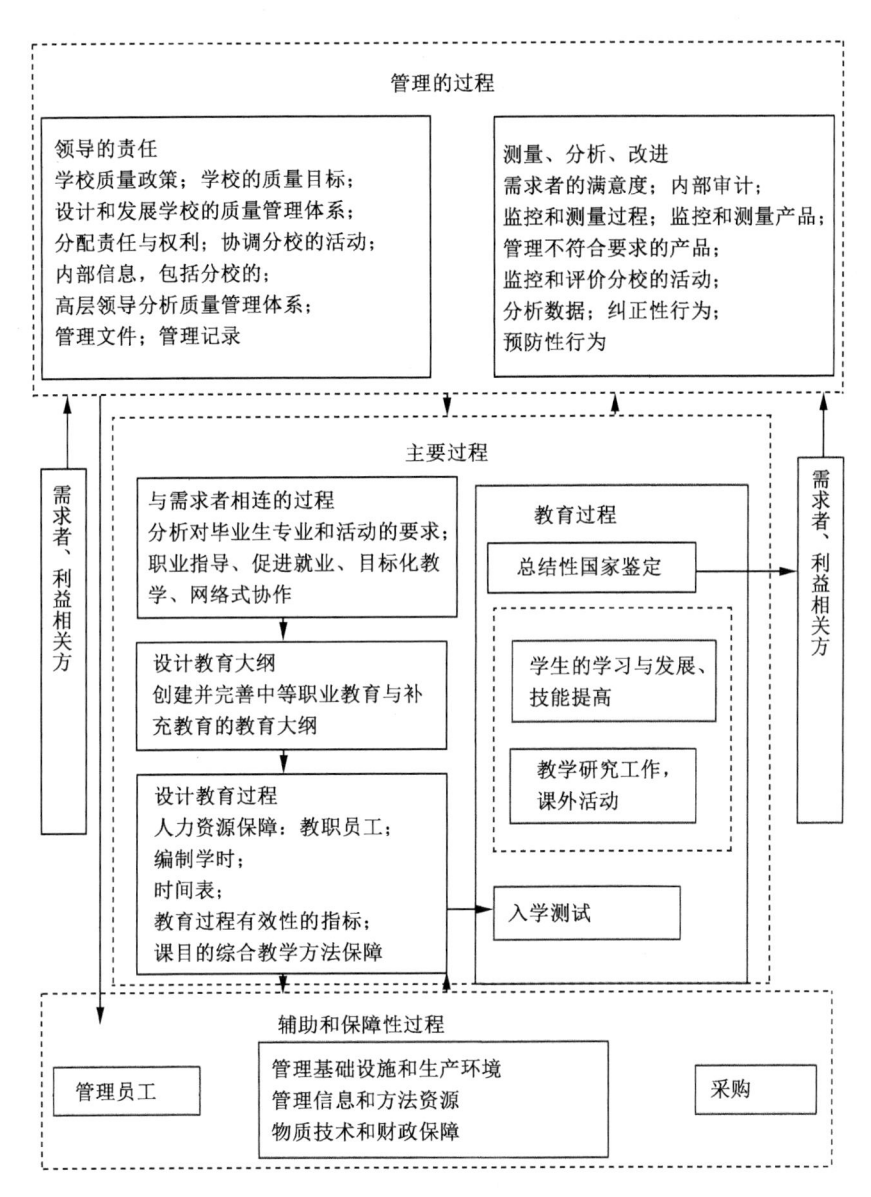

```
┌─────────────────────────────────────────────────────────────┐
│                      管理的过程                              │
│  ┌──────────────────────────┐  ┌──────────────────────────┐ │
│  │ 领导的责任                │  │ 测量、分析、改进          │ │
│  │ 学校质量政策；学校的质量目标；│  │ 需求者的满意度；内部审计； │ │
│  │ 设计和发展学校的质量管理体系；│  │ 监控和测量过程；监控和测量产品；│
│  │ 分配责任与权利；协调分校的活动；│ │ 管理不符合要求的产品；     │ │
│  │ 内部信息，包括分校的；      │  │ 监控和评价分校的活动；     │ │
│  │ 高层领导分析质量管理体系；   │  │ 分析数据；纠正性行为；     │ │
│  │ 管理文件；管理记录          │  │ 预防性行为                │ │
│  └──────────────────────────┘  └──────────────────────────┘ │
└─────────────────────────────────────────────────────────────┘
```

图 6.6 中展示的质量管理体系过程交互作用图，包含以下主要模块：

管理的过程
- 领导的责任：学校质量政策；学校的质量目标；设计和发展学校的质量管理体系；分配责任与权利；协调分校的活动；内部信息，包括分校的；高层领导分析质量管理体系；管理文件；管理记录
- 测量、分析、改进：需求者的满意度；内部审计；监控和测量过程；监控和测量产品；管理不符合要求的产品；监控和评价分校的活动；分析数据；纠正性行为；预防性行为

主要过程
- 与需求者相连的过程：分析对毕业生专业和活动的要求；职业指导、促进就业、目标化教学、网络式协作
- 设计教育大纲：创建并完善中等职业教育与补充教育的教育大纲
- 设计教育过程：人力资源保障：教职员工；编制学时；时间表；教育过程有效性的指标；课目的综合教学方法保障
- 教育过程：总结性国家鉴定；学生的学习与发展、技能提高；教学研究工作，课外活动；入学测试

辅助和保障性过程
- 管理员工
- 管理基础设施和生产环境；管理信息和方法资源；物质技术和财政保障
- 采购

左右两侧：需求者、利益相关方

资料来源：Л. В. Авчухова. Система менеджмента качества Руководство по качеству СМК-П-4.2.2-01[EB/OL]. http://vmk1.ru/sistema-menedzhmenta-kachestva/vnutrennie-normativnyie-dokumentyi-kolledzha.html 2015-02-10.

图 6.6 伏尔加格勒医学高等专科学校质量管理体系的过程交互作用图

"输出"层面的毕业生考核及雇主意见等。《伏尔加格勒医学高等专科学校内部监控条例》规定，伏尔加格勒高等专科学校实施内部监控的目标是：全面监控教育机构的活动，揭示并消除质量不足，改进教育过程，强化教职员工和学生为自身活动质量负责的责任意识，交流并传播质量监控与改进的先进经验。

6.3.2.1 内部审计

如图6.6所示，伏尔加格勒医学高等专科学校参照国际标准ISO9001:2008、采用过程方法将教育机构的所有活动划分为三个过程：管理的过程、主要过程、辅助和保障性过程。每个过程下设若干个小过程。"过程"成为质量管理体系的基本单元，质量管理体系是内部审计的主要对象。内部审计即质量管理体系的内部审计，是指中等职业教育机构对自身教育过程是否符合相应要求进行系统、自主分析与检测。这有利于改进教育服务，并矫正或预防不符合要求的教育行为的发生。内部审计的目的是为了确定质量过程及结果是否与ISO9001:2008的要求相一致，是否达成学校设计的过程管理有效性目标（如表6.1所示）。

(1) 审计人员的任命

为了保证内审审计的客观性和公正，伏尔加格勒医学高等专科学校对内部审计员的任命极为慎重。被任命的审计员必须具备相应的资格与经历：对被检查活动不直接承担责任的教学人员；学校的工作人员和学校编制外的审计员，他们需要具备可以证明他们在质量管理体系的内部审计领域受过相应教育的证书，具备作为实习者参加内部审计、在教育机构内部受过专门培训的相应证明。参与内部审计的审计员不少于两名。

(2) 审计的实施步骤

内部审计的实施步骤有五步：审计员依据审计主管发布的实施内部审计的指令，通知被检查部门（部门领导了解该命令）；实施审计；确定开展矫正与预防不符合要求的教育活动的必要性；依据内部审计的结果，拟定矫正或预防不符合要求的教育活动的计划，并指出质量不符合要求的原因，确定消除不符合要求行为的日期及相应负责人；编制并确认审计结果报告。

在实施审计阶段,审计员需要指明哪些教育活动不符合要求,并说明原因,以便于部门员工清晰地了解该教育活动的本质及其对教育质量及顾客满意度的影响。审计主管将检查报告和有关不符合要求的教育活动记录提交给该校的管理人员董事会,管理人员董事会负责说明这些不符合要求的教育活动在多大程度上是由偶然因素或一贯因素引起的,并负责确定采取矫正性与预防性举措的必要性。

审计主管负责编写审计报告,并为报告的准确性和完整性负责。审计报告应该包括:被检查部门的名称;检查的依据;审计成员名单;检查结果;依据检查结果,需要执行矫正性举措的结论;结论和建议;附件(有关不符合要求的教育活动记录);审计主管和被检查部门领导在了解审计报告后的签名。审计报告是学校领导人了解和分析该校质量的重要信息来源。

表 6.1　伏尔加格勒医学高等专科学校 2014 年过程管理的有效性指标

过程	过程负责人	有效性的指标(一)	有效性的指标(二)	监管文件
管理质量管理体系	副校长	(1)完成国家任务; (2)完成工作计划; (3)达成质量目标; (4)在监督和内部审计中不符合要求的服务数量	(1)100%; (2)100%; (3)100%; (4)不存在显著不符合要求的服务	质量手册;院校质量政策和目标;CMK-N-8.2.2-01《组织实施质量管理体系的内部审计》;学校的年度工作计划
管理基础设施	分管物质—技术和财政的副校长	(1)完成对设备和建筑物的维修计划; (2)完成测量仪器、运输的检查计划; (3)完成对所需求资源限价的计划; (4)依据申请完成维修场地的任务;依据申请完成维修和保养设备的任务; (5)保养和维修办公设备	(1)100%; (2)100%; (3)100%; (4)从申请之日起一个月内分别完成70%和80%; (5)从申请之日起在5个工作日内完成90%	学校的年度工作计划;质量手册

续表

过程	过程负责人	有效性的指标(一)	有效性的指标(二)	监管文件
管理生产环境	(1)分管安全的副校长；(2)分管物质技术和财政的副校长/供应部门负责人；(3)分管物质技术和财政的副校长/看管建筑物部门的负责人	(1)生产环境的参数符合监管当局的要求；(2)高效能应用：设备；办公用品；(3)生产环境的卫生参数符合监管当局的要求	(1)批评性指责不超过两条；(2)70%，100%；(3)批评性职责不超过两条	学校的年度工作计划；质量手册
管理员工	分管科学教学方法的副校长	(1)全职教职员工所占比例；(2)完成教职员工人员的培训计划；(3)在一定时期内，教职员工中的专职教师的数量；(4)师范类教师的数量	(1)超过50%；(2)不少于100%；(3)不少于95%；(4)不少于80%	学校的年度工作计划；质量手册
采购	分管物质技术和财政的副校长	按照申请完成采购	准时完成并符合法律的规定	学校的年度工作计划；质量手册
提供信息和方法资源	分管科学方法工作的副校长	(1)为课目和职业模块课程的实施提供必需的教学方法资源；(2)学校教师出版的著作占学校所有专业的教学课目和职业模块教材数量的比率	(1)为完成课程设计提供100%的保障；(2)不低于1.0	教学方法类的教材管理条例
主要过程	(1)分管教学工作的副校长；(2)分管专业教学的副校长；(3)分管教学工作的副校长	(1)在规定的时间内，设计的基本职业教育大纲符合要求： —课目的大纲； —职业模块的大纲； —学生考核材料； —国家总结性鉴定大纲和教材； —教学和生产实践大纲；	(1)100%，100%，100%，100%，100%，100%；(2)100%；(3)不低于4.0；(4)55%；(5)不高于5%；(6)不少于5%；(7)不存在	质量手册；教学方法类的教材管理条例；学生中期考核条例；学生总结性鉴定条例；开除学生的条例

续表

过程	过程负责人	有效性的指标(一)	有效性的指标(二)	监管文件
主要过程		—对实践结果进行监控—测量的材料 (2)雇主参与制定的职业教育大纲所占比例； (3)学校整体取得所有成就的平均分； (4)知识水平(Качество знаний)； (5)因为学业失败，被退学的学生所占比例； (6)获得优秀证书的毕业生所占比例； (7)没有通过国家总结性鉴定的毕业生		
依据补充职业教育大纲实施的主要过程	分管专业教学和补充职业教育的副校长	(1)提供技能提高课程： —补充教育大纲， —热门的教学—专题计划， —一套监控—测量材料； (2)教学结果的平均分； (3)教学后，通过鉴定的学生数量； (4)教学后，通过资格认证的学生数量； (5)实现要求： —雇主的， —个体的； (6)来自雇主的投诉	(1)50%,50%,100%； (2)4.4； (3)100%； (4)100%； (5)100%,100%； (6)不存在	院校的年度计划； 开放讲座的计划； 质量手册； 开除学生的条例； 资格认证考试条例

资料来源：Л. В. Авчухова. Руководство по качеству СМК-П-4.2.2-01[EB/OL]. http://vmk1.ru/sistema-menedzhmenta-kachestva/vnutrennie-normativnyie-dokumentyi-kolledzha.html 2015-02-14.

6.3.2.2 教学督导

伏尔加格勒医学高等专科学校的教学督导是对某一时段教学过程进行动态监督与管理的一项制度，是学校教学质量监控体系的重要组成部分。它以课堂观察为切入点，将目光聚焦于课堂，旨在监控课堂教学的组织与实施，检查教育内容、方法与目标的一致性以及课堂教学目标的完成情况。教学督导过程大致分为以下两个阶段：

(1)督导前期准备工作

教学督导是一个持续性的工作，上学期的质量检查结果是设计该学期教学督导表的背景资料。在正式实施教学督导之前，分管教学工作的副校长需要在参考上学期某教师的听课结果，上学期教学结果的质量指标，教师的教龄，教师的职业能力，学生、家长及其他利益相关者对该教师及其教学工作的看法等资料的基础上，设计《教学督导听课汇总表》。《教学督导听课汇总表》包含被听课教师的基本信息、听课负责人、听课目标及日期等几项内容。这一举措有利于规范教学督导行为、明确教学督导人员的职责，有利于基于教师的个体差异实施区别性督导。

(2)实施督导

听课是实施督导的主要举措，它以分析教学情况为目的，是对教学过程进行系统的现场观察。依据督导主体不同，伏尔加格勒医学高等专科学校将教学督导的方式划分为八种(见表6.2)。考虑到督导人员是为教师改进教学过程提供专业帮助的服务者，该校参照不同的督导内容合理分配督导人员，力求做到督导人员检查的项目正是他们所擅长的。

表 6.2　伏尔加格勒医学高等专科学校教学督导方式及内容

督导主体	督导内容	督导结果	督导时间
1. 系主任	教师的教学活动、教学方法、工具、内容是否符合学生要求；学生的活动，教师与学生的关系等	填写教师听课监控表	每月至少2次
2. 分管教学的副校长	总结该表中"1"的实施情况，编写简短的质量分析报告并提交给管理人员董事会	编写听课分析报告	每季度一次
3. 生产教学教师	办公室和实验室是否具备相应物质信息设备和耗材，这些设备及耗材是否到了有效使用；学生的实践操作过程；安全技术和劳动保护法的遵守情况；是否具备评价实践操作的完成情况的指标和目录	填写教师听课监控表	每月至少4次

续表

督导主体	督导内容	督导结果	督导时间
4. 实践课管理员	跨学科课程和实践课的组织及教学结果;在医疗机构,组织生产教学及其教学结果;教学实践和生产实践内容是否与该专业的教育大纲要求相一致;实践课教师对学校相关规范性文件要求的执行情况	填写教师听课监控表	每月至少两次
5. 分管实践教学的副校长	对该表中"2"和"3"的监控结果进行分析,编写简短的听课分析报告并提交给管理人员董事会	编写听课分析报告	每季度一次
6. 科学方法部的教学方法专家	教学方法材料与大纲要求是否一致;评价教学内容、方法、目标与相应指标是否一致,同时为老师改进组织—教学和方法工作提供专业帮助	填写教师听课监控表	每月至少两次
7. 教学方法部的代表	编制每学年的教师相互听课表,并对教师授课情况实施监控。包括两种监控方式:协会代表听教师的课;协会教师相互听课	填写教师听课监控表	第一种:每学年至少八次;第二种:每学年至少六次
8. 分管科学方法工作的副校长	对该表"6"中的教学方法专家的听课执行情况进行监督,并对教学方法专家的听课结果和相互听课结果进行分析,并编写简短的听课分析报告	编写听课分析报告	每季度一次

资料来源: Л. В. Авчухова. Положение о внутри колледжном контроле СМК-П-8.2.3-01[EB/OL]. http://vmk1.ru/sistema-menedzhmenta-kachestva/vnutrennie-normativnyie-dokumentyi-kolledzha.html 2015-02-15.

教学质量信息是教学督导的重要基础。为了获得客观的教学质量信息,并对这些信息进行有效的整理和分析,伏尔加格勒医学高等专科学校建立了信息档案。如表 6.2 所示,由系主任、生产教学教师、实践课管理员、科学方法部的教学方法专家、教学方法协会的代表在听课的基础上,编制教师听课监控表。教师听课监控表除了包含听课负责人、课程名称等基本信息之外,还包括教学中存在的问题及改进的建议。该表需要被保存在科学方法部,以便于分管科学方法的副校长对教师的教育活动动态进行综合评价。除此之外,如表 6.2 中的"2""5""8"部分,即分别由分管教学、实践教学、科学方法工作的副校长在监控听课实施情况、分析听课结果的基础上,编写有关听课结果的分析报告,并将其提交给管理人员董事会。管理人员董事会通过听课分析报告,了解和全面监控本校的教学工作。

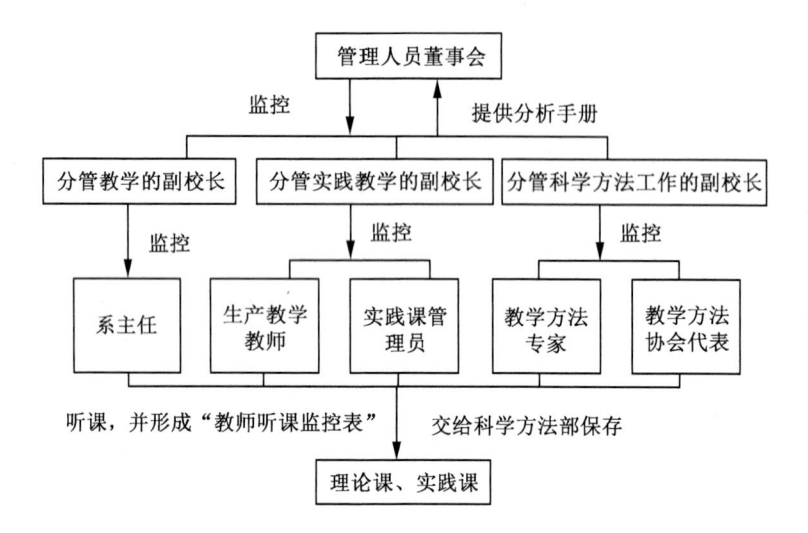

资料来源:Л. В. Авчухова. Положение о внутри колледжном контроле СМК-П-8.2.3-01[EB/OL]. http://vmk1.ru/sistema-menedzhmenta-kachestva/vnu-trennie-no-rmativnyie-dokumentyi-kolledzha.html 2015-02-16.

图 6.7 伏尔加格勒医学高等专科学校获取听课信息路线及信息管理图

6.3.2.3 学生考核

在伏尔加格勒医学高等专科学校,学生考核的形式主要有四种:入学测试、平时测试、中期考核和国家总结性鉴定。伏尔加格勒医学高等专科学校尤为重视国家总结性鉴定这一考核方式。

伏尔加格勒医学高等专科学校实施国家总结性鉴定的主要目的是:确定学生的知识、技能与能力水平是否与国家教育标准的要求相一致。在中等职业教育领域,国家总结性鉴定的实施形式有三种:某课目的总结性考试、跨学科总结性考试、毕业技能作品的答辩。学校不同、专业不同,国家总结性鉴定的实施形式不同。在伏尔加格勒医学高等专科学校,毕业技能作品的答辩是实施国家总结性鉴定的主要形式。毕业技能作品是一种综合性的独创性工作，是组织学生独立工作、深入研究科学和专业文献、完成研究工作的重要工具，是学生对所获信息进行分析、分类、总结的重要手段。它利于促进某专业毕业生在解决具体问题时，将所学知识系统化和巩固化，有利于检查毕业生是否为将来参加工作做好准备。

(1) 毕业技能作品答辩的实施主体

该校以及来自其他组织的具有高级资格的教师、雇主代表等组成的国家考试委员会是组织毕业技能作品答辩的主体。在国家考试委员会成员中，至少有5名成员来自其他组织。

(2) 毕业技能作品的选题

毕业技能作品的主题由教学方法协会的教师和与该校有合作关系的医疗机构的专家协商制定，并在学校教学方法协会和科学方法部的会议上讨论通过。毕业技能作品的主题应该与该专业的基本职业教育大纲中的一个或若干个职业模块的内容相一致。学生可以从中选择自己感兴趣的主题，或者自己选题。如果学生有意自己选题，则需要就该选题的实践意义提供一个合理的依据。

(3) 毕业技能作品设计的指导教师和顾问

为了帮助学生准备毕业技能作品，伏尔加格勒医学高等专科学校为每名学生提供指导教师和顾问。第一，指导教师是专业课的授课教师，且他(她)最多可以指导八名学生，他(她)主要在毕业技能作品设计、内容和完成步骤、选择和整理文献、监控作品完成情况等方面提供指导和建议。第二，顾问主要是来自医疗机构的工作人员，他(她)主要在毕业生完成毕业技能作品的实践部分时提供帮助。

(4) 毕业技能作品的答辩

在伏尔加格勒医学高等专科学校，毕业生技能作品答辩需要在国家考试委员会的2—3名成员参与下的、以公开报告的形式进行。在正式答辩之前，毕业生的技能作品需要提交给医疗机构工作人员，或对毕业技能作品主题有专门研究的相关组织机构的工作人员，以供评审。评审的内容包括:有关毕业技能作品内容与申请主题相一致的结论;评价毕业技能作品每一章节完成的质量;评价技能作品的理论、实践意义;评价毕业作品中预设的问题被解决的程度;对毕业技能作品的总体评价。

毕业技能作品答辩的环节包括:10 分钟左右的学生陈述、宣读送审的评审结果、委员会成员提出问题、学生回答。基于学生陈述、评审结果、学生回答等方面的信息,参照表 6.4 的毕业技能作品评价指标,答辩委员会成员对学生的答辩成绩作出"优秀""良好""满意"或"不满意"的评价。没有通过毕业答辩的学生,或在毕业答辩中获得"不满意"评价的学生有权在该次答辩的六个月后,申请再次答辩。每名学生最多拥有两次参加再次答辩的机会。

表 6.3　伏尔加格勒医学高等专科学校毕业技能作品评估指标

评估指标	评分			
1. 评价毕业技能作品的内容	0	1	2	3
1.1 毕业技能作品的内容与其主题的目标和任务的一致性				
1.2 在理论部分使用现代(近 5—10 年内)科学文献				
1.3 理论部分的内容与毕业技能作品的目标和任务的一致性				
1.4 实践部分与毕业技能作品的目标和任务的一致性				
1.5 结论与建议与毕业技能作品的目标和任务的一致性				
1.6 毕业技能作品的结论和建议的实践意义				
1.7 毕业技能作品文体的学术性				
2. 评价毕业技能作品的形式	0	1	2	3
2.1 毕业技能作品的结构和篇幅是否符合预定要求				
2.2 毕业技能作品的文本格式是否符合预定要求				
2.3 图表、照片、引证、参考文献是否符合预定要求				
2.4 作品设计的准确性和美感				
3. 评价毕业技能作品的答辩过程	0	1	2	3
3.1 陈述是否符合毕业技能作品的内容				

续表

评估指标	评分			
3.2 汇报的逻辑性				
3.3 答辩过程中对所用材料的举例说明				
3.4 介绍作品内容的流畅度				
3.5 有依据地回答问题				
3.6 合乎规定				
4. 毕业技能作品指导老师的评价(五分制)				
5. 校外评审员的评价(五分制)				
对毕业技能作品的总体评价指标(五分制): 61—50 分——5(优秀) 49—38 分——4(良好) 37—26 分——3(满意) 25 分及以下——2(不满意)				
国家考试委员会的总结性评价(五分制)				
国家考试委员会对该作品在实践应用和(或)发表的建议				

注:0分:不存在指标描述的情况。1分:部分符合指标要求。2分:基本符合指标要求。3分:完全符合指标要求。

资料来源:Л. В. Авчухова. Положение о выпускной квалификационной работе студентов ГБОУ СПО《Волгоградский медицинский колледж》СМК-П-8.2.4.-13 [EB/OL]. http://vmk1.ru/sistema-menedzhmenta-kachestva/vnutrennie-normativ-nyie-dokumentyi-kolledzha.html 2015-02-17.

6.3.2.4 教职员工考核

(1)管理人员考核

"全面质量管理要求改变态度与工作方法。如果全面质量管理要发挥影响,机构里的员工必须了解并且实践这一点。然而文化的转变不只是改变员工的行为,也要改变管理与领导的方式。"[1]为了将质量更好地设计到系统及其程序中,伏尔加格勒医学高等专科学校重视对管理人员

---

[1] Edward Sallis. 全面质量教育[M]. 何瑞薇,译. 上海:华东师范大学出版社,2005:36.

进行"质量文化"方面的培训。为了帮助学校管理人员掌握创建和贯彻质量管理体系的知识和技能,伏尔加格勒医学高等专科学校为其开设了《学校校长、副校长、部门管理人员技能提高讲座》(见附录一)。

在伏尔加格勒医学高等专科学校,管理人员考核的主要内容包括三方面:第一,培养与社会工作。该校考核管理人员"培养与社会工作"质量的主要参数包括:学生的培养水平、学生对校内守则的遵守情况、学生参加社会活动的积极性、医院临床实习生的工作质量、预防学生疾病工作的质量、学生的心理—教育指导、学生活动的工作质量、学生及员工的社会保障和职业适应水平、学生就业指导的开展情况及成效。第二,科学方法工作。该校考核管理人员"科学方法工作"质量的主要参数包括:提高教职员工的技能、提高教师的教学技能、检查教师的教育活动质量、教学方法协会的工作、针对新教师所做的工作。第三,实验与科学研究工作。该校考核管理人员"实验与科学研究工作"质量的主要参数包括:教师的受教育水平、学生和教师的教学研究和科学研究活动、组织和开展科学研究方面的学生会议、学术论文、为学生提供科学方法指导、为教师提供教学方法类的建议等。

(2)教师考核

国家教育标准是学校教师实施教学的重要依据。为了帮助学校教师了解新一代国家教育标准的内容,帮助教师将国家教育标准中对学生所获知识、技能、实践经验、一般与职业能力的要求设计到教学的每一个环节,伏尔加格勒医学高等专科学校为学校教师开设了《在实施国家教育标准的背景下,创建和实施教育过程质量管理体系的理论与实践》的主题讲座(见附录二)。

在伏尔加格勒医学高等专科学校,教师工作质量评级是教师考核的主要方式,其目的是提高教师技能,促进教师专业化和教师工作的有效性,发展教师的创造性。工作质量评级结果与教师的津贴挂钩。为了实施教师考核,伏尔加格勒医学高等专科学校成立了评级委员会。评级委员会成员包括校长、副校长、教师委员会的代表、教学方法协会的教师代表、教学方法专家、系主任、学科专家。为了实施教师考核,伏尔加格勒医学高等专科学校将教职员工的工作分为五大板块:教学板块、方法板块、培训板块、科学研究板块、行政板块。围绕每个板块,该校制定了6—7个具有代表性的指标。当该校年度工作计划发生变化时,伏尔加格勒医学高等专科学校会对描述这些模块的代表性指标作出相应调整。

工作质量评级的实施分为五个阶段:第一,教职员工的自我评估;第二,在教学方法协会会议上讨论自我评估结果;第三,由负责相应模块的评级委员会成员评价教职员工的活动;第四,形成教职员工的评级表;第五,在评级委员会的总结性会议上,确认教职员工活动评级的结果。评级委员会所有成员和教学方法协会的所有成员是评级委员会的总结性会议的参加成员。

6.3.2.5 自我检查

俄罗斯中等职业教育机构的自我检查(самообследование)是一套旨在对整个教育过程及教育过程子要素进行持续、有目标和综合监控的举措,是学校自我剖析和反思的过程。它类似于西方的自我研究与自我评估。

在俄罗斯,自职业教育质量政府评估产生及发展以来,自我检查作为政府评估的重要一环,其目的是为了促进教育结果最大限度地与国家教育标准的要求、利益相关者(学生及其家长、教师、社会、雇主)的需求相一致,是为了回应社会问责。最近几年,随着俄罗斯对职业教育质量内部保障的重视,以及中等职业教育机构构建全面质量管理体系实践的发展,自我检查正逐渐从外部评估的掣肘中解放出来。2013年6月14日俄罗斯联邦教育科学部第462号令《批准教育组织实施自我检查的程序》规定,教育机构需要每年实施一次自我检查。自我检查开始与学校的日常发展规划联系在一起,成为检查发展规划目标达成情况的重要手段。今天,俄罗斯中等职业教育机构开展自我检查的目的不仅是为外部评估做准备以回应社会问责,而且是为了推动学校教育质量的改进。

(1)自我检查的主体

学校内部人员是实施自我检查的主体。学校领导及其教师对实施自我检查的意义及必要性的深刻认识是实施自我检查的重要条件,这有利于防止学校仅仅为了参与外部评估而有意在自我检查报告中展示自己的优势、掩盖现存的教育问题。

自我检查的质量改进作用引起伏尔加格勒医学高等专科学校的重视。在伏尔加格勒医学高等专科学校,管理人员董事会及教师委员会是组织及实施自我检查的主要机构。除此之外,该校还邀请该地区教育质量监控局的首席专家、伏尔加格勒国立医科大学的校长、负责实践教学的副校长及负责教学工作的副校长参加本校教育质量的自我检查活动。这有利于强化社会对该校自我检查执行、过程与结果的监督,提高自我检查的公信力。

(2)自我检查的项目

俄罗斯中等职业教育机构实施自我检查的项目框架由国家相关法规预先制定。中等职业教育机构需要参照这些自我检查项目,考虑到本校办学特色、学科及培养对象等方面的特点,自主设计适用的自我检查项目。

2012—2013学年,伏尔加格勒医学高等专科学校参考国家制定的自我检查项目,开发了与学校质量目标相应的6个检查项目(见表6.5)。由于自我检查的目的之一是为外部评估做准备,特别是为政府评估做准备,而政府评估是对教育质量的全方位的系统化检查,所以,自我检查项目涉及范围较广,而非为特殊目的而进行的专门检查。

表 6.4　　伏尔加格勒医学高等专科学校自我检查项目及参数

项目	参　　数
1. 一般描述	1.1 伏尔加格勒医学高等专科学校的"名片" 1.2 简短的校史 1.3 学校的工作愿景及优先方向,质量政策及目标 1.4 基本职业教育大纲,教学形式 1.5 学校指南

续表

项目	参　数
2. 实施教育过程的条件	2.1 描述学校教学物质设备 2.2 对生产基地的一般描述 2.3 藏书情况 2.4 教育过程的信息化 2.5 人力资源 2.6 创建安全教育空间的举措 2.7 社会资助的形式及提供奖学金的情况
3. 教育过程的特点	3.1 在实施国家教育标准的背景下,教育过程的特点 3.2 开展教育过程的综合教学方法保障 3.3 学校的科学方法工作及实验工作 3.4 培养工作的基本方向及娱乐组织 3.5 职业指导和适应 3.6 学生自我管理机构
4. 获得补充职业教育的机会	4.1 补充职业教育的组织及内容 4.2 描述补充职业教育部门的学员定额
5. 学校的活动结果	5.1 教育过程有效性的指标 5.2 毕业生的数量及质量 5.3 毕业生就业报告 5.4 学生对校内与校外设施的参与及获得的成就 5.5 学校教职员工获得的成就与奖励 5.6 学校在比赛、设计等项目中取得的成就 5.7 学生对学校的评价及评论 5.8 雇主对毕业生培养质量的评价及评论
6. 财政—经济活动	6.1 有关资产的市面价值的报告 6.2 有关现金收入的报告 6.3 有关现金支出的报告 6.4 在报告年度,有关负债和贷款变化的报告
7. 结论	

资料来源：Публичный доклад о результатах деятельности ГБОУ СПО 《Волгоградский медицинский колледж》за 2013－2014 учебный год[EB/OL]. http://vmk1.ru/assets/files/files/Glavn/Publ_otchet_2012－2013.pdf 2015-02-26.

(3)自我检查结果的使用

自我检查的主要目的是为学校提供最新的、全面的质量信息。信息公开是俄罗斯中等职业教育质量管理的重要原则之一。伏尔加格勒医学高等专科学校以报告的形式将自我检查的结果公布在学校的官方网站上。除此之外，自我检查报告还以电子出版物的形式为学校创办者、学校招生委员会及下属部门了解质量目标及政策、全面质量信息提供便利。

伏尔加格勒医学高等专科学校公开自我检查报告的目的是增加学校职能的透明度，帮助教育服务需求者获得有关学校优先发展方向、教育活动结果的信息，为促进教育过程所有参与者之间的对话和协商提供信息。自我检查报告是实施政府评估的重要条件。学校管理人员可以通过自我检查报告了解该校质量目标的执行及完成情况、该校办学质量与国家教育标准相一致的程度，并制定未来一段时间的质量改进的建议及管理决策。同时，学生及其家长、雇主等利益相关者可以将该校公开的自我检查结果与其他教育机构相比较，这有利于学生及其家长择校或雇主选择性投资。

伏尔加格勒医学高等专科学校的自我检查实施并非在外部评估结束之后也随之结束，而是与分析与解决校内具体的问题、更新质量目标、管理日常教学工作等工作有机结合在一起。在伏尔加格勒医学高等专科学校，每年实施一次自我检查，自我检查成为一种持续性的质量监控工作。

6.4 中等职业教育质量内部监控体系的作用与存在的问题

6.4.1 内部监控体系的作用

6.4.1.1 实现了学校及员工的责任担当

俄罗斯构建外部评估体系的目的不仅是通过质量检查来回应社会问责，而且是推动学校自觉构建内部监控体系以担负保障教育质量的职责，提升学校保障教育质量的能力。目前，俄罗斯已初步成型的中等职业教育质量内部监控体系正逐渐将保障教育质量的责任落实到学校及其教职员工身上。

一方面，伏尔加格勒医学高等专科学校以内部审计、教学督导、学生考核以及自我检查为平台,对几乎涵盖教育过程所有环节的招生、教学的物质技术设备、师资、课程、学生、管理水平等进行定期常规检查。为了保证常规质量检查的顺利实施,正如"伏尔加格勒医学高等专科学校2014年过程管理的有效性指标"和"伏尔加格勒医学高等专科学校教学督导方式及内容"表格所示,伏尔加格勒医学高等专科学校将质量检查的责任与相应职能部门和院系负责人的工作职责结合在一起,建立了责任制度,以期做到事事有人管、工作有标准、考核有依据。质量定期常规检查的主要目的是获得基于事实的、全面的教育质量信息。这些质量信息是学校制定质量改进举措、管理决议的重要依据。遵循"定期常规质量检查—质量信息—质量改进—下一轮质量常规检查"这一逻辑,伏尔加格勒医学高等专科学校担负了质量保障的职责,并推动了质量持续改进这一目标的实现。

另一方面,伏尔加格勒医学高等专科学校围绕"国际标准ISO9001:2008"这一主题为该校各级管理人员开设了"学校校长、副校长、部门管理人员技能提高讲座",为教职员工开设"在实施国家教育标准的背景下,创建和实施教育过程质量管理体系的理论与实践"主题讲座。伏尔加格勒医学高等专科学校的这些举措既有利于帮助教职员工获得一定的质量管理知识与技能,也有利于促进学校管理人员及教职员工的质量自律,培养其质量意识与责任。

6.4.1.2 促进了职业教育创新发展

2008年10月,俄罗斯联邦教育科学部向俄罗斯联邦政府提交了一份题为"教育与经济的创新发展:2009—2012年推行现代教育模式"的国家纲要方案(以下简称"纲要")。该"纲要"指出要发展俄罗斯职业教育的创新潜力,为创新型经济的发展提供智力与人才支撑。俄罗斯中等职业教育机构通过内部监控体系促进教育创新发展主要体现在以下两个方面:

一方面,内部监控体系是中等职业教育机构创新发展的重要举措。"职业教育创新改革的主要目标是提高技能型人才的培养质量,提高专家及工人的竞争力。在教育机构内部创建并贯彻质量管理体系是高等专科学校创新活动的组成部分,是完善技能型人才和有竞争力的人才培养体系、促进教育机构与雇主合作的有效机制。"①俄罗斯中等职业教育机构创建质量管理体系及其内部审计机制是教育创新发展的重要举措和要求,反过来,它可以促进教育的创新发展及创新目标的实现。

另一方面,中等职业教育机构创建内部监控体系是俄罗斯推行教育管理体制改革创新的重要成果。在俄罗斯实施中等职业教育质量政府评估之初,由于国家垄断了颁发许可证及颁发国家统一样式毕业证的权力,中等职业教育机构在外部条件的压制下,为了自我生存,被动参与评估,包括自我检查。在国内教育民主化改革以及国际教育质量内部保障运动的推动下,俄罗斯中等职业教育机构的自主权不断扩大,中等职业教育机构正逐渐从被动接受外部力量(为外部评估做准备)向创建质量管理体系以实现自主发展过渡。这有利于学校形成一种主动的"自适应"机制,有利于学校根据当地雇主需求灵活地设计发展规划、制定管理决议。学校的自我检查制度不再只是学校迎合外部检查的需要,也成为学校的一种常规质量检查活动。教育质量内部监控体系成为学校对自身状况进行及时批判和反思、构建和生成支撑学校发展的质量文化的基础。

6.4.2 内部监控体系存在的问题

"根据俄罗斯联邦教育科学检察署的数据显示,从 2001 年到 2006 年,只有 10 所中等职业教育机构获得了国家标准与国际 ISO9000 族标准的认证。"②俄罗斯中等职业教育质量内部监控体系尚处于初步探索阶段,它的构建与发展面临若干问题。

---

① Пастухова. И. П, Андреева. В. Н. Управление качеством профессионального образования как путь развития инновационной модели системы СПО [J]. Научные исследования в образовании,2010(8):92—96.

② Н. М. Морозов. Процессная моделъ системы менеджмента качества ССУза[J]. Вестник Омского университета. 2012(2):112—118.

6.4.2.1 自我检查制度不健全

在苏联解体后的较长一段时间内,自我检查只是作为俄罗斯实施外部评估的一个环节,从而更多地与问责相联系,而不是与学校质量改进相联系。2013年6月14日俄罗斯联邦教育科学部颁布了第462号令《批准教育组织实施自我检查的程序》。自此,俄罗斯学校自我检查有了一定的改进,但还存在一些有待解决的问题。

(1) 自我检查是行政推动的结果

受教育集权式管理模式的影响,俄罗斯比较重视教育质量的外部评估,相对忽视学校的自我检查。目前,尽管俄罗斯教育行政部门建立相关制度鼓励学校将自我检查与学校发展规划联系在一起,但是,自我检查依然是一种自上而下的行政任务。另外,《批准教育组织实施自我检查的程序》规定,教育组织每年组织一次自我检查,这无疑也会加重教职员工的负担。

(2) 自我检查缺乏相应的制度及技术支持

"作为一项以事实判断和价值判断为主要内容的活动,自我检查需要评估制度和评估技术方法等条件予以保障。"[1]目前俄罗斯中等职业教育机构还不具备这样的条件。学校具备的规范自我检查行为的相关文件只是简要规定了自我检查的目的、任务、方法、实施程序及评估结果的应用等,而较少涉及自我检查实质性的内容,例如评估主体、评估职责划分、评估资料的收集及处理技术、评估人员培训等。这明显制约了评估活动的科学性与有效性。

(3) 自我检查与外部评估的关系缺乏有效协作机制

实质上,俄罗斯的自我检查与外部评估是独立进行的,两者的评估主体不同,两者的评估指标也存在较大差异。维系两者关系的只是一份自我检查报告。不可否认,自我检查报告为外部评估人员快速、全面了解学校质量信息提供了便捷。但是,在实施教育质量外部评估时,评估主体面

---

[1] 骈茂林. 学校自我评估:意义、问题及其改进[J]. 当代教育科学,2006(2):57—60.

对的是一堆数据,而不是与自我检查主体在答疑过程中进行信息双向交流。在外部评估主体和自我检查主体之间搭建有效互动的平台对改进教育质量具有重要意义。通过互动,外部评估人员可以深入了解自我检查数据收集与处理方法,判断数据的客观性;参与自我检查的人员可以提出自我检查实施中遇到的困境,从而获得外部评估人员的专业帮助,也可以向外部评估人员补充介绍该校的办学特色或其他质量信息,因为书面材料有时不易展现学校的全貌。

6.4.2.2 全面质量管理的有效性较低

20世纪80年代,起源于工商界的全面质量管理在西方高等教育质量保障领域得到迅速推广。目前,俄罗斯中等职业教育机构将全面质量管理奉为"座上客",对全面质量管理持乐观态度,认为只要应用了全面质量管理就可以预防教学质量的下降。事实上,在教育领域通过应用全面质量管理来实现质量改进的目的——这一问题遭到很多学者的质疑,全面质量管理的有效性并不容乐观,其原因是:

(1) 消费者与产品的含义含混不清

"专注于顾客"是全面质量管理的核心理念之一。当全面质量管理应用于工商界时,它包含的核心概念的含义是明确的,例如消费者及产品等。但是当全面质量管理被应用于中等职业教育领域时,其含义变得含混,以至于难以将全面质量管理的核心理念发挥到极致。在俄罗斯中等职业教育领域,很难界定谁才是教育服务的真正消费者,是学生、教师、国家、雇主或当地社区?学生、教师、雇主等的需求是相异的,有时甚至是相矛盾的,测量他们的需求及满意度相当困难。除此之外,简单按照全面质量管理的相关概念,学生既可以被看作是中等职业教育服务的顾客,也可以是原材料或产品。但由于学生作为人的本质特征,将学生看作产品又忽略了作为一个学习者的学习过程的复杂性。因此,"采纳 TQM 语言时需要小心。他相信像消费者、产品、输入、输出、指标与效率这样的术语在高等教育中是有问题的"。①

(2)学术自由文化与工商业文化的冲突

全面质量管理是源于工商界的一种管理思想和管理实践,强调严格按照生产标准控制每一生产环节,这种工商业文化与追求多元、自由的学术文化是相冲突的。为了实施全面质量管理,伏尔加格勒医学高等专科学校将质量体系文件化,即将质量目标、质量手册以及包含质量管理体系三大过程的所有活动以文件的形式规定下来,作为指导教师教学、管理人员实施管理的规范文件。这些文件在规范教育行为的同时,为教职员工提供了"一种新的纪律格式",这种纪律格式使教职员工不仅在"做什么"方面,而且在"如何做"方面都顺从每一文件的要求。这些文件"是一个最低限度,一个必须考虑的平均标准或一个必须努力达到的适当标准。它从数量上度量,从价值上排列每个人的能力、水准和'性质'。它通过这种'赋予价值'的度量,造成一种必须整齐划一的压力"②。全面质量管理的这种强调控制,要求教职员工严格执行管理流程的管理文化与学校追求自由的学术文化是冲突的。

本章结语

发展至今,俄罗斯中等职业教育质量内部监控体系既是政府对学校自上而下实施管理与控制的重要手段,也是中等职业教育机构基于自身现状及发展需要,责任意识觉醒、质量自我改进的重要表现。

全面质量管理与国际 ISO9000 族标准是俄罗斯中等职业教育机构创建质量内部监控体系的重要理论与工具。伏尔加格勒医学高等专科学校基于过程方法创建了质量管理体系模型,将所有教育活动划分为管理

---

① 黄启兵,毛亚庆.从兴衰到衰落:西方高等教育中的全面质量管理[J].比较教育研究,2008(3):56—60.
② [法]米歇尔·福柯.规训与惩罚[M].刘北成,译,北京:生活·读书·新知三联书店,2003:206.

过程、主要过程、辅助和保障性过程三大过程,管理范围涉及教育输入、过程与输出质量。为了及时获得全面的教育质量信息,伏尔加格勒医学高等专科学校定期对该校质量施以内部监控。内部监控的举措包括:内部审计、教学督导、学生考核、教职员工考核及自我检查。

学校实施教育质量内部监控是其自主管理的重要方式,有利于将质量保障与提高的责任落实到学校及其教职员工身上。俄罗斯中等职业教育机构依据全面质量管理与国际ISO9000族标准创建质量管理体系是学校管理体制的一种创新,是学校自主行使管理权的重要平台。但是,与俄罗斯中等职业教育质量外部评估体系相比,内部监控体系尚处于初步成型阶段,尚存在很多问题。自我检查制度的实施在很大程度上是行政推动的结果,并缺乏相应的制度与技术支持,自我检查也缺乏与外部评估之间的有效协作机制。除此之外,源自工商界的全面质量管理在中等职业教育领域的应用会遭遇"水土不服"的困境,面临实施效果较低这一困境。

从俄罗斯发展中等职业教育质量内部监控的态势来看,质量管理体系的内部审计、教育质量自我检查正从服从外部控制向寻求内部自主发展转变。这在一定程度上可以解决内部监控体系存在的问题。借鉴国外构建教育质量内部监控体系的经验,完善质量内部监控制度是俄罗斯实施教育质量自主管理的当务之急。

7. 结　语

自20世纪90年代以来,保障和提高教育质量是俄罗斯中等职业教育发展的重要主题。时至今日,在政府、社会与教育机构的多方努力和协作下,俄罗斯初步形成了有特色的中等职业教育质量保障体系。俄罗斯中等职业教育质量保障体系是特定组织依据一定的质量标准对教育质量施以评估与监控的所有政策、活动与过程的总和。

7.1 俄罗斯中等职业教育质量保障体系的特点

7.1.1 多元化的质量保障主体

所谓质量保障主体,实质上是要回答"谁来保障"的问题。在俄罗斯中等职业教育质量保障体系中,国家(中央与地方)、社会及学校是质量保障的主体,它们直接或间接地参与质量标准、质量评估及监控等质量保障活动。保障主体呈现出多元化特点。

7.1.1.1 多元主体的形成

多元质量保障主体的形成并非一蹴而就,而是随着俄罗斯教育民主化改革及国际教育质量内部保障运动的开展而逐渐形成的。1992年《俄罗斯联邦教育法》规定了国家教育政策的"国家—社会"共管原则。由于俄罗斯是一个具有悠久历史的中央集权国家,且公民社会的构建尚处于初级阶段,所以,在中等职业教育质量管理领域,在苏联解体后的最初十几年内,质量保障的权力主要集中在国家手中,社会制定质量标准及参与质量检查的行为是有限的,社会参与质量保障的权力是微弱的。2009年,俄罗斯联邦教育科学部部长与俄罗斯工业企业家联盟主席联名签署了《构建职业教育质量社会评估体系的条例》,该条例强调了构建职业教育质量社会评估体系的作用。自此,俄罗斯又陆续颁布了数个法规条例,将社会力量参与教育质量保障的权力合法化、保障方式规范化。作为重要的评估依据,第三代国家教育标准与第一代和第二代国家教育标准相比,着重强调了社会力量,特别是雇主参与设计国家教育标准的权力。

除此之外,在苏联解体之初,俄罗斯中等职业教育机构实施的自我检查是外部评估衍生的一种自上而下的行政任务,其主要目的是为参与外部评估做准备,为了回应政府与社会问责。最近十年,中等职业教育机构扩大的自主权将学校推向了改革的前沿,面对激烈的市场竞争及生存发展的压力,中等职业教育机构陆续引进全面质量管理及国际ISO9000族标准,在机构内部创建质量管理体系及其内部审计机制。2013年俄罗斯联邦教育科学部第462号令《批准教育组织实施自我检查的程序》颁布及实施后,自我检查不再仅是中等职业教育机构回应政府、市场与社会的质量问责的附属产品,也是中等职业教育机构基于利益相关者的需求,实施的质量反思和改进活动。

7.1.1.2 多元主体中的国家权威

苏联解体后的最初几年,由于政府几乎退出教育领域,教育陷入了萎靡不振的困境。《2010年前俄罗斯教育现代化构想》强调国家权力在促进教育发展、实现教育现代化中的作用。"国家权力是国家凭借和利用对资源的控制,以使公民、法人或者其他组织服从其意志的一种社会力量和特殊影响力"。[①] 今天,俄罗斯中等职业教育质量保障体系的形成是国家权力、学术权力与市场权力三方博弈协调的结果。其中,国家权力占有绝

---

① 胡玉鸿. 市场经济与国家权力[J]. 政治与法律,1997(4):45.

对性的主导地位。这一主导地位主要表现在:

(1)强制学校参与评估

国家通过立法、财政和行政等措施,强制学校参与政府评估。为了管理和调控中等职业教育活动,俄罗斯颁布了系列法规、条例、建议,例如《俄罗斯联邦教育法》《教育活动认可条例》《中等职业教育机构(中等专业学校)及其分校实施鉴定的方法建议》《中等职业教育机构(中等专业学校)国家认定条例》等。这些法规、条例及建议在规范政府评估程序及行为的同时,强化了国家在教育质量管理中的权威。国家通过垄断国家预算拨款、办学许可证的颁发权、赋予学校给毕业生颁发统一样式毕业证书的权力,控制了学校生存发展的"命门",强制学校参与准政府机构组织实施的政府评估。

(2)支配评估结果的应用

目前,在俄罗斯中等职业教育质量外部评估领域,俄罗斯既创建了自上而下的行政问责机制(政府评估),也创建了社会问责机制(社会评估),且社会评估结论成为准政府机构得出政府评估结论的重要参照。但是2013年《俄罗斯联邦教育法》规定政府评估之外的评估结果不能"中止或取缔学校开展教育活动的许可证,中止或剥夺学校的国家认定书"[①],即社会评估结论不能改变教育行政决策。正如社会学家本奇(Bengea)所言,"谁有最大的木棍(实力最强),谁最有可能定义质量"[②]。在俄罗斯中等职业教育质量外部评估领域,国家的"赤裸裸的权力"及"官僚的权力"踩着"道德的权力",占据了质量管理的制高点。

7.1.2 多元复合型质量保障模式

所谓质量保障模式,是政府、社会与学校为了实现自身需求而进行价

---

① Федеральный закон от 29 декабря 2012 г. No 273-ФЗ. Об образовании в Российской Федерации[EB/OL]. http://xn--80abucjiibhv9a.xn--p1ai/документы/2974 2015-03-02.

② [美]约翰·布伦南. 高等教育质量管理——一个关于高等院校评估和改革的国际性的观点[M]. 陆爱华,译. 上海:华东师范大学出版社,2005:22.

值选择和价值博弈的过程。国际教育质量保障模式的发展趋势之一是："原来以政府为主导的控制型模式，注重赋予高校更大的自治权，并越来越多地吸取社会中介组织的力量参与质量保证"。① 苏联解体以来，俄罗斯在中等职业教育围绕"分权"、强调学校自治等方面推行了系列改革，其质量保障模式经历了从一元控制到多元复合管理的变革。多元复合型模式是国家、社会与学校凭借自身力量博弈的结果。经过三者的博弈，最终形成了各主体在质量保障中的权责划分：国家宏观调控并促进学校达成最低质量要求，社会参与教育质量监督，学校自我管理。国家、社会与学校的质量保障方式及发挥作用不同，它们合作互补，共同完成保障和提高教育质量的使命。

7.1.2.1 政府评估——侧重"输出"质量的"合格"评估

国家在保障俄罗斯中等职业教育质量中的作用是最直接的，甚至是决定性的。国家使用其拥有的立法、行政等权力制定了规范国家、社会及学校的质量保障行为的系列法规、条例、建议等。国家教育标准是中等职业教育机构在教育结果、教育内容与教育条件等方面必须遵循的最低质量要求，它是一种约定性标准，即在学校正式提供教育服务之前就预先确定的。以国家教育标准为主要评估依据的政府评估是一种"合格"评估，即认为如果中等职业教育机构提供的服务只要符合国家教育标准及其他预定条件的要求，那么，它所提供的教育就是一种有质量的教育。由于国家教育标准以教育结果为导向，所以政府评估是对中等职业教育"输出"质量的严密控制。

7.1.2.2 社会评估——有侧重的比较性评估

苏联解体后，俄罗斯政府对中等职业教育机构的管理由刚性控制转向柔性调控，并将市场机制引入中等职业教育领域。市场机制以自由和竞争为核心特征，并强调消费者的权益与地位。市场自由选择与竞争机制要求中等职业教育机构将自身质量信息公开化，以便于学生及其家长

---

① 田恩舜. 高等教育质量保证模式研究[D]. 武汉：华中科技大学，2005：127.

择校、社会选择合作的教育机构。"20世纪高等教育最重要的发明是它的组织形式,即通过中层机构来缓和中央集权控制的主要结构本身",社会专业评估机构"在大学师生和政府官员之间起着中介作用,使两者都免受对方的冲击"。① 在俄罗斯中等职业教育领域,专业社会评估机构的主要评估方式是"对所有类别的教育机构及其教育大纲进行评级,包括使用国际上具有可比性的教育研究方法和结果进行评级"②,即依据一定的质量指标及每一指标的分值及权重,逐项检查教育机构的工作质量并为其打分,在打分的基础上对参加评估的教育机构进行排名。通过比较,"社会评估允许所有的利益相关者,不论是将要毕业的中学生,还是招收毕业生进公司工作的雇主,允许他们了解到谁更好、谁在教育服务市场上更差一些"③。

目前,中等职业教育质量社会评估的主要模式有:教育质量社会检查及事业发展署对教育大纲质量的评估;区域性专业社会评估机构对学校工作质量的评估。依据第5章"表5.2:教育质量社会检查及事业发展署的社会评估指标"来看,该评估模式侧重"过程"质量。依据"表5.5:科米共和国中等职业教育机构工作质量的社会评估指标"来看,该评估模式侧重"结果"质量。俄罗斯中等职业教育质量的社会评估指标各有侧重。

7.1.2.3 内部监控——侧重"过程"的自我反思

中等职业教育质量的改善是一个系统工程,是内部与外部相互作用的结果。单纯依靠外力对教育结果质量进行检查,难以达到持续改进质量的目的。为此,在教育质量外部评估体系之外,俄罗斯构建了包括内部审计、教学督导、学生考核、教职员工考核、自我检查等举措在内的内部监

---

① [美]伯顿·克拉克.高等教育系统——学术组织的跨国研究[M].王承绪,等译.杭州:杭州大学出版社,1994:305.

② Методические рекомендации по проведению независимой системы оценки качества работы образовательных организаций [EB/OL]. http://sinncom.ru/content/avmk/doc/index_metrek.htm 2015-03-04.

③ А. В. Белокопытов. Зачем нужна независимая внешняя оценка качества образования [EB/OL]. http://pedsovet.org/content/view/16331/530/2014-12-08.

控体系。这些举措是中等职业教育机构对各类教育活动质量的定期常规检查活动。通过质量检查,一方面,形成自我检查报告,将其作为联系学校自我检查与外部评估的纽带;另一方面,检查每学年质量目标达成情况,分析质量优势与不足,设计质量改进方案、新学年的质量目标与学校发展规划。遵循"质量目标—质量检查—新质量目标"的逻辑,在学校内部形成质量改进与提高的循环系统。内部监控体系是动态的、持续的、融于学校日常管理,而非静态的、终结性的、独立行事的活动。由于中等职业教育机构对教育质量附有直接责任,它通过建立内部监控体系,定期诊断质量存在的问题并设计质量改进方案,在质量保障内容上,更侧重于"过程"保障。

7.1.3 规范化的质量保障程序与方法

范·沃特和韦斯特海吉登认为,评估模式由四要素构成:第一,为了规范质量保障行为,国家质量管理机构制定质量评估的程序、方法等;第二,教育机构开展自我评估以检查和改进本校的教育质量、准备自我评估报告;第三,外部质量检查机构基于学校提交的自我评估报告,再借助现场考察等方式,检查自我评估报告的真实性并获得比较全面和客观的质量信息;第四,得出评估报告,报告的主要目的是为学校提供一些质量改进的建议。欧盟国家基于以上四要素,提出了实施质量评估的规范程序,即"国家制定评估方法与步骤—自我评估—外部评估—发表评估报告"。

俄罗斯中等职业教育质量保障体系是特定组织依据一定的质量标准对教育质量施以评估与监控的所有政策、活动与过程的总和。在内部监控体系中,俄罗斯中等职业教育质量自我检查类似于西方国家的自我评估。自我评估是外部评估必不可少的一环,并将教育质量的外部评估体系与内部监控体系串联在一起。随着俄罗斯中等职业教育质量保障实践的开展,其保障体系已渐成规模,并以评估为基础方法。

正如本书第 5 章与第 6 章所述,俄罗斯中等职业教育质量评估的形式主要包括政府评估、社会评估与自我评估。评估对象涉及学校的基本办学条件、教学质量、教育大纲、教育机构的工作质量等方面。评估方式与不同的评估对象相结合,形成了对学校教育质量的政府评估(对基本办学条件的认可、对教学质量的鉴定、对全面教育质量的国家认定)、对教育大纲的社会评估、对教育机构工作质量的社会评估、教育机构的自我检查(自我评估)等内在的若干个评估类型。

尽管针对不同评估主体和评估对象,俄罗斯中等职业教育质量评估类型呈现出多样化特点,但是质量保障的基本程序具有一致性和稳定性,基本遵循欧盟国家"国家制定评估方法与步骤—自我评估—外部评估—发表评估报告"这一规范化程序。

7.2 俄罗斯中等职业教育质量保障体系的发展趋势

国家教育标准是俄罗斯实施中等职业教育质量评估与监控的主要依据。自2009—2010年俄罗斯陆续颁布第三代国家教育标准以来,俄罗斯在教育领域相继推行了系列改革,颁布并实施了一些新的政策法规,例如2013年颁布了新的中等职业教育专业目录,2012年颁布了《俄罗斯联邦国家资格框架》,制定了若干职业标准并预计在2015年前制定并批准至少800个职业标准。国家教育标准是对学习结果的描述,职业标准是对工作结果的描述,实现学习结果与工作结果的对接是促进国家教育标准准确反映社会人才需求、提高教育质量的基础。1992年《俄罗斯联邦教育法》规定,至少每十年修订一次国家教育标准。2008年俄罗斯颁布的《2020年前俄罗斯社会经济长期发展构想》指出,俄罗斯需要在职业标准的基础上更新国家教育标准并实现各级教育大纲的现代化。可以预计,未来第四代国家教育标准将立足于联邦国家资格框架及职业标准对工作结果的要求,设计对学习结果的要求,将更大限度地促进教学与工作岗位的对接。

7.2.1 依据国家资格框架设计教育标准

俄罗斯联邦国家资格框架是连接俄罗斯联邦教育领域与劳动力市场的工具，是对全联邦范围内各级水平资格以及在俄罗斯境内获得相应级别资格的基本路径的简要说明。

俄罗斯联邦国家资格框架从"能力""技能""知识"三个维度描述了对拥有某一水平资格的工作人员的一般要求（见附录三）。在资格水平描述中，描述这三个维度的具体指标有："权利和责任的范围（Широта полномочий и ответственность）""从事活动的复杂性（Сложность деятельности）""活动的科研程度（Наукоемкость деятельности）"。"权利和责任的范围"对从业人员参与工作独立性的程度、工作的范围、在工作中担任的领导职务进行描述，例如设立工作目标、组织与监控工作等。"从事活动的复杂性"是对技能的要求，它依赖于：完成工作任务的方法的多样性、选择和设计这些方法的必要性、工作环境的不确定性、工作未来发展的不可预测性。"活动的科研程度"确定了对开展某一职业活动所需应用的知识的要求，它依赖于应用知识的创新性、应用信息的复杂性和范围。

除了资格水平描述外，俄罗斯联邦国家资格框架从"培训与大纲要求""实践经验""受教育程度"三个维度描述了获得相应水平资格的路径（见附录四）。[①] 俄罗斯中等职业教育是一个多级教育体系，因为招生层次、培养水平不同，其毕业生获得资格水平从第 2 级到第 6 级不等。

联邦国家资格框架是国家教育管理机构与劳动管理部门协作、并广泛吸引社会各界力量共同参与制定的，它立足于市场调查、强调从劳动市场这一主体，而不是仅从教育圈里、关起门来拟定人才需求方案，具有开放性。如图 7.1 所示，国家资格框架成为制定职业标准与国家教育标准的基础。国家资格框架从"知识""技能""能力"三方面描述学习结果，并

---

① 刘金花，吴雪萍. 俄罗斯联邦国家资格框架解析[J]. 教育科学，2014(4)：86-90.

将其与具体的资格水平相联系,这有利于强化教育与劳动力市场的联系,这种联系是创建国家教育标准与基本职业教育大纲的基础。"用'能力'或学习结果术语描述资格,这可以促进统一的模块化教学大纲的形成,每个模块以所获具体结果为导向。……确定基于知识、技能与能力的国家教育标准是建立国家资格框架的目标之一。"①

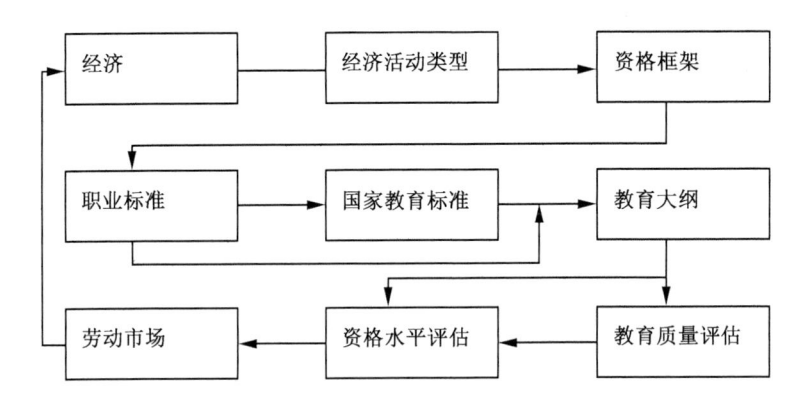

资料来源：Денис Зибарев. О развитии национальных квалификационных стандартов в Российской Федерации[EB/OL]. http://www.trudzr.ru/2011/02/zi-barev-db-ken-zamestitel-nachal-nika-upravleniya-po-razvitiyu-trudovogo-potenciala-nii-tss.html 2015-03-07.

图 7.1　联邦国家资格框架与职业标准、国家教育标准的关系示意图

7.2.2　依据职业标准设计教育标准

职业标准是劳动力市场自我调节的关键机制,也是一个多功能的规范性文件,该文件规定了具体职业活动的工作内容、质量与条件、从业人员所具备的资格、实践经验以及所受教育与培训的要求。

20 世纪 90 年代,在俄罗斯联邦劳动与社会保障部的主持下,俄罗斯工业家与企业家联盟开始组织制定俄罗斯职业标准相关工作。该工作内

---

① М. Коулз, О. Н. Олейникова, А. А. Муравьева. Национальная система квалификаций. Обеспечение спроса и предложения квалификаций на рынке труда[M]. Москва：РИО ТК, 2009：115.

容涉及:考虑到社会经济发展对工人素质、生产能力及劳动安全的要求,考虑到国际质量标准的要求以及更新各类经济活动职业标准的要求,制定职业标准的结构,制定组织和实施制定职业标准方案的方法。由于俄罗斯工业家与企业家联盟是非营利性组织,是基于自愿原则组成的全俄罗斯行业、地区的雇主协会。该协会通过的相关决议,包括地方性的规范性条例,只在内部成员内部使用,该协会制定的职业标准的法律效力不高,职业标准的执行是非强制性的。当时职业标准被认为是对工作人员应具备的知识、技能与能力的要求,有时用"资格手册"来代替"职业标准"这一说法。

随着科学技术的发展,社会经济发展对人才的要求不断提高,新职业不断涌现,原有的资格手册所描述的职能越来越不符合当前的实际,所以俄罗斯国内发出"用职业标准代替资格手册"的呼声,该建议在国家"高层"会议上通过。2012年5月7日俄罗斯联邦总统第597号令《国家社会政策实施举措》指出,要在2015年前制定并批准800多个职业标准。2013年1月22日俄罗斯联邦政府第23号规定批准了《制定、批准和使用职业标准的规则》,它规定职业标准的制定者包括雇主协会、雇主、职业社团、自我管理组织与其他非营利性组织、职业教育组织和其他利益相关组织,还规定需要创建隶属于俄罗斯联邦劳动与社会保障部的检查委员会,以审查职业标准草案。职业标准最终由俄罗斯联邦劳动与社会保障部在检查委员会建议的基础上批准。2013年4月12日俄罗斯劳动部第147号令确定了职业标准的模型。基于该模型及以上相关文件,目前俄罗斯共制定、批准了151个职业标准。

2013年《制定、批准与使用职业标准的规则》指出,职业标准是制定国家教育标准和教育大纲的基础。如图7.2所示,职业标准成为职业教育标准的基础。戴维·福雷特韦尔(David H. Fretwell)认为,职业标准只能在与职业教育标准和质量评估体系的联系中才能有效发挥自己的作用。当职业标准与工作岗位和整个经济的需求相联系时,职业标准可以为优质教育大纲和职业培训大纲的制定提供实质性的帮助。教育标准与职业标准的优先联系在于,职业标准是联系人力资源培养体系和具体经济活动人才需求体系的中介。

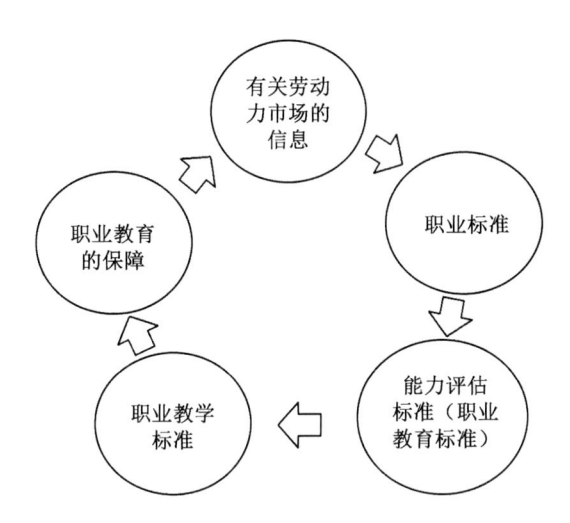

资料来源:Денис Зибарев. О развитии национальных квалификационных стандартов в Российской Федерации[EB/OL]. http://www.trudzr.ru/2011/02/ziba-rev-db-ken-zamestitel-nachal-nika-upravleniya-po-razvitiyu-trudovogo-potenciala-nii-tss.html 2015-03-09.

图 7.2 职业标准与教育标准关系示意图

教育标准与职业标准的协作互动的模型如图 7.3 所示。通过教育标准与职业标准、"学习结果"与"工作结果"的对接,实现教育与劳动市场的信息互动,有利于将劳动市场的新变化和要求写入教育标准,进而成为设计教育大纲、教学内容的重要依据,实现人才培养的"有凭有据"。这并不代表第三代国家教育标准缺乏这种对接。第三代国家教育标准通过工作任务—职业能力—职业模块—跨学科课程这一逻辑也会促进学习结果与工作结果的对接。通过国家资格框架与职业标准所创建的新一代国家教育标准将这种对接变得更为系统、规范。

综上所述,俄罗斯中等职业教育质量保障体系的构建经历了从政府一元主导到政府、社会与教育机构多元协作的发展过程,这是俄罗斯教育管理

图7.3 职业标准与教育标准协作互动的模型

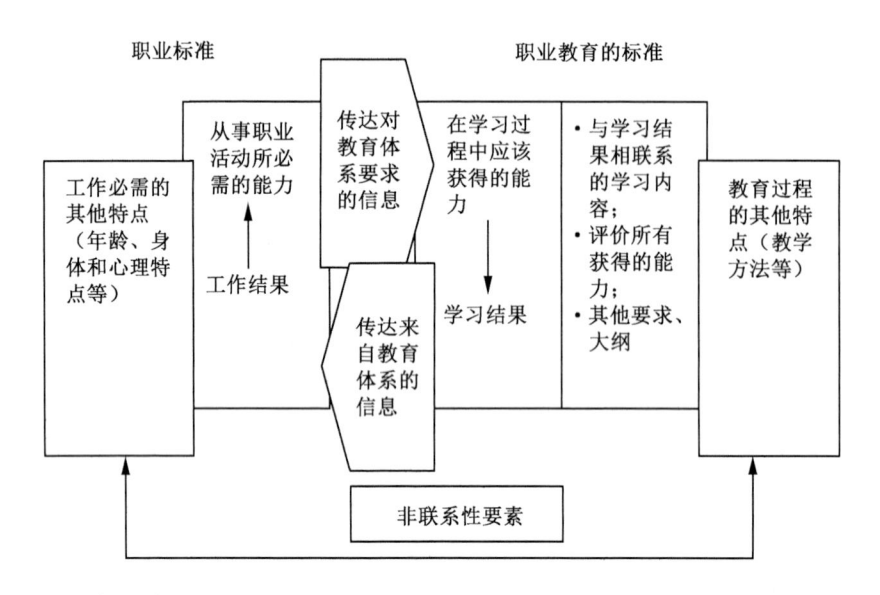

资料来源：Денис Зибарев. О развитии национальных квалификационных стандартов в Российской Федерации[EB/OL]. http://www.trudzr.ru/2011/02/zibarev-db-ken-zamestitel-nachal-nika-upravleniya-po-razvitiyu-trudovogo-potenciala-nii-tss.html 2015—03—09.

分权改革反映在中等职业教育质量管理领域的成果。国家教育标准既是教育质量评估与监控的依据，也是教育目的的集中体现。从教育目的的设计到教育结果的评估，俄罗斯体现了中等职业教育治理的公共性。为了保障和提高中等职业教育质量，政府、社会与教育机构各有分工，各尽其责。

国家教育标准是俄罗斯在目前和未来一段时间内，其社会经济发展对人才所需具备的知识、技能、态度、经验及能力要求的体现，是动态的。自2009年俄罗斯颁布并实施第三代国家教育标准以来，俄罗斯又设计了联邦国家资格框架和职业标准。依据国家资格框架和职业标准对工作结果的描述来设计新一代联邦国家教育标准的学习结果，这是中等职业教育质量保障体系未来发展的重要趋势。

参考文献

【外文文献】

1. А. М. Новиков. Как оценивать качество базового профессионального образования [EB/OL]. http://www.anovikov.ru/artikle/kach_bpo.pdf 2014-01-25.

2. А. Ю. Антропова. Система показателейоценки результатовдеятельности в УПО [J]. Инновационное развитие профессионального образования,2012,1(1):112—114.

3. А. Я. Савельева. высшее и среднее профессиональное образование РоссийскойФедерации(статистический справочник)[M]. Москва,2001.

4. Агранович М. Л. Российское образование в контексте международных индикаторов,2009[M]. Моства:Сентябрь,2009.

5. Агранович М. Л, Кожевникова О. Н, Зайцева О. В. Проблемы и тенденции развития образования в Российской Федерации: статистический информационно-аналитический сборник[M]. Москва: Центр Мониторинга и статистикиобразования ГНИИ ИТТ "Информика",2005.

6. Андреева Валентина Николавна. Опыт разработки учреждения среднего профессионального стандарта руководителя профессионального образования[J]. Среднее профессиональное образование,2012(9):5—7.

7. Анна Данилина. Удастся ли создать независимую систему оценки качества в СПО и ДПО? [N]. Учительская газета. 2014-06-27.

8. В. А. Беликов. Социальное партнерство в системе начального и среднегопрофессионального образования[J]. Вестник Южно-Уральского государственног-о университета. Серия:Образование,2010(36):114—117.

9. В. А. Никонов. Кто и как должен оценить качество профессионального образования[J]. Профессиональное образование,2013(12):13—23.

10. В. И. Ваганова. Реализация модели фирменногое образобания как условие повышения качества профессионального образования[J]. Вестник бурятского государственного университета,2012(SA):12—16.

11. В. М. Филиппов. модернизация российского. образования в России(Федеральный справочник)[M]. Москва,2004.

12. В. П. Максимов, А. Ф. Гулевская. Современные средства региональной системы оценивания качества образования:учебное пособие[M]. Южно-Сахалинск:СахГУ, 2011,186—187.

13. Бадертдинова Э. М. Управление качеством образовательного процесса в системе среднего профессионального образования[J]. Известия Российского государственного педагогического университета,2008(77):252—256.

14. Валиев И. Г. Колледж-пути развития, проблемы[J]. Специалист,1999(6):2—3.

15. Барер Т. Д. Актульные проблемы обеспечения качества профессионального образования [J]. Среднее профессиональное образование,2006(9):3—4.

16. Бондарева С. Р. Теоретические и практические аспекты реализации ФГОС СПО [EB/OL]. http://www.zdcollege.ru/documents/doc_197.pdf 2014-09-15.

17. Борисенков В. П. Стратегия образовательных реформ в России(1985—2005) [J]. Педагогика,2006(73):3—16.

18. Борисов Е. А. Образование для экономики[J]. Регионы России,2011(10):113—120.

19. Владимир Аверкин, Олег Зайченк. Аттестация и государственная аккредитация образовательных учреждений:реализация территориальной образовательной политики[J]. Народное образование,2004(8):31—36.

20. В. П. Максимов, Н. С Вашакидзе, А. Ф. Гулевская. Современные средства региональной системы оценивания качества образования:учебное пособие[M]. Южно-Сахалинск:изд-во СахГУ, 2011,25.

21. Виктор Михайлович Демин. Приоритеты среднего и начального профессионального образования в деле повышения качества подготовки кадров[J]. Образование в

России,2006:206—211.

22. Владимир Аверкин,Сергей Аверкин,Елена Карданова. Региональная система управления образованием: мониторинг развития[J]. Народное образование,2008(2): 156—164.

23. Владимир Путин. Россия на рубеже тысячелетий[N]. Независимая газета, 1999-12-30.

24. Владимир Филиппович Кривошее. Проблемы роста качества среднего профессионального образования в условиях модернизации образовательного процесса[EB/OL]. http://yandex.ru/clck/jsredir? from=yandex.ru 2014-03-01.

25. Вольнов С. В,Ефимова Е. Н. Модульное обучение как основа профессиональной подготовки будущего специалиста в рамках реализации ФГОС СПО новогопоколенния[EB/OL]. http://conference.osu.ru/assets/files/conf_info/conf7/S27.pdf 2014-10-29.

26. Г. Т. Георгиевна. Организация иновационной деятельность преподавателей в условиях введения федеральных государственных образовательных стандартов среднего профессионального образования(ФГОС СПО)[J]. Теория и практика общественного развития,2013(6):105—108.

27. Головинская Елена Валерьевна. Управление качеством профессионального педагогического образования на основе сетевого партнерства[J]. Среднее профессиональное образование,2014(1):13—16.

28. Голяева Наталья Владимировна. Компететностный подход в реализации оценки качества подготовки выпускников учреждений среднего профессионального образования[J]. Интеграция образования,2011(4):20—24.

29. Семчик Т. А. Современные механизмы реализации ФГОС СПО[EB/OL]. https://infourok.ru/doklad-na-temu-mehanizmi-realizacii-fgos-spo-2041781.html.

30. Горина И. П. Русское среднее профессиональное образование в аспекте международной интеграции национальных образовательных стандартов[J]. Фундаментальные исследования, 2007(6):35—37.

31. Д. Д. Цыренов. Оценка качества профессионального образования с учётом критерия занятости: теория и практика[J]. Проблемы современной экономики,2011(3):

315—318.

32. Давыдов С. В. Подхоы к формированию системы управления качеством образования [J]. Управление большими системами:сборник трудов,2006(16):74—80.

33. Давыдов Ю. С. Реформы российского образования:от желаемого к действительному [M]. Москва:МПСИ,2005.

34. Денис Зибарев. О развитии национальных квалификационных стандартов в Российской Федерации[EB/OL]. http://www. trudzr. ru/2011/02/zibarev-db-ken-za-mestitel-nachal-nika-upravleniya-po-razvitiyu-trudovogo-potenciala-nii-tss. html 2015-03-12.

35. Е. А. Оникова. Сравнительный мониторинг усвоения ЗУН при реализации ФГОС СПО второго поколения и освоения компетенций при реализации ФГОС СПО третьего поколения на примере специальности 080114 Экономика и бухгалтерский учёт (по отраслям). Научные исследования вобразовани,2012(5):32—36.

36. Е. В. Сартакова. Управление качеством в учреждении среднего профессионального образования[EB/OL]. http://www. pandia. ru/text/77/169/2337. php 2014-02-07.

37. Желдаков. Олег. Васильевич. Повышение качества подготовки специалиста в учреждении среднего профессионального образования на основе разработки системыконтроля[EB/OL]. http://www. dslib. net/prof-obrazovanie/povyshenie-kachestva-podgotovki-specialista-v-uchrezhdenii-srednego-professionalnogo. html. 2013-01-12.

38. Зайцева Елена Геннадыевна. Осогенности формирования новых федеральных национальных стандартов профессионального образования[J]. Профессиональное образование в России и за рубежом,2010(2):14—18.

39. Зорина Ю. П. Актуальные вопросы качества профессионального образования [EB/OL]. http://www. moluch. ru/conf/ped/archive/60/2575/ 2014-03-02.

40. Йошкар. Ола. Информационно-методическое сопровождение государственной аккредитации учреждений среднего профессионального образования[EB/OL]. http://www. rostr. net/index. php/normative-docs/quality-system/99-info-metod 2014-12-02.

41. К. Н. Геннадьевна. Значение социального партнерства в системе среднего профессионального образования[J]. Теория и практика общественного развития,2013(5):156—158.

42. Калиновская Татьяна сергеевна. Модель реализации компетентнестно ориентир-ованных технологий обучения в системе профессионального образования[J]. Вестник Челябинского государственного педагогического университета,2010(10):38—49.

43. Косарецкий. С. К, Моиссеев. А. М. Государственно-общественное управление образованием:от прецедентов к институту[M]. Москва:Вердана,2010:20.

44. Крель Н. А. Подготовка колледжа к практической реализации ФГОС СПО нового поколения[J]. Научные исследования в образовани,2009(10):18—19.

45. Л. А. Регуш. Резервы повышения качества образования[J]. Вестник Герценовского университета,2008(4):27—29.

46. Л. В. Лыновская. Медодика самооценки[J]. Научные исследования в образовании,2008(10).72—75.

47. Л. В. Авчухова. Положение о выпускной квалификационной работе студентов ГБОУ СПО《Волгоградский медицинский колледж》СМК-П-8.2.4.-13 [EB/OL]. http://vmk1.ru/sistema-menedzhmenta-kachestva/vnutrennie-normativnyie-dokumentyi-kolledzha.html 2015-02-17.

48. Л. В. Авчухова. Положение о внутри колледжном контроле СМК-П-8.2.3-01 [EB/OL]. http://vmk1.ru/sistema-menedzhmenta-kachestva/vnutrennie-normativnyie-dokumentyi-kolledzha.html 2015-02-15.

49. Л. В. Авчухова. Руководство по качеству СМК-П-4.2.2-01[EB/OL]. http://vmk1.ru/sistema-menedzhmenta-kachestva/vnutrennie-normativnyie-dokumentyi-kolledzha.html 2015-02-10.

50. Лукавская Валерия Игоревна. Внедрение системы менеджмента качества в техникуме[J]. Среднее профессиональное образование,2010(9):24—26.

51. Любовь Николаевна Глебова. Создание всероссийской системы оценки качества образования--шаг в будущее современнойРоссии[EB/OL]. https://docplayer.ru/32200358-Sistemy-ocenki-kachestva-obrazovaniya-shag-v-budushchee.html 2014-12-02.

52. М. В. Соколовская,Е. В. Замиралова. Самооценка как инструмент улучшения системы менеджмента качества образовательной организации[J]. Сибирское медицинское обозрение,2014(3):80—86.

53. Максимов Сергей Владимирнвич. Проблемы введения СМК в Образовательн-

ые учреждения среднего профессионального образования[J]. Научные исследования в образовани,2011(3):78—81.

54. Маркелова,Ирина Ивановна. Комплексная система контроля качества образования в профессиональном лицее[EB/OL]. http://nauka-pedagogika. com/pedagogika-13-00-08/dissertaciya 2014-02-10.

55. Морозов Николой Михайлович. Процесссная модель системы менеджмента качества ССУЗа[J]. Вестник Омского университета,2012(2):112—118.

56. Н. А. Крел. Подготовка колледжа к практической реализации ФГОС СПО нового поколения[J]. 2009(10):18—19.

57. Н. Г. Кунъкова. Особенности управления современным колледжем[J]. Научные исследования в образовании,2010(1):73—78.

58. Н. М. Морозов. Процессная модель системы менеджмента качества ССУза [J]. Вестник Омского университета. 2012(2):112—118.

59. Н. Ю. Соломатина. Менеджмент качества среднего профессионального образования на основе международных стандартов[EB/OL]. http://science-bsea. bgita. ru/2008/ekonom_2008/solomatin_men. htm. 2014-01-16.

60. Никандров Н. Д, Грохольская О. Г. Ведение в профессиональную деятельность:учебное пособие для вузов[M]. Москва:ДРОФА,2011,15.

61. О. Н. Смолин. Образовательная политика и образовательное законодательства в современной России[M]. Москва,2002.

62. Оникова Елена Алексеевна. Сравнительный мониторинг усвоения ЗУН при реализации ФГОС СПО второго поколенкя и освоенкя компетенций при реализации ФГОС СПО третьегопоколенкя на примере специальности 080114 экономика и бухгалтерский учёт(по отраслям)[J]. Научные исследования в образовани,2012(5):32—36.

63. П. Ф. Анисимов. Среднее профессиональное образование в социально-экономическом развитии регионов [EB/OL]. http://www. budgetrf. ru/Publications/Magazines/VestnikSF/2003/vestniksf195-02/vestniksf195-02070. htm 2014-06-15.

64. Пастухова. И. П,Андреева. В. Н. Управление качеством профессионального образования как путь развития инновационной модели системы СПО[J]. Научные исследования в образовании,2010(8):92—96.

65. Петр федорович анисимов. Начальное и среднее профессиональное образование [J]. Образование в России,2005:261—268.

66. Р. Ю. Евсеев. Механизмы обеспечения соответствия программ НПО И СПО требованиям рынка труда и рынка образовательных услуг[J]. Среднее профессиональное образование,2012(10):9—11.

67. С. А. Степанов. Терминологический словарь в области управления качеством высшего и среднего профессионального образования(проект) [EB/OL]. http://www. pandia. ru/12439/ 2014-01-11.

68. С. Б. Логинова. Методика оценки качества высшего и среднего профессионального образования[EB/OL]. http://www. webkursovik. ru/kartgotrab. asp? id=-38853 2014-01-25.

69. С. Ю. Мальгина. Создание системы оценивания и контроль в условиях реализации ФГОС СПО и НПО[J]. Научные исследования в образовании,2012(2):81—88.

70. Соловьёва. Ирина. Павловна. Формирование системы обеспечения качества подготовки специалистов среднего профессионального образования[EB/OL]. http://festival. 1september. ru/articles/313439/ 2013-12-18.

71. Соломатина Н. Ю. Менеджмент качества среднего профессионального образования на основе международных стандартов[EB/OL]. http://science-bsea. bgita. ru/2008/ekonom_2008/solomatin_men. htm. 2015-01-19.

72. Станулевич Ольга Евгеньевна. Многоаспектный подхд к оценке качества[J]. Среднее профессиональное образование,2013(2):52—54.

73. Станулевич. Ольга Евгеньевна. Механизмы обеспечения соответствия программ НПО и СПО требованиям рынка труда и рынка образовательных услуг[J]. Среднее профессиональное образование,2012(10):9—11.

74. Станулевич. Ольга Евгеньевна. Многоаспектный подход к оценке качества образования[J]. Среднее профессиональное образование,2013(2):52—54.

75. Станулевич Ольга Евгеньевна. Реализация ФГОС:содержания,условия,результаты[J]. Научные исследования в образовани,2012(1):46—58.

76. Т. Л. Клячко. Анализ финансовых потоков в системе профессионального образования[EB/OL]. http://www. iep. ru/files/text/usaid/analys_finpotokov. pdf 2014

-11-03.

77. Т. Л. Клячко. Модернизация российского образования: ресурсный потенциали подготовка кадров[M]. Москва,2002.

78. Т. Л. Клячко. Образование в России:основные проблемы и возможные решения[M]. Москва,Дело. 2013,30.

79. Ткаченко Е. В. Начальное, среднее и высшее профессиональное образование России: возможности сохранения и развития [EB/OL]. http://www. urorao. ru/konf2005. php_mode=_exmod=tkachenko. html 2014-05-27.

80. Ф. З. Гарифуллина. Организационно-технологические модели организаций гарантии качества образования [J]. Известия Российского государственного педагогического университета,2008(49):261—270.

81. Федеральная служба государственной статистики. Российский статистический ежегодник:2012 [M]. Статистический сборник /Росстат,2012.

82. Феодосия Гобышева. Модернизация с учётом региональных условий[J]. Народное образование,2007(7):29—34.

83. Филлипов В. М. Модернизация российского образования[J]. Педагогика,2004(3):3—11.

84. Фомцкая Галина Николаевна. Практика выработки критериев оценки качества образования национальных образовательных системах [J]. Вестник бурятского государственного университета,2010(1):45—49.

85. Харлов М. А. Управление знаниями и рефлексивные начала в среднем профессиональном образовании[J]. Мир наука культуры образования,2013(5):241—244.

86. Хватов Сергей Евгеньевич,Сущность и особенности образовательного процесса вколледже [EB/OL]. http://knowledge. allbest. ru/pedagogics/2c0b65635a3bd78b4c43a89521306c27_0. html 2014-06-20.

87. Шуберт Наталья Петровна. Реализация компетентностного подходе в системе среднего профессиональное образования[J]. Среднее профессиональное образование,2013(3):22—25.

88. Ю. А. Читаева. Оценка качества выпускников учреждений профессионального образования на основе компетенций[J]. Научные исследования в образовани,2011(7):

48—53.

89. Ю. Г. Елисеев. Мнение практиков о доработке ФГОС СПО[EB/OL]. http://www.akvobr.ru/mnenie_praktikov_o_dorabotke_fgos_spo.html 2014-11-02.

90. David Lim. Quality assurance in higher education—a study of developing counries. Ashgate Publishing Ltd,2001,13.

91. European Quality Assurance in Vocational Education and Training. EQARF indicators[EB/OL]. Http://www.eqavet.eu/gns/library/publications/2009.aspx. 2014. 3.

92. Peter Hodson&Harold Thomas. Quality assurance in higher education:fit for the new millennium or simply year 2000 compliant？. Higher Education,2003,45:375—387.

【政策文本】

1. Верховный Совет Российской Федерации. Российская Федерация закон об образовании [EB/OL]. http://uozp.akcentplus.ru/zakon%2010%2007%201992%20n%2032661.htm. 2013-11-08.

2. Верховный Совет Российской Федерации. Об образовании в Российской Федерации [EB/OL]. http://www.rg.ru/2012/12/30/obrazovanie-dok.html. 2014-12-08.

3. Государственной инспекции по аттестации учебных заведений России. Методические рекомендации по реализации программы аттестации образовательных учреждений среднего профессионального образования и их филиалов[EB/OL]. http://www.edu.ru/db/portal/e-library/00000049/atte-st/att_04.pdf. 2014-10-27.

4. Концепция модернизации российского образования на период до 2010 года[EB/OL]. http://www.al-news.r-u/zakony/dejstvujuwie/34-politika-v-oblasti-obrazovanija/139-z 2014-04-27.

5. Методические рекомендации по проведению независимой системы оценки качества работы образовательных организаций [EB/OL]. http://sinncom.ru/content/avmk/doc/index_metrek.htm 2014-01-09.

6. Министерство образования и науки Русской Федерации. Об утверждении Положения о лицензировании образовательной деятельности[EB/OL]. http://www.rg.ru/2011/03/23/license-obr-site-dok.html. 2014-09-28.

7. Минобрнаука РФ. Положение о формировании системы независимой оценки качества

профессионального образования[EB/OL]. http://www. zaki. ru/pagesnew. php? id=60975. 2014-12-10.

8. Министерство образования и науки Русской Федерации. Федеральный государственный образовательный стантарт среднего профессионального образованияпо специальности 051001 Профессиональное обучение (по отраслям) [EB/OL]. http://www. edu. ru/db/mo/Data/d_09/m574. html,2014-10-10.

9. Министерство образования и науки Русской Федерации. Федеральный государственный образовательный стантарт среднего профессионального образованияпо специальности 071003Скульптура[EB/OL]. http://www. edu. ru. db/mo/Data/d 10/m726. html,2010-10-20.

10. Министерство образования Русский Федерации. Об утверждении Положения о государственной аккредитация образовательного учреждения среднего профессионального образования (среднего специального учебного заведения)[EB/OL]. http://referent. mubint. ru/security/1/46356/1. 2014-11-18.

11. Письмо Минобразования РФ от 21. 11. 2003N 19-52-1130/19-28 Об обеспечении социального партнерства системы среднего профессионального образования[EB/OL]. http://www. bestpravo. ru/rossijskoje/jd-normy/m7r. htm 2014-09-12.

12. Положение о формировании системы независимой оценки качества профессионального образования(утв. Минобрнауки РФ, Общероссийским объединением работодателей-РСПП 31. 07. 2009N АФ-318/03) [EB/OL]. http://www. zaki. ru/pagesnew. php? id=60975 2014-12-28.

13. Постановление от 5 августа 2013 г. N 661 об утверждении правил разработки, утверждения федеральных национальных стандартов образования и введения в них изменений[EB/OL]. http://base. consultant. ru/cons/cgi/online. cgi? req=doc;base =LAW;n=150567 2014-07-28.

14. Постановление правительства рф от 14. 10. 1994n 1168. об утверждении типового положения об образовательном учреждении среднего профессионального образования (среднем специальном учебном заведении)[EB/OL]. http://www. lawmix. ru/prof/78693 2014-04-02.

15. Постановление Правительства РФ от 20 апреля 1995 г. N 387. Об утверждении

Порядка разработки, утверждения и введения в действие государственного образовательного стандарта среднего профессионального образования[EB/OL]. http://www. school. edu. ru/ laws. asp? cat_ob_no=5949&-ob_no=4582&-oll. ob_no_to= 2014-07-14.

16. Постановление Правительства Российской Федерации от 21 января 2005 г. N 36 г. Об утверждении Правил разработки, утверждения и введения в действие государственных образовательных стандартов начального профессионального, среднего профессионального, высшего профессионального и послевузовского профессионального образования [EB/OL]. http://www. bestpravo. ru/federalnoje/ewnormy/z1w. htm. 2014-07-23.

17. Постановление Правительства РФ от 18 июля 2008 г. N 543. Об утверждении Типового положения об образовательном учреждении среднего профессионального образования (среднем специальном учебном заведении)[EB/OL]. http://base. garant. ru/ 193595/2014-03-07.

18. Постановление Правительства Российской Федерацииот 7 февраля 2011 г. №.163-р. О Федеральной целевой программе развития образования на 2011 — 2015 годы[EB/OL]. http://base. garant. ru/189041/ 2014-08-12.

19. Правительство Российской Федерации. Об утверждении Порядка разработки, утверждения и введения в действие государственного образовательного Стандарта среднего профессионального образования [EB/OL]. http://www. lawmix. ru/prof/ 77708 2014-07-20.

20. Приказ Минздравсоцразвития РФN 409, Минобрнауки РФ N 1667 от 19. 05. 2011 Об утверждении Положения о системе среднесрочного и долгосрочного прогнозирования занятости населения в целях планирования потребностей в подготовке специалистов в учреждениях высшего и среднего профессионального образования и плана мероприятий по ее внедрению[EB/OL]. http://www. bestpravo. ru/rossijsko-je/do-dokumenty/a3b. htm 2014-12-07.

21. Приказ Министерства труда и социальной защиты РФ от 30 августа 2013 г. № 391а "О методических рекомендациях по проведению независимой оценки качества работы организаций, оказывающих социальные услуги в сфере социального обслуживания"[EB/ OL]. http://www. garant. ru/products/ipo/prime/doc/70380338/ 2014-12-09.

【中文文献】

书籍和期刊

1. [俄]安德兰尼克·米格拉尼扬. 俄罗斯现代化与公民社会[M]. 徐葵,译. 北京:新华出版社,2003.

2. E. 格威狄·博格,金伯利·宾汉·霍尔. 高等教育中的质量与问责[M]. 毛亚庆,刘冷馨,译. 北京:北京师范大学出版社,2008.

3. Edward Sallis. 全面质量教育[M]. 何瑞薇,译. 上海:华东师范大学出版社,2005.

4. [苏]巴特舍夫. 苏联职业教育简史[M]. 黄一卿,鲁爱珍,译. 北京:教育科学出版社,1989.

5. [美]伯顿·克拉克. 高等教育系统[M]. 王承绪,等译. 杭州:杭州大学出版社,1994.

6. [美]伯顿·克拉克主编. 高等教育新论——多学科的研究[C]. 王承绪,等译. 杭州:浙江教育出版社,2001.

7. [捷]布罗日克. 价值与评价[M]. 李志林,盛宗范,译. 北京:知识出版社,1988.

8. 陈先齐. 俄罗斯教育改革的现状和前景[J]. 东欧中亚研究,1993(4):73—78.

9. 陈玉琨. 高等教育质量保障体系概论[M]. 北京:北京师范大学出版社,2004.

10. 程凤春. 教育质量特性的表现形式和内容——教育质量内涵新解[J]. 教育研究,2005(2):45—50.

11. [美]杜威. 民主主义与教育[M]. 王承绪,译. 北京:人民教育出版社,1990.

12. 范国睿. 政府·社会·学校——基于校本管理理念的现代学校制度设计[J]. 教育发展研究,2005(1):12—17.

13. 范建中. 当代俄罗斯政治发展进程与对外战略选择[M]. 北京:时事出版社,2004.

14. 冯绍雷,相蓝欣. 转型理论与俄罗斯政治改革[M]. 上海:上海人民出版社,2005.

15. 冯增俊. 论教育现代化的基本概念[J]. 教育研究,1999(3):12—19.

16. [英]弗里德利希·冯·哈耶克. 自由秩序原理[M]. 邓正来,译. 北京:生活·读书·新知三联书店,1997.

17. 高晓慧. 俄罗斯经济增长中的结构问题[J]. 俄罗斯中亚东欧研究,2005(4):41—46.

18. 顾明远. 战后苏联教育研究[M]. 南昌:江西教育出版社,1991.

19. 郭扬."外圆内方":职业教育质量监控与评价体系的结构特征[J]. 职教论坛,2004(4):13—16.

20. 韩奇生. 高等职业教育质量保障体系建设述评[J]. 高教探索,2012(4):140—143.

21. 胡玉鸿. 市场经济与国家权力[J]. 政治与法律,1997(4):45—48.

22. 姜大源. 现代职业教育体系构建的理性追问[J]. 教育研究,2011(11):70—75.

23. 姜进. 论高等职业教育质量观的转变[J]. 中国高教研究,2011(6):79—80.

24. 蒋冀骋,徐超富. 大众化条件下高等教育质量保障体系研究[M]. 长沙:湖南师范大学出版社,2008.

25. 姜晓燕. 俄罗斯教育20年:变革与得失[J]. 比较教育研究,2010(10):16—21.

26. 姜晓燕. 俄罗斯中等职业教育优先发展战略[J]. 外国教育研究,2006(6):76—80.

27. 姜晓燕. 俄罗斯职业教育正在走出困境——访俄罗斯教科院职业教育学与心理学研究所所长穆罕穆德佳诺娃[N]. 中国教育报,2008—07—22(4).

28. 雷丽平,刘新春. 俄罗斯职业教育改革的探析与借鉴[J]. 东北亚坛,2007(5):92—97.

29. 冷余生. 从质量争议看高等教育质量评价的现状和任务[J]. 高等教育研究,2007(3):23—27.

30. 李艳辉,O.A.玛什金娜. 俄罗斯第三代高等教育国际标准:背景、框架、特点[J]. 高等教育研究,2014(2):102—109.

31. 李中海. 普京八年:俄罗斯复兴之路(2000—2008)(经济卷)[M]. 北京:经济管理出版社,2008.

32. 联合国教科文组织国际教育发展委员会编著. 学会生存:教育世界的今天

与明天[M]. 上海师范大学外国教育研究室,译. 上海:上海译文出版社,1979.

33. 林精华. 民族国家价值观的重建——关于当代俄国民族主义思潮的研究[J]. 民族研究,2003(1):19—28.

34. 刘宝存. 博洛尼亚进程的最新进展与未来走向[J]. 比较教育研究,2009(10):1—6.

35. 刘金花,吴雪萍. 俄罗斯联邦国家资格框架解析[J]. 教育科学,2014(4):86—90.

36. 刘淑华. 俄罗斯高等教育分权改革研究[M]. 北京:光明日报出版社,2010.

37. 刘淑华. 俄罗斯教育战略研究[M]. 杭州:浙江教育出版社,2013.

38. 刘复兴. 教育政策的边界与价值向度[J]. 清华大学教育研究,2002(1):70—77.

39. 刘孙渊,马超. 治理理论视野下的教育公共治理[J]. 外国教育研究,2008(6):15—19.

40. 吕红. 澳大利亚职业教育课程质量保障的研究[D]. 重庆:西南大学,2009.

41. 陆南泉. 俄罗斯经济结构调整趋势与制约因素[J]. 俄罗斯中亚东欧研究,2009(1):42—48.

42. [法]米歇尔·福柯. 规训与惩罚[M]. 刘北成,译. 北京:生活·读书·新知三联书店,2003.

43. 骈茂林. 学校自我评估:意义、问题及其改进[J]. 当代教育科学,2006(2):57—60.

44. 普京文集(2002—2008)[M]. 北京:中国社会科学出版社,2008.

45. 齐立斌,崔颖波,曹庆荣. 俄罗斯第三代体育专业国家教育标准的解读及启示[J]. 北京体育大学学报,2013(8):95—112.

46. 奇塔林·H. A. 俄罗斯职业教育现代化进程中的矛盾[J]. 大学·研究与评价,2008(9):50—51.

47. 戚文海. 从资源型经济走向创新型经济:俄罗斯未来经济发展模式的必然选择[J]. 俄罗斯研究,2008(3):49—58.

48. 乔桂娟. 俄罗斯教育现代化区域推进模式研究[D]. 长春:东北师范大学,2013.

49. 单春艳. 俄罗斯高等教育质量保障体系建设的新向度[J]. 黑龙江高教研

究,2011(10):5—8.

50. 史秋衡,罗丹. 从市场介入的视角辨析高等教育质量保障概念[J]. 大学·研究与评价,2007(9):29—32.

51. 石伟平. 职业能力与职业标准[J]. 外国教育资料,1997(3):59—64.

52. 石伟平. 能力本位职业教育与培训:背景与特征[J]. 外国教育资料,1997(6):35—43.

53. 石伟平,徐国庆. 职业教育课程开发技术[M]. 上海:上海教育出版社,2006.

54. 王旭阳,肖甦. 俄罗斯现行教育质量评估体系述评[J]. 比较教育研究,2011(2):76—80.

55. 王义高. 苏俄教育[M]. 长春:吉林教育出版社,2000.

56. 魏巍,杨湘. 过程方法——运作技巧[M]. 北京:中国计量出版社,2004.

57. 吴雪萍. 基础与应用:高等职业教育政策研究[M]. 杭州:浙江教育出版社,2007.

58. 吴雪萍,陈炯奇. 面向就业的俄罗斯中等职业教育改革[J]. 比较教育研究,2005(7):68—72.

59. 吴雪萍,刘金花. 俄罗斯现行中等职业教育标准探析[J]. 外国教育研究,2014(2):61—67.

60. 吴雪萍,刘金花. 俄罗斯中等职业教育质量外部评估探究[J]. 比较教育研究,2013(12):56—60.

61. 徐长发,赖立. 中俄典型地区职业教育调查与比较分析[M]. 北京:教育科学出版社,2010.

62. 徐国庆. 工作知识:职业教育课程内容开发的新视角[J]. 教育发展研究,2009(11):59—63.

63. 肖化移. 高等职业教育质量标准研究[D]. 上海:华东师范大学,2004.

64. 肖甦. 俄罗斯教育10年变迁[M]. 北京:北京师范大学出版社,2003.

65. 肖甦,王义高. 俄罗斯转型时期重要教育法规文献汇编[M]. 北京:人民教育出版社,2009.

66. [美]约翰·布伦南. 高等教育质量管理——一个关于高等院校评估和改革的国际性的观点[M]. 上海:华东师范大学出版社,2005.

67. 张金马. 政策科学导论[M]. 北京:中国人民大学出版社,1992.

68. 中国教科院教育质量标准研究课题组. 教育质量国家标准及其制定[J]. 教育研究,2013(6):4—16.

69. 周晓丽,党秀云. 西方国家的社会治理:机制、理念及其启示[J]. 南京社会科学,2013(10):75—81.

70. 朱小蔓. 前言[A]. 朱小蔓,Н.Е. 鲍列夫斯卡娅,В.П. 鲍利辛柯夫. 20—21世纪之交中俄教育改革比较[C]. 北京:教育科学出版社,2006.

71. 张民选. 模块课程:现代课程中的新概念、新形态[J]. 比较教育研究,1993(6):11—13.

72. 张应强. 高等教育质量观与高等教育大众化进程[J]. 江苏高教,2001(5):8—13.

73. 赵志群. 现代职业教育质量保障体系建设[J]. 中国职业技术教育,2014(21):235—239.

网络资料

1. 国家中长期教育改革和发展规划纲要(2010—2020年).[EB/OL]. http://www.gov.cn/jrzg/2010/07/29/content_1667143.htm 2013-12-08.

2. 鲁昕部长在2011职业教育与成人教育工作视频会议上的讲话[EB/OL]. http://www.doc88.com/p-499271336570.html 2013-12-08.

附录一

伏尔加格勒医学高等专科学校校长、副校长和部门管理人员的技能提高讲座

伏尔加格勒医学高等专科学校开设技能提高讲座的目的是帮助管理人员掌握有关质量管理的知识和技能。通过开展该讲座,学校校长、副校长、部门管理人员有望:

(1)改进管理活动;

(2)在实践中,在管理中使用现代质量管理体系的要素;

(3)在教育机构或下属部门设计和贯彻质量管理体系;

(4)制定质量管理体系的文件并在工作中使用它们;

(5)设计并实施质量目标;

(6)参与实施内部审计,揭示教育中不符合预定要求的方面并确定其原因;

(7)策划矫正性和预防性行为并评价这些行为的有效性。

日期	时间	课程内容	教师	备注
1天	2学时	1. 现代组织管理的概论和基础；作为管理对象的质量；质量管理的现代战略 1.1 现代质量管理基础：基础概念，管理职能和过程 1.2 质量领域的关键概念。质量管理；教育服务需求者，确定其需求和期望。 1.3 分析质量机构管理体系；改进管理体系的可能性	Авчухова Л. В.	
	2学时	2. 基于国际标准 ISO9001:2008，在教育机构创建质量管理体系的方法 2.1 质量管理的基本原则。每一章节的简要分析；在中等专业学校执行国际标准 ISO9001:2008 的要求的总建议 2.2 管理教育机构的过程方法：教育机构的管理的、主要的和辅助过程；教育机构的过程交互作用图；描述过程的方法；构成职能有效性指标		
	2学时	2.3 国际标准 ISO9001:2008 的第四章：对质量管理体系文件的要求；教育机构的文件分类；质量管理体系的文件；教育机构质量手册；教育机构的质量使命和政策；对管理记录的要求 国际标准 ISO9001:2008 的第五章：在教育机构的工作情境中，领导人贯彻质量管理体系的责任和权利 在质量管理体系中，校长、副校长及下属机构领导的活动；以需求者为导向；设计下属机构质量目标 对质量目标的要求：内部信息交流；员工工作质量指标或过程职能指标；从整体上分析下属部门和教育机构的活动	Силкина Т. В.	
两天	2学时	国际标准 ISO9001:2008 的第六章： 2.4 管理教育机构的资源	Пироженко А. Е.	
	2学时	国际标准 ISO9001:2008 的第七章： 2.5 教育过程的生命周期；设计与实施；研究需求者的要求并评价所有利益相关者的满意度	Пироженко А. Е.	
	2学时	国际标准 ISO9001:2008 的第八章 2.6 测量，分析与改进 2.7 教育机构的内部审计：审计的准备、实施与完善	Пироженко А. Е.	

续表

日期	时间	课程内容	教师	备注
三天	2学时	国际标准 ISO9001:2008 的第八章 2.6 测量,分析与改进:评价与分析计划完成情况;评价与分析目标性指标和质量指标的达成情况、教育活动的成就和有待改进的地方;矫正性与预防性举措;管理不符合要求的产品 2.7 领导人分析质量管理体系职能并通过相关决议以改进教育机构的活动	Авчухова Л. В	
	4学时	基于国家标准 ISO9001:2008,制定和贯彻质量管理体系的方法建议:《在医学中等专业学校创建质量管理体系》	Силкина Т. В.	
	2学时	圆桌会议:讨论在中等职业教育机构创建、贯彻质量管理体系的现实问题及经验	Силкина Т. В. Авчухова Л. В	
	12学时	6个课时——自主学习和个别辅导 6个课时——检查自主学习效果		
总学时	36			

附录二

伏尔加格勒医学高等专科学校的教学方法专家、学科与职业模块教师的技能提高主题讲座
——《在实施联邦国家教育标准条件下，创建和实施教育过程质量管理体系的理论与实践》

该技能提高主题讲座主要面向教学方法委员会的教师、实施基本职业教育大纲的教师。

通过学习，教师有望：

(1) 改进自己的教育活动；

(2) 基于所教学科和职业模块的特点，为学科和职业模块创建相应的符合国家教育标准要求的教学方法材料；

(3) 依据教学阶段和国家教育标准规定的学生应获能力，设计教学目标；

(4) 自主确定课目和职业模块的教学内容，使其与国家教育标准对教育结果的要求相一致；

(5) 选择教学方法、教学监控的方法和形式，使其与教育过程的阶段和课程目标相一致；

(6) 为了监控不同教育过程阶段的教学效果，创建综合性的评估工具；

（7）从整体上，培养在执行国家教育标准的要求时的、对课目或职业模块的自编教材内容和质量负责的责任感。

主题章节	总学时	总学时包括			备注
		理论	实践	自学	
1. 医学高等专科学校教师在实施国家教育标准要求时的职业活动	1	1			
2. 基本职业教育大纲课目和职业模块的综合方法保障	3	2	1	2	
3. 国家教育标准的结构，对教学内容与结果的要求。在教育过程的不同阶段，对学生的一般与职业能力进行监控	2	2		1	
4. 现代方法、对某课目或跨学科课程的课程设计及其他教学方法材料的结构和内容的要求	2	1	1	2	
5. 对教学与生产实践的结果与内容的要求。教学与生产实践的目标、内容、方法保障及组织特点。对教学实践与生产实践的结果进行评价	2	1	1	2	
6. 综合评价学生所获一般与职业能力水平的技术	1	1		1	
7. 设计监控—评估方法，以根据国家教育标准的要求实施中期鉴定	3	2	1		2
8. 实习的组织、内容、方法保障及实习结果的评价	1	1			
9. 毕业生总结性国家鉴定的组织及内容。对毕业技能作品的一般要求。某专业毕业生的毕业技能作品的组织和内容	1	1		2	
总学时	16	12	4	12	

附录三

俄罗斯联邦国家资格框架——资格水平描述表

	权力与责任的范围（一般能力）	从事活动的复杂性（技能）	活动的科研程度（知识）
一级	在他人的指导下工作，对自己的工作负责	通常通过体力劳动来完成有限的标准化任务	应用日常生活知识和有限的专业知识
二级	在他人的指导下工作，且在完成熟悉的任务时表现出独立性，对自己的工作负责	完成有限的标准化任务，并依据指示选择工作方式，依据任务完成条件调整自己的行为	能应用相当多的专业知识
三级	在他人的指导下工作，当解决典型的实践问题时，表现出独立性，可以根据领导提出的问题设计个体化活动，并对自己负责	能完成不同的任务，并依据知识和实践经验从熟知的方法中选择工作方式、依据任务完成条件调整自己的行为	理解解决典型实践问题的技术性或方法性原理，并能应用相当多的专业知识
四级	在他人的指导下工作，在解决需要分析工作情形及工作未来变化的实践问题时，表现出独立性，并根据领导提出的问题，设计个体化活动和工作组的活动，并对问题的解决和工作组的活动结果负责	解决不同的典型实践问题，依据知识和实践经验从众所周知的方式中选择活动方式，并对活动进行过程监控和结果监控、评估和调整	了解解决实践问题的技术、方法和原理，并应用相当多的专业知识和信息独立地工作

续表

	权力与责任的范围（一般能力）	从事活动的复杂性（技能）	活动的科研程度（知识）
五级	独立地解决典型的实践问题、分析工作情形和工作的未来变化，参与管理工作并解决部门内的问题，并对问题的解决以及工作组或部门的活动结果负责	参与设计典型问题并在变化的工作条件下，选择解决问题的方法，以及对活动进行过程监控和结果监控、评估和调整	运用技术性或方法性的职业知识，独立地搜集解决专业问题所必需的信息
六级	独立地解决个体工作中的问题或下属工作中的问题，保障工作人员之间及相邻部门之间的协作，并对部门或者组织机构中的工作负责	制定、引进、监控、评估和调整职业活动的相关要素	运用技术性或方法性的职业知识（包括创新知识），独立地搜集、分析和评估职业信息
七级	管理本部门及下属机构的工作，作出相关决定和制定相关策略，并对本部门或者下属机构的活动结果负责	解决职业活动的发展问题以及不同方法和技术（包括创新的方法和技术）的使用问题，并创建新方法和新技术	理解工作中的方法原理，并创造具有实用性质的新知识，搜集职业活动和机构发展所必需的信息
八级	管理本部门及下属机构的工作，作出相关决定和确定相关策略，并对本部门或者下属机构的活动结果负责	解决与提高过程管理有效性相关的研究性和设计性问题	创造具有跨学科和跨行业特点的新知识，并评估和选择行动发展所必需的信息
九级	确定策略，管理复杂的生产流程、研究进程，解决复杂的社会问题，对一定的活动领域进行相当大的和原创性的投入，并对行业内、国家与国际层面的行动结果负责	解决涉及方法、研究和设计的问题，这些问题与管理有效性的提高相联系	创建具有跨行业和跨学科特点的新基础知识，并管理信息的传播和流动

附录四

俄罗斯联邦国家资格框架——获得相应水平资格的路径表

	培训与大纲要求	实践经验	受教育程度
一级	短期学习或培训	在工作中获得实践经验	不低于小学
二级	接受为期两周到一个月的职业培训	在工作中获得实践经验	不低于初中
三级	接受为期一年的职业培训，没有受过高中教育的人需要学习技能型工人培养大纲规定的课程	在工作中获得实践经验	不低于初中
四级	接受为期一年的职业培训，学习技能型工人培养大纲规定的课程	具备实践经验	受过中等职业教育
五级	学习中级专家培养大纲规定的课程	在工作中获得实践经验（对于那些高中毕业后升入中等职业院校的人而言）	受过中等职业教育
六级	学习中级专家培养大纲规定的课程	具备实践经验并在行业内获得专业人士的好评	受过高等教育（取得学士学位）
七级	学习硕士或文凭专家大纲规定的课程，或本科毕业后再接受相应的职业继续教育	具备实践经验并在行业内获得专业人士的好评	受过高等教育（获得高等教育证书和硕士学位证书，或获得文凭专家证书）

续表

	培训与大纲要求	实践经验	受教育程度
八级	学习教师和医师培训大纲、实习大纲规定的内容,以及在硕士或文凭专家毕业后继续接受相应的职业继续教育	具备实践经验并在行业内外获得专业人士的好评	受过高等教育
九级	学习教师和医师培训大纲、实习大纲规定的内容	具备实践经验并在俄罗斯和国际上获得专业人士的好评	